교사를 위한

영어교수법

박상옥 지음

신아사

지은이 **박상옥** (朴商玉, Sang Ok Park)

성균관 대학교 영어영문학과 졸업
미국 켄트 주립대학교 대학원 석사
미국 인디애나 대학교 대학원 박사
덕성여자 대학교 조교수
홍익대학교 사범대학 영어교육과 교수

American Reader (편저) (신아사, 2001)
American Culture in Daily Life (편저) (신아사, 2000)
Current Laboratory English for Communication (신아사, 2000)
English Language Teaching Techniques (편저) (신아사, 2000)

영어 교사교육, 조기 영어교육, 영어 읽기교육, 문화교육
대학교양 영어교육 등 영어교육 관련 논문 多修

교사를 위한 영어교수법

1판 1쇄 찍음 • 2004년 4월 12일
2판 2쇄 펴냄 • 2010년 3월 20일

저　자 • 박 상 옥
발행인 • 정 현 걸
발　행 • 신 아 사
인　쇄 • 인덕인쇄

출판등록 • 1956년 1월 5일 (제9-52호)
서울특별시 은평구 녹번동 28-36번지 2F
전화 (02)382-6411 • 팩스 (02)382-6401
홈페이지 • www.shinasa.co.kr
E-mail • shinasa@chol.com

ISBN 978-89-8396-659-9 93740

정가 ***15,000*** 원

머리말

필자는 이 책에서 우리나라 영어교사들에게 영어를 효과적으로 지도하는 방법을 이론보다 실제에 초점을 맞추어 제시하고자 하였다. 따라서 예비 영어교사들과 영어교사들에게 많은 도움이 되리라 생각한다. 지난 30여 년 간 예비 영어교사들에게 '영어지도기법' 강의를 해오면서 그들이 일선에 나갔을 때 가장 필요한 내용이라는 확신을 가지고 이 책을 완성하게 되었다. 필자는 2000년에 『English Language Teaching Techniques－영어교수기법』을 편찬하면서 서문에 적절한 교재가 없어 관련 자료들(주로 영문)을 엮어서 사용할 수밖에 없었다고 밝힌 바 있다. 이 책은 기본적으로 그것들을 우리말로 이해하기 쉽게 다시 정리한 것으로 이번에 실제로 강의실에서 사용해보고 수정 보완하였다. 따라서 두 책을 함께 사용한다면 상호 보완이 될 것이다.

이 책의 내용에 대해 중요한 것들을 장 별로 간단히 소개하면 각 영역의 지도법에 대해 기술하기에 앞서 전반적인 외국어 교수방법의 대표적인 역사적 흐름을 살펴보고 우리나라의 영어교육사는 이들 흐름과 어떻게 보조를 맞추어 왔는가를 되짚어 보았다. 이어서, 발음지도에서는 특별히 한국인이 영어 발음에 어려움을 가지는 부분과 원인을 분석하여 교사들로 하여금 문제점들을 예측할 수 있게 해 주었다. 문법지도에서는 언어학습에 있어서 연습이 큰 비중을 차지하기 때문에 여러 가지 문형연습에 익숙해질 필요가 있기는 하지만 기계적인 연습에서 끝나지 않고 문맥에서의 의미 있는 연습으로 이어져야 한다고 강조하였다. 무엇보다도 문맥 속에서 가르치고자 하는 문법사항을 흥미 있게 제시하는 것이 중요하다고 하였다. 그리고 이러한 문법학습은 많은 경우 말하기 연습으로 이어져야하기 때문에 말하기 지도를 문법지도 다음에 다루었다. 특히 말하기 연습에서는 말할 기회를 최대한 활용하기 위한 다양한 집단 활동들을 제시하였다. 계속해서 듣기지도에서는 듣기에 방해가 되는 요인들을 분석함으로써 듣기지도 시 유의해야 할 사항들을 지적하였다. 읽기지도에서는 우리의 잘못된 읽기습관에 대해 토론하고 진정한 읽기에 도달하기 위해 거쳐야 하는 단계들을 소개하였다. 한편 우리의 쓰기지도는 진정한 쓰기의 발달과정에서 볼 때 특히 초기단계에 머무를 수밖에 없다는 것을 지적하였다. 다음에 다루어지는 문화지도에서는 문화가 어떻게 언어와 밀접하게 연관되어 있는지를 이야기하고 다양한 방법을 소개하였다. 이어서 언어능력 평가부분에서 대표적 의사소통 능력 평가방법을 고찰한 후 단점을 보완하는 방법으로 비디오를 활용한 평가방법을 제시하면서 영어과목의 수행평가에서의 적용 가능성을 시사하였다. 계속해서 학습지도안 작성에서는 학습지도안의 중요성을 깨우칠 수 있도록 학습목표를 포함하여 구체적인 학습지도안의 예들을 제시하였다. 마지막으로 교사의 역할을 다루면서 교수기술, 성찰교수, 그리고 교수요목에 관해 교사에 초점을 맞추어 논의하였다.

각 주제와 관련하여 영어 학습에서 자신의 문제를 분석하거나 우리의 영어교육 현실을 미리 비판해 보고 관심을 가지게 함으로써 학습효과를 높이기 위하여 장의 첫 부분은 토론으로 시작하였다. 소집단 활동으로 이용하고 가능하면 영어로 진행하기를 권장한다. 그리고 장의 마지막 부분은 전체를 간단히 정리해 주었다.

이 책의 전체적인 분량은 한 학기 또는 두 학기 사용이 모두 가능할 것이다. 두 학기로 하는 경우는 micro-teaching, 참관, 최근의 연구동향 조사까지 포함할 수 있다. 한편 이 책의 내용에 더하여 영어 학습론, 다양한 영어 교수 방법론들을 가르침으로써 이론적 배경을 충분히 제공해 준다면 유능한 영어교사가 갖추어야 하는 교수법관련 기초능력 배양의 목표달성을 이룰 수 있을 것이다.

앞에서 잠시 언급하였듯이 이번 개정판을 내게 되면서 전체적으로 내용을 수정하기도 하고 첨가하기도 하였으며 특히 후반부에서는 내용의 순서를 재정리하였다. 아울러 책제목과 표지를 새롭게 바꾸어 보았는데 모든 면에서 독자들에게 더 가까이 다가갈 수 있게 되기를 바란다.

끝으로 이 책이 나오기까지 격려와 도움을 준 선배 동료 교수들(은퇴하신 분들 포함)께 감사한다. 그리고 집필과정에서 언제나 동반자로 정신적 힘이 되어 준 남편에게도 고마움을 전한다. 마지막으로 흔쾌히 출판을 허락한 신아사에 심심한 사의를 표한다.

2009년 7월

필 자

차　례

교사를 위한 영어교수법

제1장

외국어 교육의 세 중심 이론사

제 1 장 외국어 교육의 세 중심 이론사

| 토론 |

- 최근의 영어수업에서 많이 볼 수 있는 방법은 어떤 것들인가를 서로 이야기해 보고, 그것들이 외국어 교육의 세 가지 주요 중심 이론의 어디에 해당하는지 찾아보시오.

외국어 교육의 역사는 15세기경부터 6세기에 걸쳐 반복과 실패를 거듭하며 지금에 이르렀다고 말할 수 있겠다. 문법 번역식 방법(grammar translation method), 자연식 방법(natural method), 직접식 방법(direct method), 연속식 방법(series method) 등을 망라하는 20세기 초기까지의 외국어 교수방법들은 특별히 언어학적, 심리학적 이론의 뒷받침 없이 그 당시의 교육 개혁가들에 의해 주창되어 사용된 바 있다. 그러나 1920-1930년대에 이르러서부터 Jesperson, Skinner, Chomsky, Wertheimer, Piaget, Hymes, Vygotsky, Rogers와 같은 언어학자나 심리학자들의 강한 이론적 주장에 부응하는 여러 가지 방법들이 소개되면서 이미 알려졌던 방법들에 대해서도 새로운 해석을 하게 되었다. 이제 이들 이론을 크게 세 가지로 분류하여 각각의 특징적 주장과 대표적인 교수방법들을 알아보기로 한다.

1.1 경험주의(Empiricism)

Harold Palmer, A. S. Hornby와 같은 영국의 응용 언어학자들이 소개하여 영국에서 유행했던 20세기 초의 상황언어 교수법(situational language teaching) 그리고 Charles Fries와 Robert Lado로 대표되는 미국에서 1950년대 후반에 발달한 청각구두 교수법(audiolingual method)의 기반이라고도 할 수 있는 이론이다. 미국의 구조주의 언어학과 행동주의 심리학 이론에서 기본적 원칙을 찾게 되는데 Moulton (1961)은 다음과 같이 다섯 가지로 정리해 놓았다. 각각을 나열하면 다음과 같다.

1) Language is speech, not writing.

   즉, 언어는 눈에 보이는 기호들의 집합이고 따라서 발음이 중요시된다.

2) A language is a set of habits.

   언어습득은 결국 습관형성이고 가장 좋은 교수방법은 문형연습을 통한 모방, 암기이다.

3) Teach the language, not about the language.

   언어규칙을 가르치는 것은 언어학습에 도움이 되지 않는다. 왜냐하면 습관 형성은 우리의 두뇌활동을 필요로 하지 않기 때문이다. 중요한 것은 반복과 강화(reinforcement)이다.

4) A language is what its native speakers say, not what someone thinks they ought to say.

   원어민이 구두로 사용하는 말이 진정한 언어이므로 그대로 암기하면 된다.

5) Languages are different.

언어는 서로 다르기 때문에 외국어 학습에 있어서의 중요 장애요인은 모국어와의 차이로 인하여 생기는 모국어 간섭(interference)현상이다. 그리고 이를 없애기 위해서는 두 언어의 차이점을 미리 찾아서 예방하는 것이 최선이다.

이와 같은 구조주의 언어학과 행동주의 심리학의 이론을 바탕으로 한 기본원칙을 언어학습에 적용할 때 학습현장에서는 다음의 학습활동들이 사용된다.

1) 대화식의 학습자료를 이용한다.
2) 다양한 종류의 기계적 문형연습이 반복되면서 어학실습실에서 모델을 수없이 모방하는 동안 자동적으로 암기하게 되는 수업 방법이 사용된다.
3) 문법규칙은 교사에 의해 연역적으로 설명되지 않고 대부분 학습자 스스로 귀납적으로 유추에 의해 찾아낸다.
4) 교사의 질문에 맞게 답하면 즉시 칭찬과 같은 보상이 따른다.
5) 틀린 답은 잘못된 습관을 가져올 수 있다는 우려 때문에 즉시 수정된다.
6) 모국어와 외국어의 차이가 나는 사항들이 교수자료로 선택된다.
7) 보조자료로 테이프를 포함한 시청각 자료가 많이 사용된다.
8) 듣기, 말하기, 읽기, 쓰기 순으로 가르쳐 진다.
9) 원어민에 유사한 발음이 목표이므로 발음에 비중이 많이 주어진다.

이와 같은 학습활동을 통한 외국어 훈련은 특히 세계 제2차 대전과 같은 위급한 상황에서 미군들에게 파견 국가들에서 필요한 언어를 집중적 훈련을 통해 조속히 가르쳐서 사용할 수 있게 하는 경우 매우 성공적이었다. 그러나 소규모 집중훈련이 아니고 강한 동기를 가진 학습자가 아닌 일반 교수 상황에서는 시간의 비효율적 활용, 현실에의 적용을 고려하지 않고 인위적이고 기계적인 암기에서 끝나버리는 비현실성, 그리고 그에 따른 흥미의 상실 등을 문제점으로 지적할 수 있겠다.

1. 2 이성주의(Rationalism)

언어학에서 Norm Chomsky로 대표되는 변형생성 언어이론과 Gestalt학파들이 주창한 인지주의 심리학은 다같이 1960년대 후반에 소개되었으며 이들은 구조주의 언어학과 행동주의 심리학을 비판하였다. 즉 전자는 언어 행위는 복잡하고 추상적인 규칙에 부합하는 새로운 문장을 형성하기 때문에 인간의 무한한 창조적 능력이 언어학습에서 중요한 역할을 하고 있음을 특히 강조하였다. 한편 후자 역시 "Its emphasis was on whole systems in which the parts are dynamically interrelated in such a way that the whole cannot be inferred from the parts taken separately."라고 하여 부분은 전체를 떠나서는 그 자체로서 의미가 없으며 이해(understanding)를 중시함으로써 습관 형성에 의한 학습을 인정하지 않았다(Hill, 1971, p. 94). 인지학습이론(cognitive theory of learning)을 주창한 David Ausubel(1968)은 특히 암기학습(rote learning)과 유의학습(meaningful learning)을 구별하면서 이미 내재되어 있는 인지구조에 관련되어 학습이 이루어질 때 그것은 유의적이 되고 오래 기억된다고 하였다. 우리는 단순한 숫자를 기억하는 것이 얼마나 힘든 일인가를 모두 알고 있다. 예를 들어 복잡한 지하철역에서 가끔 한 번씩 가는 병원에 가기 위해 출구번호를 기억해 두기는 어렵다. 그러나 출구의 이름을 목표로 하고 그 이름이 나타내는 실제 장소를 연상한다면 아무리 다녀 본 빈도수가 적더라고 정확하게 출구를 찾아낼 수 있을 것이다. 이성주의에서는 이처럼 이해와 의미가 학습이 일어나게 하는 기본 요소라고 주장한다.

Moulton이 경험주의 이론을 정리하였듯이 Diller(1971, p. 21)는 언어학습과 관련하여 이성주의 이론을 다음의 네 가지로 요약하였다.

1) A living language is characterized by rule-governed creativity.

언어를 안다는 것은 새로운 문장을 그 언어로 창조해 낼 수 있다는 것이다. 따라서 소수의 규칙에 의해 무한한 수의 문장을 창의적으로 만들어 낼 수 있음을 의미한다.

2) The rules of grammar are psychologically real.

어린아이가 정확한 언어를 구사할 수 있으면서도 그 규칙을 설명할 수 없는 것과 마찬가지로 규칙만 안다는 것은 언어사용 능력과는 상관이 없다. 중요한 것은 문법규칙을 암기한다는 사실이 아니라 실제로 내재하는 규칙에 대한 지식을 증명해주는 언어구사 능력이다.

3) Man is uniquely built to learn languages.

인간만이 사고능력을 가진다. 그렇기 때문에 언어를 배울 수 있는데 왜냐하면 단순히 언어에 노출된다고 하여 자동적으로 그 언어가 학습되는 것이 아니고 이해와 논리적 사고를 통해서만 배워지기 때문이다. 그런 의미에서 언어 학습은 일반적으로 어린아이보다는 성인에게 더 효과적이다.

4) A living language is a language in which we can think.

실제 생활에서 사용할 수 있는 언어를 배운다는 것은 그 언어로 생각하는 것을 배운다는 것이고 거기에 도달할 때까지는 언어를 안다고 할 수 없다. 이는 단순한 반복적 문형연습은 언어 학습에 도움이 안 되고 의미를 중시하는 연습만이 그러한 살아 있는 언어를 가르칠 수 있다는 말이다.

이와 같이 변형생성 문법학자들과 인지주의 심리학자들의 이론적 주장에 의거한 교수에서는 다음의 학습활동들이 주를 이루게 된다.

1) 다양한 종류의 의미 있는 연습이 사용된다.
2) 문법규칙은 연역적인 방법으로 제시되며 이해를 우선으로 한다.
3) 오류는 언어학습상의 불가피한 산물로 간주되어 중간언어(interlanguage)는 즉시 수정되지 않는다.
4) 듣기, 말하기, 읽기, 그리고 쓰기가 거의 동시에 통합적으로 가르쳐진다.
5) 어휘는 새로운 사고를 표현하는 수단으로써 중요한 의미를 갖는다.
6) 발음에 대한 비중은 크지 않다.

이론적으로, 그리고 실제 적용에 있어서 이러한 특징을 가지면서 청각구두 교수법에 반대하여 1970년대에 널리 알려 졌던 인지주의 학습방법(cognitive-code learning)은 이미 오래 전부터 널리 사용되어 왔거나 한때 유행했었던 교수방법들을 역시 이성주의의 범주에 포함시킬 수 있게 한다. 예를 들면 문법 번역식 방법, 직접식 방법, 연속식 방법, 읽기 방법 등이 여기에 해당한다. 즉 이들 중 어느 것도 청각구두 교수법이 경험주의 이론을 따르듯이 이성주의 학습이론에 따라 고안된 것은 아니지만 기본원칙이나 특성에 있어서 부분적으로 일치한다는 의미이다. 간단히 살펴보면 문법 규칙이 연역적으로 제시되고(문법 번역식 방법), 오류의 즉시 수정에 집착하지 않으며(직접식 방법, 연속식 방법) 네 가지 언어 기술이 거의 동시에 가르쳐지고(직접식 방법),

발음에 비중을 두지 않는다(문법 번역식 방법, 읽기 방법) 등이다. 무엇보다도 이들 네 가지 방법들은 다 같이 언어학습에 있어서 이해를 중요시함으로써 학습 효과는 의미 있는 내용제시와 비례하는 것으로 보고 있다. 한편 비교적 최근(1970년대 이후) 이성주의 이론에 합치하는 어떤 방법을 찾아내려고 하던 시기에 외국어 교육학자와 정신과 의사들에 의해 소개된 몇 가지 혁신적인(innovative)방법들이 등장한 바[1] 전신 반응 교수법(total physical response), 침묵식 교수법(silent way)이 그들이다. 이들 역시 의미 있는 연습을 통한 학습을 지향한다는 의미에서 같은 이성주의 범주에 포함될 수 있을 것이다.

1.3 기능주의(Functionalism)

D. A. Wilkins, M. Michael Halliday, van Ek와 같은 영국의 응용언어학자, Dell Hymes같은 미국의 사회언어학자, 그리고 Carl Rogers로 대표되는 인본주의 심리학자의 이론[2]이 바탕이 되는 외국어 교육사에서의 큰 사조로써 의사소통 능력을 언어교육의 목표로 해야 한다고 주장한다. 사회 언어학적 측면에서 언어를 분석해보면 언어는 의사소통

1) 고안자 교수법(designer methods)이라고도 한다.

2) 일반 교육학 분야에서 1960년대 이미 활발히 논의되기 시작한 구성주의(constructivism)는 학습자가 그동안 배워서 알고 있던 객관적 지식으로부터, 새로운 경험을 하면서 개인적으로 자신에 맞게 새로운 의미를 구성해 나간다는 것으로 철저히 인본주의 교수이론이다. 언어학적 이론의 뒷받침 없이 교육철학작자인 Dewey로부터 영향을 받아 심리학자인 Piaget와 Vygotsky의 주장에서 근원을 찾게 되며, 특징적인 것으로는 학습의 능동적, 유의적, 직접적, 그리고 협동적 과정을 중요시한다는 것이다. 외국어교육에서는 문제 중심학습법(problem-based learning), 협동학습(cooperative language learning), 신경언어학적 지도법(neurolinguistic programming), 총체언어 교수법(whole language approach), 그리고 과업중심 교수법(task-based language teaching)이 구성주의 이론의 대표적인 교수법이다(배두본, 2002: 조세경, 2001).

의 수단이고 언어사용은 표현하고자 하는 목적에 따라 형태를 달리하기 때문에 대화자간의 관계, 대화장소 및 시간 그리고 대화소재에 따라 적절한 유형이 결정된다. 따라서 문법적인 정확성뿐만 아니라 상황적 적합성이 매우 중요하게 인식된다. 한편 인본주의 심리학에서 대표로 되는 Rogers에 의하면 학습에서 인지나 습관보다 정의적인 요소가 결정적 역할을 한다고 한다. 그래서 학습을 촉진할 수 있는 최적의 환경은 어떠한 위협적 요소도 존재하지 않고 현실과 일치할 때이며 학습자는 그러한 환경에서만이 'fully functioning person'으로 남아있을 수 있다는 것이다. 이러한 정의적 요소의 중요성이 가장 잘 반영된 1970년대의 혁신적 교수법은 전신 반응 교수법, 집단학습법(community language learning) 그리고 암시교수법(suggestopedia)이다. 기능주의에서 두드러지는 특징들을 정리하면 다음과 같다(Richards & Rogers, 2001).

1) Communicative competence is the desired goal.

문법적으로 정확한 문장을 사용하는 것은 물론 사회적으로 그리고 문화적으로 적합한 언어를 구사하는 것을 목적으로 언어를 배워야 한다는 말이다. 예를 들어 "How old are you?"라는 문장이 아무리 문법적으로 맞다고 하여도 처음 만난 서양인에게는 대단한 실례가 되는 질문이므로 사용하지 말아야 한다는 말이다.

2) Sequencing is determined by any consideration of content, function, or meaning which maintains interest.

학습내용과 순서는 학습자들의 관심과 흥미를 중심으로 선택한 기능과 개념에 따라 정해져야 하는데 기능이란 언어를 사용하는 목적 그 자체로서 예를 들면 설득, 용서, 칭찬, 거부, 충고, 인사 등을 말하고 개념은 그러한 기능을 수행하는데 있어서 구체적으로 어떤 의미를 전달하려고 하는가의 의미를 가리킨다. Wilkins(1976), van Ek(1975b) 그리고 Finocchiaro(1979)의 기능분류 범주는 기준에 있어서 차이를 보여주지만 근본적으로는 매우 유사하다.

3) Teachers help learners in any way that motivates them to work with the language.

교사의 역할은 권위를 지닌 지식의 주입자가 아니라 학습을 도와주는 학습 촉진자(facilitator)이며 상담자(counselor)가 되어야 한다는 것을 의미한다.

4) Fluency and acceptable language are the primary goal.

원어민에 얼마나 가깝게 발음을 하는 것 보다 상호 이해할 수 있는 언어사용(comprehensibility 또는 intelligibility)을 중요시한다.

위의 기능주의 이론에 바탕을 둔 교수에서는 다음의 학습활동들이 일어나게 된다.

• • •

1) 대화체의 학습자료를 중심으로 등장인물, 역할, 배경, 주제 및 사용된 언어의 기능과 형식(얼마나 공식적 인가)에 관하여 토의시간이 있다.
2) 학습목표가 되는 기능을 나타내는 구조를 연습한다.
3) 교사보다는 학습자간에 협동적으로 의사소통을 하면서 학습이 이루어지도록 다양한 형태의 협동 학습기회가 주어진다.
4) 진정한 의사소통 상황을 실현하기 위하여 목표가 되는 기능을 사용하여 완성할 수 있는 정보 채우기 활동 (information gap activity), 과업중심 학습활동, 역할극 등을 많이 이용한다.
5) 진본의(authentic) 학습 자료가 많이 사용된다.
6) 학습자의 창의적, 비판적 사고 개발에 많은 관심을 둔다.
7) 오류나 실수의 교정은 자제한다.

기능주의로 대표되는 의사소통 교수법(communicative language teaching)은 주로 영국의 개혁운동(innovation)에서 시작되어 미국에서 기세를 확대해온 접근방법이고 오늘날 많은 언어 교육학자 및 교사들에게 영향을 주고 있다. 그러나 이것은 영역이 워낙 광범위하여 경험주의가 누렸던 권위를 찾을 수 없음을 그들은 인정한다. 그러면서도 현재의 외국어 교육을 논할 때 가장 설득력 있는 이론으로 받아들여지고 있음을 누구도 부인할 수 없다.[3)]

---

3) 후 방법론 시대(postmethods era)라고 하여 위에서 언급된 일체의 외국어 교수 방법들을 모두 인정할 수 없다는 주장이 일부에서 나오고 있으나(Kumaravalivelu, 1994) 교사들이 모든 것을 결정할 수 있을 만큼 유능해야 한다는 전제조건 때문에 아직은 논의되는 정도에 불과하다(Akabari, 2008). 철학에서는 post-modernism이라고 하여 비판적 사고를 중시하는데 후 방법론 시대의 교육철학과 공통점을 가진다.

제 1 장 정 리

사조	시 대	배경	특 징
경험 주의	1940 -1950년대	• 구조주의 언어학 • 행동주의 심리학	• 글보다 말 • 모방, 연습, 보상에 의한 습관 형성 중시 • 언어의 개별성
이성 주의	1960 -1970년대	• 변형 생성 언어학 • 인지주의 심리학	• 언어 능력의 선천성 • 창의성, 이해력 중시 • 언어의 보편성
기능 주의	1980년대 이후	• 기능주의 언어학 • 인본주의 심리학	• 의사소통 능력 • 협동학습 • 학습자 중심 교수방법

제2장

우리나라 영어교육의 발달과정

제2장 우리나라 영어교육의 발달과정

| 토론 |

- 우리나라 영어교육 목표가 시대적으로 어떻게 변화되어 왔는지를 토론하고 그 근거를 찾아보시오.
- 영어를 공용어로 하자는 주장에 대해 토론해 보시오.

교육에 관한 문제를 논할 때 어느 상황에서나 공통적으로 적용되는 보편적 흐름이 있다. 예를 들면 외국어 교육에 있어서 20세기 이전에는 문법 번역식 방법이 많은 호응을 받았고 오늘날에는 의사소통 중심 교수법의 활용이 주창되는 등 기본적으로 이미 정해진 방향을 따르는 경향이 있다. 아울러 구체적인 교육목표는 반드시 각각의 특수한 상황에 맞게 설정되어 왔고 교수 방향 또한 이들 목표를 달성할 수 있도록 고안하려고 노력하여 왔다.

우리나라의 영어교육의 발자취를 더듬어 보더라도 1883년 최초로 공식적 영어교육 기관인 동문학이 설립되어 주로 원어민 선교사들이 영어를 가르쳤을 때는 영어교육은 관직, 의료직, 기타 특별한 직업에 종사하려는 소수에게 혜택이 주어졌으며 교수 방법은 영어만을 사용하는 직접식 교수법이 사용된 것으로 기록되어 있다(배두본, 1990, p. 125). 그후 1910년부터 1945년까지의 일제시대에는 국어말살정책이 강행되면서 영어교육 또한 수난을 받았다. 초창기에 제한적으로 상급학교 진학을 목표로 본토 교사들이 문법 번역식 교수법을 사용했다는 기록이 있을 뿐 영어교육의 수난기였음은 당시의 상황으로 보아 당연하다고 하겠다.

한편 해방 후 다시 학교 교육에 도입된 영어과목은 교수요목기(1946-1954)와 제1차 교육과정기(1954-1963)를 거치면서 구두훈련보다는 영어에 관한 지식 습득을 강조하였고 자연히 번역과 문법중심의 교수법이 주류를 이루었다. 표준 영어로 미국영어를 택한다는 언급이 처음으로 있었다(금용환, 2008). 그러나 제2차 교육과정기(1963-1973)에 들어서면서 서방의 행동주의 학습이론과 기술언어학의 영향으로 대조분석 이론, 구두 언어훈련의 중요성이 거론되었고 영미문화의 이해와 우리 문화의 올바른 이해가 영어교육의 중요 목표로 포함되게 되었다. 그러나 제3차 교육과정기(1973-1981)는 새로이 제시된 기본문형과 문법사항의 명시로 수업이 다시 문법 번역식으로 되돌아가게 했다는 비판을 받는다(문교부, 1988, p. 88). 그 후 제4차 교육과정기(1981-1987)를 맞으면서 살아 있는 영어 구사능력의 함양이라는 목표가 다시 부각되었다. 인지주의 학습이론의 영향을 받고 있음은 문법 설명에서 연역적 접근방법을 권장한 것과 의미 있는 연습을 강조한 지도 지침에 나타나 있다. 그러나 정확성이 여전히 강조되었다. 초등학교에서 특별활동 시간을 이용하여 영어가 주당 1시간씩 가르쳐질 수 있도록 허가된 것도(1981년 교육부 발표) 이 시기이다. 이어서 개혁기로도 불리워지는(배두본, 1990, p. 146) 제5차 교육과정기(1987-1992)는 의사소통 능력의 배양이라는 새로운 용어를 영어교육의 목표로 설정하면서 언어형식보다는 사용되는 언어의 의미를, 정확성보다 유창성을, 문장보다 담화를, 그리고 분리가 아닌 언어의 통합적 접근 방법을 강조하는 방향으로 변화하였다(문교부, 1988, p. 93-95). 그리고 이어지는 제6차 교육과정기(1992-1997)는 정보화 시대에 진입하여 국제화, 세계화 되고 있는 현대사회에서 생존하기 위해서는 외국어 특히 영어의 중요성이 실로 엄청나다고 인식하게 되면서 교육과정의 개정방향을 다음과 같이 설정하였다(교육부, 1996, p. 32):

● ● ●

1) 교사 위주의 영어교육이 아닌 학생 중심의 영어교육
2) 목표보다 과정을 중시하는 영어교육
3) 암기 위주보다 언어의 적합성과 타당성을 강조하는 영어교육
4) 실용적 가치를 중시하는 영어교육
5) 국가 발전과 국제 사회에 기여할 수 있는 영어교육

특징적 세부사항으로 흥미 있는 영어수업, 암기가 아닌 사고력과 창조력을 배양하는 영어교육, 문법적 교수요목 중심이 아닌 기능과 의미중심 교수요목에 의한 수업진행, 외국문화에 대한 개방적 태도를 고취시킬 수 있는 내용의 영어교육을 들 수 있겠다. 언어기능을 듣기, 말하기, 읽기, 쓰기로 나누던 것을 이해기능(듣기, 읽기)과 표현기능(말하기, 쓰기)로 나눈 것도 이 시기이다. 이밖에도 초등학교 3학년부터 영어를 정규과목으로 가르치기 시작하였다(1997년부터 단계적으로 실시).

한편 1997년 제정 공포되어 2001년부터 2007년까지 단계적으로 적용되어온 제7차 교육과정기는 무엇보다도 학습자 개개인의 학습능력의 차이를 고려하여 심화, 보충형 수준별 수업(초등학교), 단계형 수준별 수업(중학교~고등학교 1학년), 과목선택형 수업(고등학교 2, 3학년)을 도입하였다. 무엇보다도 기본적인 의사소통을 자연스럽게 하게 한다는 목표를 강조하고 있는데 다음과 같이 네 가지로 구분하고 있다(교육부, 1997, p. 404) :

● ● ●

1) 영어에 흥미와 자신감을 가지며 의사소통을 할 수 있는 기본 능력

을 기른다.

2) 일상생활과 일반적인 화제에 관해서 자연스럽게 의사소통을 한다.

3) 외국의 다양한 정보를 이해하고 이를 활용할 수 있는 능력을 기른다.

4) 외국 문화를 이해함으로써 우리 문화를 새롭게 인식하고 올바른 가치관을 기른다.

2007년 개정 교육과정은 전면개정이 아닌 수시 개정이다. 주요내용으로는 문자언어 도입을 초등학교 4학년에서 3학년 2학기로 하향조정한 것과 단계형, 심화보충형 수준별 수업을 삭제하고 학년 단위로 성취기준을 제시한 것이다. '평생학습자', 'IT활동'과 같은 문구의 삽입도 특징이다. 기본적인 의사소통 능력 개발과 우리문화 소개라는 영어교육 목표의 기본틀은 7차 교육과정과 동일하다.

결국 이미 앞장에서 보았듯이 서구에서 외국어 교육의 흐름이 1980년대에 들어서면서부터 기능주의로 바뀌면서 의사소통 능력 배양이 중요한 교육 목표로 등장하게 된 것과 때를 맞추어 우리나라에서도 이러한 보편적 추세가 큰 영향을 주었다고 볼 수 있겠다. 따라서 이제 영어는 우리나라에서 단순한 외국어(English as a Foreign Language: EFL) 또는 상거래나 학문적 교류의 목적을 위하여 극히 제한적 가치로서만 인식되던 위치(English as a Language of Wider Communication: ELWC)에서 완전히 벗어나 거의 부가적 언어(English as an Additional Language: EAL)로 부상하게 된 것이다.[1] 특히 최근에는 국제어로서의 영어 (English as an International Language: EIL)가 등장한 바[2]

1) Judd(1987)는 영어사용 환경을 이들 세 가지에 English as a Second Language (ESL)를 더하여 넷으로 구분하였다. 이는 영어를 모국어로 사용하는 나라에서 외국인이 영어를 사용하는 환경이다.

2) English as a Global Language, English as a World Language가 사용되기도 한다.

언어가 다른 사람들이 상호 의사소통을 목적으로 영어를 사용하게 되었다는 의미이다(Widdowson, 1994).

Mcdonough와 Shaw(1993)가 제시한 언어교수 계획단계를 보면 이러한 세계정세의 흐름에서 영어의 위치가 교육목표 설정에 중요한 변수로 작용하고 있음을 보여준다.

▌그림 1 ▌ 언어교수 계획단계 (The framework of language teaching)

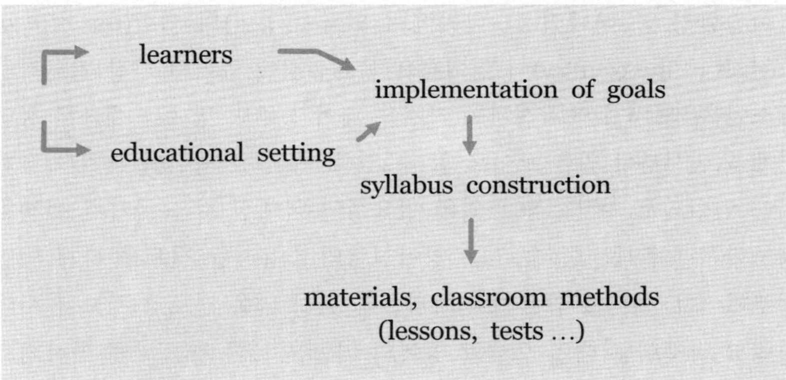

(Mcdonough & Shaw, 1993, p. 5)

여기서 학습자(learner)와 관련된 사항으로는 나이, 흥미, 영어 실력, 적성, 모국어, 교육수준, 태도(attitude), 동기, 학습전략, 성격(personality) 등이다. 이들은 모두 학습내용과 학습활동의 계획에 결정적 역할을 하기 때문이다. 이어서 고려되어야 할 교육 환경(educational setting)으로는 해당국가에서 외국어의 역할, 학교에서 외국어의 비중, 교사, 경영과 행정(management and administration), 동원될 수 있는 교수자료(resources available), 보조요원, 학급규모, 시간수, 물리적 환경, 평가방법 등이다. 해석이 모호할 수 있는 몇 가지만 더 설명한다면 학습자와 관련하여 학습전략은 대상 학생들이 암기식 학습에 익숙한지 또는 문제 해결식 학습방법에 익숙한지 등을 의미하고 성격은 예를 들면 학습자들이 개별 학습을 선호하는지 또는 상호 의사교환 환경(interactive classroom environment)을 수용할 수 있는지, 소극적인지 또는 적극적인지 등을 의미한다. 다음으로 학습환경 중에서 경영과 행정은 교사 채용, 예산, 학습자료 배정 등을 책임진 사람이 어떻게 수행하는가를 말하고 물리적 환경에는 소음문제, 책걸상의 유동성, 냉 난방시설 등이 포함된다.

학습환경 중 하나인 그 나라에서 외국어(영어)의 역할(the role of English in the country)이 영어교육 목표설정에 있어서 가장 기본적인 요소임은 제6차 교육과정기를 가져온 계기가 주변 정세를 새롭게 정립하게 되면서부터 임을 보아도 알 수 있다. 즉 실용 영어의 가치가 절박하게 인식되고 의사소통 능력의 필요성이 더해진 것은 국가가 세계의 정보화시대에 대처할 수 있는 영어실력의 소유자를 필요로 하게 되면서부터이다. 영어를 공용어로 하자는 말까지 나올 정도로 정보화 시대 그리고 국제화 시대인 오늘날 영어의 역할은 매우 중요하게 인식되고 있다. Strevens(1987)가 언어습득과 학습과정의 모델로 제시한 기본요소의 틀에서 볼 때도 국제사회에서 영어로 의사소통을 할 수 있는 능력을 키워야 한다는 대중적 의지(public will)는 충분하다. 중요한 것은 이를 뒷받침 해주는 관련 교육환경의 개선과 교수방법의 개발이다. 결국은 그것들이 앞으로 우리나라에서 영어교육 목표달성의 성패를 좌우할 것이다.

제2장 정리

19세기말부터 제한적으로 가르쳐졌지만 일제 식민지 시대 청산 이후(1946년)부터 본격적으로 학교 교육에 도입된 영어과목은 교육인적자원부 자료에 의하면 그동안 제1차부터 7차 개정교육과정기를 거치면서 교육목표와 교수방법에 있어서 약간씩 뒤쳐지기는 했어도 전 세계적인 흐름과 거의 보조를 맞추어 왔다고 할 수 있다. 즉 문법, 번역식 방법, 청각구두 교수법, 인지주의 교수법, 의사소통 교수법의 발전 과정을 거쳐 오고 있다. 이는 경험주의, 이성주의, 기능주의의 단계적 흐름과 맥을 함께 하는 것으로써 현 단계에서 국제사회에서의 의사소통 능력에 초점을 맞추어 제반 여건들을 마련해가야 하겠다.

제3장

발음지도

제3장 발음지도

| 토론 |

- 영어발음 시 특별히 우리의 문제는 무엇이고 그것의 원인은 무엇이며 발음 교수의 목표는 어디까지 두어야 하는지에 대해 토론해 봅시다.
- 발음연습의 문맥화(contextualizing pronunciation practice)는 무엇을 의미하고 왜 중요한지를 이야기해 봅시다.

경험주의 이론을 대표하는 청각구두 교수법에서는 발음지도에 있어서 개개 음소(segments)의 정확한 발음을 강조함으로써 외국어 학습에서 발음의 정확성이 발음교육의 유일한 목표로 설정되었었다. 'nativeness principle'이라 하여 원어민에 가까운 발음이 목적이었다. 그러나 기능주의 이론을 대표하는 의사소통 교수법에서는 언어를 의사소통의 도구로 봄으로써 언어능력보다는 의사소통 능력을 중요시하고 따라서 정확한 발음보다는 유창한 회화능력이라는 의미에서 발음의 유창성이 강조되게 되었다. 이와 같은 새로운 시각에서의 발음교육은 음소의 정확성에 초점을 맞추는데서 끝나지 않고 전체적인 소리의 흐름(stretches of sounds in speech)이 얼마나 자연스러운가에까지 관심을 가진다. 그리고 오히려 이해도(comprehensibility or intelligibility)를 중시하여, 상대방의 말을 이해하고 자신의 말을 상대방에게 이해시키는 정도의 발음실력을 발음지도의 목표로 삼고 있다.[1] 'nativeness principle'에 대조되는 말로 'intelligibility principle'이라고 부른다(Lewis, 2005).

Selinker (1972)는 일찍이 95%가 외국어의 발음을 모국인처럼 할 수 없고 5%정도만이 할 수 있다고 주장한 바 있다.

Celce-Murcia와 Goodwin(1991, p. 137)은 발음교육의 목표에 대하여 다음과 같이 말한다.

> The more modest and realistic goal that we have in mind is that of enabling learners to get above the threshold level so that the quality of their pronunciation will not detract significantly from their ability to communicate.

자신이 전달하고자 하는 뜻을 제대로 전달할 수 있는 정도의 발음실력을 가지게 하는 것이 현실적인 목표임을 의미하고 있다. Grant(2001)는 원어민에 가까운 거의 완벽한 발음(near-native pronunciation)의 비현실성과 관련하여 매우 단호한 입장을 취하는데 세 가지 이유를 든다. 첫째는 모국어 액센트가 오히려 바람직하고 둘째는 액센트를 가지고도 얼마든지 의사소통이 가능하며 셋째는 액센트를 없애는 것이 거의 불가능하기 때문이라는 것이다. 비근한 예를 들면 2002년 월드컵에서 우리나라가 4위로 발돋움하는데 결정적 역할을 한 네델란드의 히딩크 감독은 영어발음에 있어서 네델란드식 영어의 강한 액센트를 사용하였지만 자신의 의사를 전달하는데 문제는 없었다고 할 수 있다. 미국 국무장관을 지낸 키신저 박사 역시 이스라엘에서 이민 온 사람으로 어색한 발음의 영어를 사용했으나 의사소통에 있어서 전혀 문제가 없었기 때문에 영어발음을 이야기할 때 거의 예외 없이 등장하는 대표적 인물이다.

1) Goodwin(2001)은 'functional communicability'라는 용어로 특정한 의사소통 상황에서 목적에 맞게 언어를 사용할 수 있는 능력을 의미한다고 함.

3.1 발음 학습에 관련된 변인

긍정적으로든 부정적으로든 발음 학습에 크고 작은 영향을 주는 요소들에 관하여 다음과 같이 정리해 볼 수 있겠다.

3.1.1 모국어 전이

발음에 관한 한 모국어로부터의 전이현상은 외국어 학습에서 가장 두드러지게 나타난다. 즉 일반적으로 발음에 있어서 모국어의 전이현상은 문법이나 어휘에서보다 더 체계적이고 지속적이라고 할 만큼 두드러진다. 그러면 구체적으로 어떤 것들이 해당되는지 알아보기로 하겠다.

1) 한국어에는 없고 영어에만 있는 발음을 한국어에서 가장 유사하다고 생각하는 발음으로 대체하는 경향이 있다. 예를 들면 자음 중에서 마찰음(fricative)인 /f/는 /ㅍ/, /v/는 /ㅂ/, /θ/는 /ㅅ/ 혹은 /ㄷ/, /ð/는 /ㄷ/, /z/는 /ㅈ/으로 그리고 이동음(glide)인 /r/은 /ㄹ/로 발음하기 때문에 의미전달을 어렵게 하는 경우가 많다. 모음에 있어서도 장모음에 속하는 /e/, /o/와 이중모음(diphthong)인 /aɪ/ /au/ /ɔɪ/는 한국식의 같은 음가를 가지는 두 모음이 합해서 나는 소리와는 달리 앞의 모음은 강하고 길게 그리고 뒤따르는 모음은 약하고 짧게 발음한다는 것을 지키지 못해 어색하게 들리기 쉽다. 즉 /에이/, /오우/, /아이/, /아우/, /오이/로 각각 발음하는 경향이 있다. 또한 단모음인 /ɪ/ /ɛ/ /a/ /ʊ/ /ɔ/ 역시 한국어의 /이/ /에/ /아/ /우/ /어/와는 혀의 위치가 약간씩 다른데서 나오는 소리인데도 그대로 한국어식으로 대체하여 발음하기 때문에 의사전달이 제대로 되지 않는 경우가 많다. 예를 들면, /ɔ/로 소리를 내야하는 /bought/, /law/를 /boat/, /low/로 발음하기 쉽다.

2) 한국어에서는 변이음(allophone)이지만 영어에서는 음소(phoneme)일 때 한국어식으로 발음한다. 예를 들면 한국어에서는 변이음인 /ㅍ/ 과 /ㅂ/이 영어에서는 각기 다른 음소인 /p/와 /b/인데도 한국어식으로 한다는 말이다. 즉 한국어는 파열음(stop)에서 기본음이 무성음이고 그 음이 모음사이에 있을 때만 유성음으로 변한다. 그래서 '부산,' '박'을 발음하면 미국인이나 영국인은 /p/로 시작한다고 생각하는 것이다. 그리고 '아버지'에서처럼 모음과 모음사이에 /ㅂ/이 있을 때만 유성음 /b/로 변한다. 이처럼 한국어에서는 영어식의 /p/ 와 /b/ 가 단어의 뜻을 변하게 하지 않고 그것들이 위치하는 환경에 따라 무성음이 되기도 하고 유성음이 되기도 한다. 같은 현상이 /t/ 와 /d/, /k/ 와 /g/에서도 일어난다. 그러므로 한국사람이 *boy, dog, go*를 발음할 때 미국인이나 영국인은 대부분 마치 각각 /p/, /t/, /k/로 시작하는 단어처럼 듣게 될 것이다. 그러나 *abbey, maiden, beggar* 에서처럼 모음사이에서는 제대로 유성음을 내게 되므로 문제가 되지 않는다. 그러나 그것들이 단어의 끝소리로 발음될 때는 한국어나 영어나 다같이 비격리음(unreleased)이 되어 정확하게 소리를 내는 것이 어렵지 않다. 다른 예를 더 들어보면 한국어에서의 강세는 지방사투리에 따라 약간씩 차이가 나기는 하지만 대체로 단어자체의 의미를 변화시키지는 않는 변이음의 일종이라고 볼 수 있다. 표준어에서는 일반적으로 단어의 첫 음이 강세를 받는 경향이 있다. 그렇지만 영어에서의 강세는 그것이 단어의 어느 음절에 오느냐에 따라 뜻이 달라지기 때문에 음소로 간주된다. conśent/ćonsent에서처럼 동사/명사라는 품사에서의 차이를 가져오기도 하고 rećord/ŕecord에서처럼 강세의 위치에 따라 기록하다/음반 이라는 서로 다른 뜻을 나타내어 그들이 쓰이는 상황에 따라 의미자체가 다를 수 도 있다.

3) 한국어와 영어가 음소를 연결하여 단어를 형성하는 방법이 다르기

때문에 우리는 한국어에서 발음하는 식으로 하기 쉽다. 즉 한국어에서는 단어가 모음, 자음+모음, 모음+자음, 또는 자음+모음+자음으로 형성됨으로써(받침에서 두 개의 자음을 쓰기는 하지만 다음의 모음과 합해지기도 하고 다음의 음이 자음일 경우 한 음이 탈락하기도 함) 결국 자음은 반드시 모음과 합해져서 소리를 만든다는 것을 알 수 있다. 한편 영어에서는 자음군이라 하여 둘, 심지어는 네 개의 자음이 연달아 일어나는 단어들이 흔하다. star, spring, straight, glimpsed 등이 여기에 속한다. 그래서 한국인이 영어의 이와 같은 자음군을 발음할 때는 자음과 자음 사이에 모음 /으/를 삽입하여 불필요한 음절을 만드는 경향이 있다.

4) 한국어와 영어의 발음이 비슷할 뿐 정확한 조음점은 차이가 있음에도 불구하고 한국어식 조음점을 따르기 때문에 발음이 어색하게 들린다. 예를 들면, 영어의 /t/, d/, /n/, /l/은 치경음이어서 혀끝이 윗니 바로 뒤쪽에 닿아 나는 소리다. 그러나 한국어의 /ㄷ/, /ㅌ/, /ㄴ/, /ㄹ/은 치음에 가까워 혀끝이 윗니에 닿아 나는 소리이기 때문에 그대로 전이가 되기 쉽다. 그러나 이 문제는 오늘날의 발음교육에서는 그다지 중요하게 다루지 않는다. 왜냐하면 이는 유창성의 문제가 아니고 정확성의 문제이기 때문이다.

5) 한국어에서의 동화현상이 영어에 그대로 적용되어 일어나는 전이로써 이 부분도 조음점의 차이 때문에 발생하는 발음상의 문제와 마찬가지로 정확성과 관련되어 있다. 몇 가지 예를 들어보면 양순파열음(bilabial stop)인 /ㅍ/이나 /ㅂ/이 비음 /ㅁ/이나 /ㄴ/ 바로 앞에 있게 되면 음가가 변하게 되어 /ㅍ/과 /ㅂ/이 다같이 /ㅁ/으로 변한다. '앞면'이 /암면/으로 '집집마다'가 /집짐마다/로, '잡는다'가 /잠는다/로 발음되는 현상을 의미하는데 'keep mine', 'stop now'를 발음한다고 할 때 /p/가 /m/으로 되어 /kim maɪn/, /stam naʊ/로 하기 쉽다. 그 밖에도 치경파열음(alveola stop)인 /ㅌ/과 /ㄷ/

이 비음 /ㅁ/이나 /ㄴ/ 앞에 있을 때 다같이 /ㄴ/으로 바뀌는 한국어식을 따라 /m/이나 /n/앞에 오는 /t/나 /d/를 /n/으로 발음하는 경우가 많다. 예를 들면 '밑면'이 /민면/으로 '맡는다'가 /만는다/로 발음되는 현상을 따라 'not mine', 'seat number' 를 /nan maɪn/, /sɪn nəmbə/로 각각 발음하는 것이다. 마찬가지로 연구개 파열음(glottal stop)인 /ㅋ/와 /ㄱ/이 다음에 /ㅁ/이나 /ㄴ/의 영향으로 /응/이 되는데 '부엌마다'가 /부엉마다/로 '백년'이 /뱅년/이 되는 것과 같다. 이 영향 때문에 'big mistake,' 'nickname'을 /bɪŋ mɪstek/와 /nɪŋnem/으로 각각 발음하기 쉽다. 동화현상의 또 다른 예는 비음 /ㄴ/이 설측음인 /ㄹ/과 합하거나 거꾸로 /ㄹ/이 /ㄴ/과 합할 때 /ㄴ/이 /ㄹ/로 변하는 현상을 '천리,' '칠년'에서 보게 된다. 즉 /철리/와 /칠련/으로 각각 소리를 내게 되는데 이 규칙이 영어 'only,' 'certainly,' 'full name,' 'well-known'에 적용되어 /olly/, /sərtəlli/, /fullem/, /wɛllon/로 발음하기 쉽다.

6) 음절수에 따라 발음시간이 결정되는 한국어의 음절리듬(syllabary-timed-rhythm)을 강세의 빈도에 따라 발음시간이 결정되는 영어의 강세리듬(stress-timed-rhythm)에 적용함으로써 특히 원어민과의 의사소통에 큰 어려움을 겪게 된다. 이 때문에 영어에서는 강세가 없는 음절에서는 거의 모든 모음이 schwa, 즉 /ə/로서 음가가 거의 나타나지 않게 발음된다든가 대부분의 대명사, 전치사, 조동사, 관사와 같은 기능어(대략 영어에서 사용되는 단어 중 25%를 차지한다고 알려져 있음)에서도 모음은 schwa로 발음되고 자음 역시 음가를 잃어 거의 들리지 않는다는 특징이 있다. 그리고 단어 자체를 아예 발음하지 않는 경우도 있는데 예를 들면 'What do you want?'에서 'do'를 생략하는 것이다. 덧붙여서 'want to,' 'read it,' 'kind of'처럼 앞의 자음이 뒤에 따르는 같은 자음이나 모음에 연결되어 마치 한 단어의 발음처럼 들리게 되는데 이들 축음(reduction) 또는 생략(elision 또는 ellipsis), 그리고 연음(liaison 또는 linking)

은 다같이 영어의 특징적인 리듬을 만들어 낸다. (물론 중요하거나 새로운 정보를 주기 때문에 반드시 강세를 주어야 하는 경우는 따라야 한다[prominence, primary stress, nucleus, nucleus stress, accent, tonic] 등으로 불림). 그리고 한국어와 영어의 리듬에 있어서의 이러한 차이는 원어민의 말을 이해하기 힘들게 하는 결정적 요인이기도 하다.

이상 우리말인 한국어의 전이 또는 간섭에서 생길 수 있는 영어 발음상의 오류를 여섯 가지로 분류하여 정리해 보았다.

3.1.2 나이

일반적으로 사춘기에 속하는 12-13세 이전에 외국어를 배우기 시작하는 학습자가 원어민에 유사한 발음을 하게 된다는 결정적 시기 가설(critical period hypothesis)이 지배적이기는 하지만 나이와는 전혀 상관이 없다는 연구 결과도 있다(Olson & Samuels, 1973; Snow & Hoefnagel-Hohle, 1977). Neufeld(1977)도 충분히 동기가 부여된 성인들은 원어민이 구별할 수 없는 정도로 완벽한 외국어를 구사할 수 있다고 하였다. 이와 같은 서로 상반된 연구결과에 대해 Menyuk(1978, p. 154)는 언어발달에 있어서 결정적 시기는 없고 발달과정을 거치는 동안 발달이 다르게 진행된다고 해석하기도 하였다. 그래서 사춘기 이후에도 적절한 기회만 주어진다면 어릴 때 지니고 있던 언어 능력을 충분히 발휘하여 완벽한 외국어를 구사할 수 있다는 것이다.[2)]

---

2) 그러나 이제까지 연구를 종합할 때 나이가 가장 결정적으로 발음에 영향을 주는 것으로 볼 수 있다.

3.1.3 학습량

일반적으로 더 오래 외국어를 배울수록 그리고 더 훌륭한 모델과 설명이 제시될수록 더 나은 발음을 하게 된다고 말한다. Celce-Murcia와 Goodwin(1991, p. 137)의 말을 인용해 보겠다.

> Learners exposed to better English sound system generally make more progress than learners with poor-quality models and inadequate information.

3.1.4 태도

목표 언어와 문화에 대해 호의적인 태도를 가질수록 그리고 언어자아(language ego: identity a person develops in relation to the language he speaks)가 강하지 않을수록 외국어의 발음을 더 잘 배울 수 있다고 한다(Guiora, et al., 1972). 나이가 어릴수록 학습성과가 우수할 것이라는 일반적인 주장의 근거로 흔히 제시되기도 한다. 즉 자아정체성(self-identity)이 나이를 먹어가며 확고해질수록 자신과 자신이 속한 집단의 언어, 사고, 습관 등에 대해 방어적으로 되어 목표 언어학습에 부정적으로 작용하게 될 우려가 많다는 것이다. 반대로 학습자의 태도가 목표어와 문화에 대해 호의적일수록 통합적 동기(integrative motivation)가 강해지고 모국인처럼 들리게 하고 싶은 욕구가 또한 커지면서 발음에 시간과 노력을 투자하는 정도가 많아져 발음학습에 긍정적 효과를 가져다주게 된다는 것이다.

3.1.5 성격

발음 모방 능력은 개인에 따라 차이가 있음을 주위에서 많이 볼 수 있는데 이것 역시 언어에 대한 적성이 개인마다 다르기 때문이다. Kenworthy

(1987)는 이와 관련하여 모방(oral mimicry), 청각구별능력(auditory discrimination ability)이 뛰어난 사람이 있다고 하였다. Leather(1983)는 개인적 지각 능력(individual perceptual ability)이 발음 실력에 있어서의 차이를 가져온다는 견해를 지지한다. 일반적으로 내성적인 성격보다는 외향적이고 사교적인 사람이 발음에 있어서도 우수하다는 연구도 있다(Busch, 1982).

3. 2 발음지도에 대한 변화된 견해

2언어나 외국어 교수에서 발음지도가 중요한 비중을 차지했던 것이 오래 전은 아니다. 오늘날에는 그와 같은 생각이 많이 바뀌었는데 그러한 변화를 가져온 몇 가지 요인을 살펴보자.

3.2.1 발음교수의 무용론

모국어 습득이든 2언어 학습이든 각각의 언어에서 발음을 배워 가는 과정이 모두에게 유사하여 아무리 가르치려 해도 큰 효과가 없다는 것이다. 예를 들면 모국어 자음 구조에 유성음이 있는데도 어린아이들이 유성음보다 무성음을 먼저 습득한 경우가 있다(Macken & Ferguson, 1981). 즉 모국어에 상관없이 구조 습득 과정에서 뿐 아니라 발음 습득 과정에서도 공통적인 발달과정(universal developmental process)이 적용된다는 설인데 결정적 시기에 해당하는 사춘기 이전과 이후로 구분하여 사춘기 이후의 발음의 어색함(foreign accent)을 신경운동학적(psychomotor) 관점으로 설명했던 이론과는 다르다. 간단히 표현해서 의도적인 발음지도가 정확한 발음에 별 영향을 주지 못한다는 것이다. 발음은 오히려 오랜 시간에 걸쳐 점진적으로 향상되는 특성을 가지기 때문에 즉각적인 교수 효과가 의문시된다는 것이다(Pennington & Richards, 1986). 즉 중간 언어단계(interlanguage stages)를 거치며 마치 파도가 출렁이듯이 점점 원어민의 발음에 근접한다는 것이다(Dickerson, 1976).

3.2.2 언어 교육 목표의 변화

앞에서 언급하였듯이 정확한 언어형식(language form)을 사용하게 한다는 전통적인 언어 교육의 목표가 이제는 언어를 상황에 맞게 사용하여(language function) 의사소통할 수 있게 한다는 의사소통 능력의 향상으로 바뀌면서 정확한 발음지도가 큰 비중을 차지하지 않게 되었다. 왜냐하면 개별음소의 정확한 발음은 지적인 발화(intelligent speech)의 기본이 아니라고 여겨지기 때문이다. 여기서 중요시되는 부분은 리듬, 강세, 억양 같은 초분절 음소(suprasegmental phonemes, 혹은 prosodies, prosodic features)로써 이들 역시 분절음소와 함께 2언어 교수에서 매우 중요시 되어야 한다고 인식되고 있다. 사실 초분절 음소는 실질적으로 의사소통에 결정적인 영향을 주는 부분이다.[3] 특히 한국어처럼 음절리듬이면서 비교적 단조로운 강세와 억양을 가진 언어를 모국어로 사용하는 사람들은[4] 강세리듬이어서 계속해서 오르락내리락하는 하는 것처럼 들리는 영어를 배울 때 특별히 어려워한다.

이와 같은 변화된 견해에 따른 발음교수와 관련하여 Pennington과 Richards(1986, p. 219)는 다음의 다섯 가지 일반적인 제언을 한다:

3) Hahn(2004)은 미국대학에서 가르치는 외국인 TA(Teaching Assistant)들의 발음에서 원어민들을 이해하기 어렵게 하는 부분이 제1강세(primary stress)임을 발견했다.

4) flat intonation이라고 하기도 함. 퉁명스럽고 성격이 안 좋은 느낌을 준다고 함.

• • •

1) The teaching of pronunciation must focus on longer term goals; short-term objectives must be developed with reference to long-term goals.

1) The goal of any explicit training in pronunciation should be to bring learners gradually from controlled, cognitively based performance to automatic, skill-based performance.

2) Teaching should aim toward gradually reducing the amount of native language influence on segmental, voice-setting, and prosodic features but should not necessarily seek to eradicate totally the influence of the native language on the speaker's pronunciation in the second language.

3) Pronunciation ought to be taught as an integral part of oral language use, as part of the means for creating both referential as well as interactional meaning, not merely as an aspect of the oral production of words and sentences.

4) Pronunciation forms a natural link to other aspects of language use, such as vocabulary, and grammar; ways of highlighting this interdependence in teaching need to be explored.

위의 유의사항들은 하나같이 발음교육이 의미의 최소단위인 어휘나 문장에서의 분절음소들을 정확하게 발음하게 하려는 짧은 안목에서 출발하지 않고 진정한 의사소통을 하는데 큰 불편이 없게 훈련하고자 하는 거시적인 목표에 궁극적인 초점을 맞춘다. 따라서 점차 모국어의 간섭에서 벗어나도록 하려고는 하지만 완전히 원어민처럼 발음하기를 기대하지 않는다. 영어가 국제어 또는 세계 공통어(lingua franca)로 사용되는 오늘날에는 이러한 변화가 자연스럽게 받아들여진다.

3.3 발음지도 기법

발음지도는 듣기와 말하기 기능에 동시에 포함되는 부분이다. 발음지도의 목적은 궁극적으로는 의사소통에 있으므로 유창성을 중요시해야 하지만 이것은 상당한 정도의 정확성을 전제로 한다. 따라서 발음교수에 목적을 둔 수업은 일정한 단계를 순서대로 따르면서 진행해야 한다. 즉 가르치고자 하는 발음을 선택하여 제시한 후(presentation) 듣기 연습을 통한 소리 식별(aural discrimination)을 거쳐 실제로 발음을 해보게 하는 과정(production)을 반드시 포함해야 한다. 이와 같은 소리의 식별과 소리내기의 관계를 강조하는 이유는 소리를 내려면 들을 수 있어야 하기 때문이다. 벙어리가 말을 못하는 것이 듣지 못하는 데서 오는 것을 보아도 이들의 관계는 쉽게 입증된다. 그리고 마지막으로 수정(correction)단계가 있다. 그러면 이들 각각의 단계에서 사용될 수 있는 구체적인 지도기법들을 알아보기로 하겠다.

3.3.1 발음 제시(Presentation)[5)]

3.3.1.1 시범 보여주기(Demonstration)

/θ/는 '혀를 양 입술사이에 둔 상태에서 성대를 울리지 않고 내는 소리' 라며 실제로 소리를 내어본다. 그리고 학생들의 입모양을 살펴준다. 어린이와 성인 모두에게 효과적으로 사용될 수 있을 것이다. /f/는 윗니를 아래 입술에 대고 역시 성대를 울리지 않고 내는 소리라고 쉽게 시범을 보여 줄 수 있다. 같은 입모양이지만 성대를 울리면서 내는 소리는 각각 /ð/와 /v/이다.

---

5) Goodwin(2001)은 기술 및 분석(description and analysis)단계라고 하였다.

3.3.1.2 발성기관 그리기(Diagram drawing)

▌그림 2 ▌ /l/ 발성기관

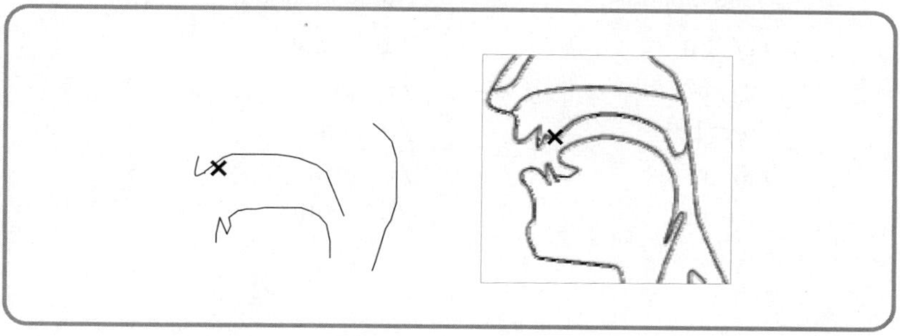

/l/은 혀의 위치가 윗니 바로 뒤쪽(x표 부분)에 닿은 상태에서 나오는 소리이고 윗니를 닿게 하여 소리가 나는 우리말의 /ㄹ/과는 약간의 차이가 있다. 이러한 제시 방법은 일반적으로 어린이보다 성인에게 효과적이다.

3.3.1.3 발음기호(Phonetic alphabet) 사용하기

사전에서 사용하는 발음기호를 사용하여 지도하는 것이다. 소리와 기호관계(sound-symbol correspondence)를 익히도록 해준다.[6] Paulston과 Bruder(1976, pp. 104-105)는 발음기호를 사용하여 제시하는 기법으로 name-sound & base-sound, sight words, homophones 그리고 homographs를 이용하는 것도 효과적이라고 말한다. 이들 각각의 예를 들면 다음과 같다.

---

6) 우리말은 거의 소리나는 대로 글자로 옮겨지는 음성언어이기 때문에 외국인 초보자라도 쉽게 발음이 가능하다. 그러나 영어는 매우 복잡하여 상당한 수준에 있어도 사전에 의존하지 않고 정확한 발음을 하기 어려운 경우가 많다. 예를 들어 /i/는 read, police, receive, believe, deed 모두에서 나오는 소리로 철자가 다채롭다. 한편 소리와 기호관계를 통해 언어를 가르치는 방법을 phonics approach라고 한다.

Name-sound & Base-sound

Base sounds	Name sounds
/ɪ/ bit	/aɪ/ bite
/ɛ/ pet	/i/ pete
/æ/ bat	/e/ bate
/a/ not	/o/ note
/ə/ cut	/u/ cute

즉 -e를 더함으로써 base sound가 철자를 발음하는 소리로 변하는 규칙이다.

Sight Words

같은 철자를 사용하기 때문에 같은 발음이 될 것 같지만 그렇지 않은 경우이다. 예를 들면 보통 /ʊ/로 소리나는 -oo-가 예외적으로 /u/로 발음되는 경우로 too, food, mood 등이다. good, book, cook, took, wood, look 등에서는 모두 /ʊ/로 발음한다.

Homophones

소리는 같거나 비슷하게 나면서 철자는 다른 단어들이다. knot/not, knight/night, too/to/two 등이 여기에 속한다. 동음이의어이다.

Homographs

철자는 같거나 비슷하면서 의미에 따라 서로 다르게 소리나는 단어들이다. 보통 같은 철자지만 문장에서의 기능에 따라 강세가 달라지는 경우를 예로 들 수 있다. 따라서 récord/recórd, présent/presént, cónduct/condúct, réport/repórt 등이 여기에 속하는데 동형이의어라고 부른다. Heteronym도 같은 의미인데 bow와 wind처럼 철자는 같으나 발음이 달라지면 뜻이 달라지는 단어를 가리킨다. /baʊ/, /bo/ 그리고 /wɪnd/, /wind/에 따라 인사하다. '화살', '바람', '태엽을 감다'의 의미를 가지게 될 것이다.

그러나 이와 같이 발음기호를 사용하여 어떤 체계적인 철자와 발음 관계를 제시하는 것은 성인에게 적합할 것이다. 왜냐하면 어린이의 경우는 대체로 설명보다는 무의식적으로 터득하게 하는 것이 가장 효과적이기 때문이다. 위의 세 가지 발음기호를 사용한 발음 제시 방법은 보다 전통적이라고 보아야 하는데 마지막으로 상황을 이용한 다음의 방법은 그렇지 않다.

3.3.1.4 상황 이용하기(Contextualization)

Bowen(1979)의 의미 있는 상황에서의 최소대립어를 이용한 제시방법은 매우 특색이 있다. 구체적인 순서를 적어 보면 다음과 같다.

그림을 잘 그리는 학생(자원학생이면 더 좋음)에게 칠판에 '말'을 그릴 것을 귓속말로 요청한 후 나머지 학생들에게 알아 맞춰보도록 한다. 'dog,' 'cow' 등을 말하다가 마침내 'horse'라고 하면 다시 그 학생에게 '불'을 그리게 한다. 'grass,' 'bush' 등을 거쳐 'fire'에 도달하면 자리로 들어가게 하고 '말발굽'(horse shoe)을 교사가 그린다. 학생들의 수준에 따라 'horse shoe'에 대해 용도, 착용위치 등을 간단히 주고받은 후 '망치'(hammer)를 그린다. 다음으로는 어떻게 쇠붙이(metal)가 달구어져 망치로 때려진 후 말발굽이 만들어지는지를 설명하고 '대장장이'(blacksmith)를 가르쳐 줄 수 있다. 이제 그와 같은 상황을 최소대립어 쌍[7]으로 다음과 같이 의미 있게 제시한다. /i/와 /ɪ/의 대조를 가르

7) 최소대립어 쌍은 'minimal pair'라고 하여 두 개의 단어가 단지 같은 곳에 위치한 한 음소의 차이로 인하여 서로 다른 의미를 가지게 되는 단어쌍을 말한다.

치려는 것이 목표이다.

He's heating the shoe. With a fire. /i/
He's hitting the shoe. With a hammer. /I/

이처럼 Bowen은 가능한 한 의미 있고(meaningful), 그림으로 나타낼 수 있고(picturable), 균형 있게(balanced), 그리고 학생의 경험과 관련될 수 있거나(relevant to the experience) 흥미 있어 할만한(relevant to the interest of the students) 상황에서 발음을 제시하라고 말한다. 그가 제시한 또 다른 예에는 다음의 상황들이 있다.

This pen leaks. Don't write with it. /ɛ/
This pan leaks. Don't cook with it. /æ/

What's this pool for? For swimming. aspirated /p/
What's this spool for? For sewing. unaspirated /p/

Where can I buy cóld créam? At the dairy. 명사 + 명사
Where can I buy cold créam? At the drugstore. 형용사 + 명사

다음의 제시 방법도 유사하다.

I like to cook. With my pan. /p/
I like to sing. With my fan. /f/

The teacher is collecting homework after class. /l/
The teacher is correcting homework during class. /r/

이번에는 발음 지도의 두 번째 단계인 소리 식별 단계에서 사용할 수 있는 기법에서도 전통적인 것과 상황적인 것을 함께 보기로 한다.

3.3.2 소리식별(Aural discrimination)

3.3.2.1 Same-Different 연습

흔히 이용되는 연습방법은 최소대립어 쌍 기법이다. 어떤 특정한 음을 잘못 발음하여 의사소통에 결정적인 문제가 생긴다고 판단될 때 사용하면 효과적이다. 예를 들면 /r/과 /l/이 구별되지 않을 때 다음의 최소대립어를 이용할 수 있을 것이다.

play-pray	glass-grass
light-right	lead-read

교사가 발음하는 한 쌍이 같은지 다른지를 구별해 보게 하는 연습이다. 같으면 'same'이라고 말하고 다르면 'different'라고 말할 것이다. 가능하면 /r/과 /l/이 각각 다른 위치 즉 초성, 중성, 종성에서 연습이 되도록 한다.

상황은 아니더라도 다음과 같이 문장을 사용하여 발음이 같은지 다른지를 구별하게 하면 단어의 구별보다는 훨씬 의미 있는 연습이 될 수 있다.

I can do it.	I can't do it.
I could have done it.	I couldn't have don't it.
I must go now.	I mustn't go now.

3.3.2.2 소리 확인(Sound identification) 연습

교사의 발음을 듣고 학생들로 하여금 어떤 소리인지를 찾아내게 하는 연습이다. 가장 간단한 방법으로는 최소대립어 쌍 각각에 (A), (B) 또는 (1), (2)의 번호를 주고 듣고 나서 맞다고 생각하는 번호를 말하게 하는 것이다. 다음과 같이 우리말과 영어의 발음을 구별하게 할 수도 있다.

Korean (1)	English (2)	
시(poem)	see	/ㅅ/ - /s/
조인(sign)	join	/오이/ - /ɔɪ/
와우	wow	/아우/ - /aʊ/
싱크(sink)	think	/ㅅ/ - /θ/
오븐	oven	/ㅂ/ - /v/

여러 명의 학생으로 하여금 교수하고자 하는 발음을 포함하는 단어나 문장을 칠판에 받아쓰게 할 수도 있을 것이다. 이때 틀린 학생은 자리로 돌아가고 맞은 학생만 계속 남아 있게 하여 마지막까지 남은 학생이 승자가 되도록 함으로써 게임처럼 할 수도 있다.

Bingo game을 시키는 것도 재미있는 연습방법이 될 수 있겠다. 즉 최소대립어 쌍들을 칸에 순서 없이 써놓고 학생을 나오게 하여 들으면서 번호를 차례대로 써넣게 한다. 번호가 일련으로(가로, 세로, 또는 대각선) 맨 먼저 나열되게 하는 학생이 승자가 되는 게임이다.

가르치고자 하는 발음을 적은 카드와 대조가 되는 발음을 적은 카드를 몇 학생에게 교실 앞에 나와 들고 있게 한 다음 단어나 문장을 듣고 그 발음이 들어 있다고 인식될 때 카드를 내리거나 자리로 들어가게 하여 소리식별 능력을 알아보는 방법도 있을 것이다.

역시 최소대립어 쌍을 이용한 소리 식별 연습이지만 좀 더 의미 있게 문장을 이용할 수 있다. 예를 들면 다음과 같이 /ð/와 /t/를 구별 할 수 있는지를 확인하는 연습이다.

thigh	tie	Jay spilled milk on his _____.
through	true	Is this __________?
theme	team	Which _________ has won?

교사가 오른쪽 문장을 하나씩 읽으면 왼쪽에 제시된 두 단어 중의 하나로 빈 칸을 채워 완성시키는 것이다.

다음과 같이 true/false를 이용하기도 한다.

He's the best person to lead the group. (T)
It's good to learn to lead books fast. (F)

그러나 이러한 문장 단위에서 보다 훨씬 유의적인 연습으로써 Bowen(1979)은 상황에서 자연스럽게 소리 식별 연습을 시키는 방법을 소개한다. 이미 앞의 발음제시 단계(3.3.1.4)에서 소개된 상황에 이어서 교사가 발음하는 문장을 듣고 적절한 대답을 하게 함으로써 제대로 목표소리인 /i/와 /ɪ/를 구별할 수 있는지 확인할 수 있다. 즉, He's heating the shoe를 듣고 With a fire, He's hitting the shoe를 듣고 With a hammer라고 답할 수 있는지를 본다는 것이다. 학생들의 식별 능력이 만족스러운 단계에 이를 때까지 빠른 속도로 계속 진행할 필요가 있다.

다음의 예에서처럼 Spot dictation을 이용한 방법으로 대화를 듣고 빈 칸을 채우게 함으로써 역시 의미 있는 상황에서 소리의 식별을 확인할 수도 있다. 음의 생략과 연결을 인식하게 하는 좋은 지도 방법이 되겠다.

A : What (did you) do last night ?
B : I (went to) the discotheque with my friend.
A : (Have you) done your homework ?
B : I (haven't) yet.
A : You (should have) stayed at home then.

소리식별 단계에서 강세의 중요성을 인식시키는 연습 또한 필요하다. 왜냐하면 한국어에서와 마찬가지로 영어에서 역시 문장에서 강세의 위치에 따라 의미가 달라지기 때문이다(prominence). 이를 위하여 *We bought two apples.*를 각각 다른 위치에 강세를 주어 읽고 적절히 답을 해 보게 하는 방법이 있다.

T : Í bought two apples.
S : (They didn't/She didn't.)

T : I bóught two apples.
S : (You didn't pick them/Somebody didn't give them.)

T : I bought twó apples.
S : (You didn't buy an apple/You didn't buy four apples.)

T : I bought two ápples.
S : (You didn't buy two peaches/You didn't buy two oranges.)

전체적인 억양의 변화에 따른 의미의 차이를 인식하는 연습 또한 매우 중요하다. 예를 들어 보겠다.

A : What do you think?
B : What do you think?
C : What do you think?.

이처럼 억양이 다를 때 어떤 의미를 가질까를 결정할 수 있도록 세 가지의 상황을 제시하여 서로 연결해보게 하려고 한다면 다음과 같이 쓸 수 있을 것이다.

가 : I think it is.... What about you?
나 : Should I do it ?
다 : Excuse me, are you asking me what I'm thinking ?

이와 같이 말하는 사람의 억양에 따라 각각 다른 의미를 가지게 되므로 Wh-로 시작하는 의문문은 <2, 3, 1>의 억양규칙을 가진다고 지도하는 것이 문제가 있다.

연접(juncture)의 위치를 인식하게 하는 연습도 있을 것이다. 예를 들면 다음과 같다.

T : Karen, said Bob, is an English teacher. Who said?
S : Bob.

T : He bought a house, boat and car. How many things did he buy?
S : Three.

그러나 'Karen said, Bob is an English teacher/He bought a houseboat and car'라고 읽었을 때는 전혀 다른 답이 나와야 할 것이다.

결국 소리의 식별은 인위적으로 고안해 낸 개별적 단어나 문장의 범주를 넘어 역시 자연스러운 연습이 될 수 있도록 하는 것이 중요하고 따라서 음소 뿐 아니라 강세, 억양, 연접 등 초분절 음소가 포함되도록 유의해야 한다. 이제 소리의 식별이 충분히 되었다고 판단되었을 때 다음 단계인 실제 발음연습이 뒤따르게 된다.

3.3.3 실제 발음연습(Production)

3.3.3.1 반복 연습(Repetition drill)

청각구두 교수법에서 가장 많이 사용되는 통제적 연습(controlled practice)으로써 모방을 통한 습관 형성이 목적이다. 이러한 이유 때문에 특별히 발음지도에서 중요한 위치를 차지하는데 교사나 테이프의 발음을 듣고 그대로 따라하게 된다. 항상 전체, 그룹, 그리고 개별학생 순서로 연습이 진행된다. 이때 개별 학생이 오류를 범하게 되면 다시 전체로 돌아가야 한다. 최소대립어 쌍(단어, 문장)을 많이 이용한다.

반복 연습으로 사용되는 backwards build-up(back-chaining, 또는 pyramid drill)은 특히 문장에서 자연스러운 억양을 익히게 하는데 도움이 된다. 왜냐하면 뒤에서부터 단어를 하나씩 추가하면서 반복하게 하기 때문이다. 흔히 긴 문장을 끊어서 따라해야 할 때 많이 이용한다.

Carolyn Graham(1978)의 Jazz Chants는 특히 미국 영어의 규칙적인 리듬, 강세, 억양을 상황 속에서 반복시키기 위해 제작된 것으로써 많이 이용된다.

3.3.3.2 테스트 연습(Test drill)

기계적인 반복연습은 학생들을 쉽게 지루하게 한다. 그러므로 테스트를 통한 보강연습은 무의식적으로 발음을 하도록 유도하여(guided practice)발음 학습을 도전적이고 흥미롭게 만들어 줄 수 있다. CD-ROM 또는 단어카드를 사용하여 가리키거나 보여주며 글자를 읽게 하기도 하고 그림이나 물체를 보여주며 'What's(are)−?' 또는 'Is(Are) this(these)−?' 질문을 한다. 교사와 학생 간 또는 학생과 학생 간에 할 수 있다. 특히 'Is(Are)−?' 형태의 질문은 전체연습과 개별연습으로 동시에 이용할 수 있어서 좋다. 예를 들면 질문은 개별학생이 하게 하고 답은 전체가 하게 함으로써 발음의 정확성을 확인하여 연습의 필요성을 알아낼 수 있기 때문이다. 다음의 예를 보자.

S1: Is this a lock or a rock? (자물통 그림을 보여줌)
Ss: It's a lock.

같은 방법으로(그림을 이용하여) 다음과 같이 문장에서 단어의 강세를 연습시킬 수도 있다.

Is this a white hóuse or Whítehouse ?
Are they green hóuses or gréenhouses ?
Are they washing machínes or wáshing machines ?

계속해서 앞에서 언급한 바 있는 Bowen(1979)의 최소대립어 쌍을 문맥 속에서 실제 발음하기에 이용하는 방법은 다음과 같다.

교사가 교실 뒤로 가서

I. With a hammer

II. With a fire를 나타내기 위해 한 손가락(Ⅰ) 또는 두 손가락(Ⅱ)을 올리면 그에 따라 교탁 앞에 나와 서 있는 학생이

I. He's hitting the shoes.

II. He's heating the shoes. 라고 말하고 교탁을 향한 다른 모든 학생들은 다시

I. With a hammer

II. With a fire라고 받는다. 이 때 교사는 개인 또는 전체가 하는 실수의 정도를 보고 반복 연습의 필요성을 판단 한다.

3.3.3.3 담화 연습(Discourse drill)

흔히 단어 혹은 문장 단위에서 개별음소의 발음을 정확하게 할 수 있더라도 문장이 여러 개 합한 담화(discourse) 속에서 같은 음을 발음하게 되면 다시 틀린 발음으로 돌아가기 쉽다. 따라서 담화단위에서 발음을 시키고 나서 적절한 시기(읽기나 대화중이 아니고 일단 그 과정이 끝난 후)에 지적을 해주고 연습을 더 시키도록 한다. 그런 의미에서 소리내어 읽기(reading aloud)는 발음지도를 위해 효과적일 수가 있다. Bowen(1979)은 /i/와 /ɪ/를 가르치기 위한 문장단위의 연습 후 다음과 같은 관련 읽을거리를 이용할 것을 제안한다.

> If a blacksmith wants to shoe a horse, he must first heat the shoe over a hot fire. Then he will put it on an anvil and hit it with a large hammer. He must heat the shoe before he hits it so the metal will be soft enough to shape. If he hits it first, the cold shoe will not take a new shape, and after hitting the shoe he will beat it, in case it's a little bit too big or too little. Then the shoe can be attached to the horse's hoof. The blacksmith does this by driving several long nails through the shoe. In any event, we'll easily see that it's a lot of work, and a blacksmith needs to be very strong to do his job.

위의 읽기자료에는 'heat'에서의 /i/소리가 포함된 단어가 21개, 'hit'에서 같은 /ɪ/소리가 포함된 단어가 32개나 있으므로 한 학생당 하나 또는 둘 정도의 문장을 소리 내어 읽게 하면서 녹음한 후 녹음된 것을 재생하여 들음으로써 목표가 되는 발음의 정확성과 아울러 유창성을 확인하면 좋을 것이다.

담화 연습에 속하는 것으로 짝끼리 혹은 소집단에서 만든 보고서를 준비하여 발표하게 할 수도 있을 것이다. 예를 들면 /ð/를 지도하는 단계에서 다음과 같이 비교급에 쓰이는 'than'을 사용하는 문장들을 연이어 만들어 발표하게 하는 것이다.

> Yoon Ji is shorter than Eun Kil. Her skin is darker than his. Her eyes are larger than his....

3.3.3.4 강세연습

다음과 같이 일련의 회화체 담화를 제시한 후 등장인물의 숫자에 맞추어 학생들에게 전체적인 상황에 맞게 강세를 만들어 대화를 해보게 한다(communicative practice).

> S1: Is that your coat?
> S2: No, it's not mine.
> S1: Then, whose is it?
> S2: It's Jean's.
> S1: Isn't it your sister's?
> S2: No, I don't think so.

> S1: May I see your license?

S2: I don't have it.
S1: You don't have your license?
S2: I have it, but it's at home.

위의 대화체를 읽어보고 적절한 강세의 위치를 정한 다음 연습을 한 후 전체 학생들 앞에서 보여주게 하는 방법이다. 다음과 같이 강세를 표시할 수 있을 것이다.

S1: Is that <u>your</u> coat?
S2: No, it's not <u>mine</u>.
S1: Then, <u>whose</u> is it?
S2: It's <u>Jean's</u>.
S1: Isn't it your <u>sister's</u>?
S2: <u>No</u>, I don't think so.

S1: May I see you <u>license</u>?
S2 : No, I don't <u>have</u> it.
S1: You <u>don't</u> have your license?
S2: I <u>have</u> it, but it's at home.

강세지도에 있어서 다음의 예는 분명한 상황제시가 있기 때문에 더욱 효과가 있을 것이다.

Context : I lost my hat the other day. It was cold and windy. I was just thinking about the next day's exam. I didn't know I had lost it until I entered the classroom. Then I found it was lost. I saw Yong-sook next to me.

I : I lost my hat.
Y: What kind of hat?
I : It was a rain hat.
Y: What color rain hat?
I : It was white. White wool.
Y: Mmmm. There was a white hat in the office.
I : Which office?
Y: Our department office.

학생들로 하여금 짝을 지어 강세를 표시한 후 자연스럽게 들리도록 연습시킬 수 있을 것이다. 강세는 다음과 같이 표시될 것이다.

I : I lost my <u>hat</u>.
Y: What <u>kind</u> of hat?
I : It was a <u>rain</u> hat.
Y: What <u>color</u> rain hat?
I : It was <u>white</u>. White <u>wool</u>.
Y: Mmmm. There was a white hat in the <u>office</u>.
I : <u>Which</u> office?
Y: Our <u>department</u> office.

좀 더 고급수준의 억양연습 상황을 다음에서 보기로 하자. 상황을 주고 거기에 맞게 억양을 달리하여 직접 소리 내도록 해본다.

Ⅰ A: What is it?
B: It's a calender.

Ⅱ A: What is it?
B: Oh, sir, it is, in other words, ...

Ⅲ A: What is it?
B: I'm very sorry. It's just happened.

보통의 정상적인 <2, 3, 1> 형식의 억양은 (I)의 Wh Question에 해당될 것이고 (II)는 <2, 1, 3>그리고 (III)은 <3, 2, 1>억양 형식을 사용하면 자연스러울 것이다.

사실 이 부분은 각기 다른 억양에 따라 단순한 질문, 놀라움 또는 분노와 같은 감정을 표현할 수 있음을 나타내는 것으로 모국어에서는 무의식적으로 자연스럽게 습득된다. 그러나 외국어 학습에서는 의식적으로 가르쳐져야 한다.

3.3.3.5 리듬연습

이미 지적하였듯이 영어에서는 한 문장에 몇 개의 단어가 있는지에는 상관없이 강세를 받는 단어가 몇 개냐가 발음에 걸리는 시간을 결정한다(stress-timed rhythm). 강세를 받는 단어와 다음 강세를 받는 단어 사이의 간격은 거의 일정하기 때문이다. 다음의 예를 보자.

My síster is a téacher.
My síster is a good téacher.
My little síster is a very good téacher.

이들 세 문장은 각각의 문장을 형성하고 있는 단어의 수는 다르지만 모두 두 개의 강세를 가지고 있기 때문에 각각을 발음하는 데는 거의 비슷한 시간이 소요된다고 할 수 있다.

영어 학습의 초기 단계에 있는 어린 학생들에게 다음과 같이 강세가 있는 음절에서 손뼉을 치며(문장마다 두 번씩) 소리를 크게 내어 발음하게 하면 흥미 있게 리듬 연습을 할 수 있을 것이다(위의 예에도 적용됨).

A: Whát's your náme?
B: My náme is Kím.
A: Whát's your mother's náme?
B: Her náme is Párk.
A: Whát does she dó?
B: She téaches Korean Hístory.

이처럼 신체적 몸짓을 사용하여 지도하는 방법을 동작기법(kinesthetic techniques)이라 하는데 영어에서 리듬을 내재화하는데 도움이 된다(Goodwin, 2001).

3.3.3.6. 드라마(Drama)

교과서에 주어진 대본으로 (그대로 또는 변형하여) 연기하게 하거나 소집단별로 대본을 만들어 연기하게 하고 발음을 확인할 수 있다.

3.3.3.7 구두 보고서 낭독(Oral reports)

이 방법은 외국어 학습 초급 단계에서는 사용할 수 없고 적어도 중급 단계에서 주제와 분량을 정해 주고 각자 혹은 각 소집단이 준비한 것을 소리내어 발표하게 하는 것이다. 녹음한 후 재생하여 잘못된 발음 습관을 찾아낼 수 있을 것이다.

3.3.4 발음교정(Correction)

학습목표로 정해진 발음에 오류가 발생했을 시에는 즉각 수정되어야 하는 데 발음제시 부분에서 사용한 시범 보여주기, 발성기관 그려서 설명하기, 발음기호 사용하기 등의 방법으로 다시 제시하여 반복 연습을 시켜야 한다. 특히 모국어의 발음과 대조시키거나 비슷한 다른 영어 발음을 이용하는 방법도 효과적이다. 예를 들면 우리의 /ㄴ/, /ㄷ/, /ㄹ/과 영어의 /n/, /d/, /l/, 우리의 /ㅍ/과 영어의 /p/ 등 우리말과 영어의 대조분석에서 다룬 여러 사항들이 적절히 사용될 수 있고 무성음과 유성음으로 구별되는 /f/, /θ/, /s/, /č/와 /v/, /ð/, /z/, /ǰ/는 성대가 떨리느냐 안 떨리느냐로 대조시켜 수정해 줄 수 있을 것이다.

특히 발음에 있어서 자연스럽지 못한 경우 가장 큰 원인으로써 강세가 없는 모음을 모호한 /ə/ 정도(schwa)로 발음하는 영어의 특징을 익히지 못했기 때문임을 알게 된다. 교사는 이 점을 인식하고 연습을 시켜야 한다. 소리 하나 하나를 소홀히 하지 않는 우리말 발음과 대조되는 부분이면서도 정확성만을 강조해온 지금까지의 교수기법과 다르기 때문에 특별히 유의하여 지도해야 한다.

마지막으로 초기 학습 단계에서는 정확한 발음을 가르치기 위하여 그리고 화석화(fossilization)를 방지하기 위하여 잘못된 발음이 즉시 수정될 필요가 있지만 실제 대화중에 생기는 발음상의 오류는 그것이 교수 목표가 아니고 또한 서로의 의사소통 진행에 있어서 이해를 방해하는 요소가 아니라면 일단은 그대로 지나치는 것이 좋다(Paulston & Bruder, 1976, p. 115). 가능하면 이때의 발음 교정은 활동이 끝난 후에 일괄적으로 그리고 개별적으로 하는 것이 효과적일 것이다.

발음 교정을 항상 교사가 할 필요가 없다. 스스로 찾아 해보게 하거나(self-correction), 다른 학생이 하게 할 수도 있을 것이다(peer correction).

제3장 정리

정확한 외국어 발음에 초점이 맞추어졌던 20세기 중반의 발음 교수 방법은 개별 분절음소를 강조하는 경향이 있었지만 언어를 기능에 맞게 구사하여 의사소통을 할 수 있는 정도의 이해력에 초점을 맞추고 있는 오늘날의 교수는 초 분절음소인 억양, 강세, 리듬을 더 중요시하는 경향이 있다. 또 한 가지, 발음의 정확성을 덜 강조하게 된 이유는 발음 학습의 보편성이라는 연구결과에서 찾을 수 있다. 그러나 어린 나이에 지속적으로 그리고 집중적으로 원어민 발음에 노출될수록 발음학습에 긍정적으로 작용하고 외국어에 대한 학습자 자신의 태도나 적성과 발음 학습의 효과사이에도 직접적 관계가 있다는 충분한 연구결과도 있다. 한편 우리말과 영어의 차이로 인하여 영어 발음시 발생하는 여러 가지 오류는 올바른 지도를 위해 원인을 분석할 필요가 있다.

발음 지도시 영어교사가 따르는 순서는 네 가지인데 이는 발음제시, 소리식별, 실제발음 연습, 그리고 발음교정이다. 발음제시 단계에서는 시범 보여주기, 발성기관 그리기, 발음기호 사용하기, 상황 이용하기 등이 있고 소리식별 단계에서는 Same-Different 연습, 다양한 소리확인 연습이 있으며 실제발음 연습 단계에서는 반복연습, 테스트연습, 담화연습, 강세연습, 리듬연습, 구두보고서 낭독 등이 있다.

마지막으로 발음교정 단계에서는 발음제시 단계에서 사용되었던 방법들과 우리말과의 대조분석 방법이 효과가 있다. 특히 schwa, 연음, 생략 같은 자연스러운 발음연습이 매우 중요하다.

제4장

문법지도

제4장 문법지도

| 토론 |

- 문법은 무엇이고 어느 정도 학생들에게 중요하며 그리고 문법 교수를 하기 위해 교실에서 흔히 사용하는 방법은 어떤 것들인지에 대해 토론해 보시오.
- 문형연습의 종류에 대해 이야기해 보시오.
- 문법 사항의 흥미 있는 제시 방법에 대해 각자 예를 찾아보시오.

문법은 간단히 말해서 언어형성 규칙이다. 그리고 문법지식은 말(구어)로써 또는 글(문어)로써 정확하게 상대방을 이해하기 위하여 그리고 정확하게 상대방에게 자신의 의사를 전달하기 위하여 필요하다. 따라서 문법은 문장의 구성단위인 단어의 형성, 단어들의 배열에 관한 규칙들을 두루 포함한다고 할 수 있다. 그러므로 문법은 소위 언어의 네 가지 기능인 듣기, 말하기, 읽기, 쓰기의 기본으로써 그것들과는 분리될 수 없는 통합적인 관계에 있다. 즉 문법은 그 자체가 언어 교육의 목적이 될 수 없고 단지 수단일 뿐이다. Larsen-Freeman(2001)은 문법의 이러한 역할을 문법의 3차원적 구조(three-dimensional grammar framework)라 하여 다음의 파이 차트로 설명한다.

▌그림 3▐ 문법의 3차원적 구조

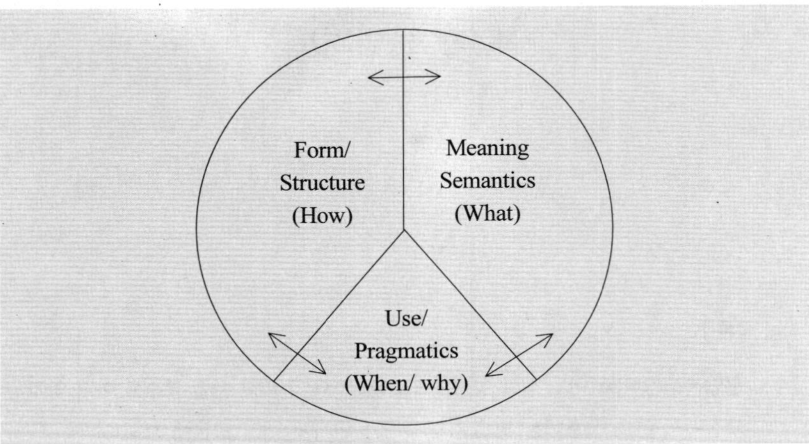

정확한 단어의 배열은 의미를 상황에 맞게 전달할 수 있을 수 있어야 역할을 하게 된다는 상호간의 관계를 보여준다.

4.1 문법의 비중

Krashen(1982)은 문법교수는 정확한 언어사용 여부를 감시만 할 뿐 오히려 자연스러운 언어습득에 방해가 되기 때문에 필요없다고 했지만 외국어로서의 영어교육에서 문법의 중요성은 논란의 여지가 없을 정도로 자명하다. 다음으로 생각해야 할 문제는 학교 교육에서 문법이 차지하는 비중이다. Celce-Murcia(1985)는 학습자 변인(learner variables)과 학습지도 변인(instructional variables)에 따라 문법의 역할이 달라지고 그에 따라 문법의 중요도에 대한 비중이 달라져야 하므로 일률적으로 답을 제시할 수 없다면서 교사가 고려해야 할 이들 변인과 문법지도 비중과의 관계를 다음과 같이 표로 나타내었다.

❙ 표 1 ❙ Variables that determine the importance of grammar

	Focus on Form		
	Less Important		More Important
Learner Variables			
1. Age	children	adolescents	adults
2. Proficiency	beginning	intermediate	advanced
3.Educational	pre-literate; no formal education	semi-literate; some formal education	literate; well educated
Instructional Variables			
4. Skill	listening, reading	speaking	writing
5. Register	informal	consultative?	formal
6. Need/Use	survival communication	vocational	professional

(Celce-Murcia, 1995, p.5)

이를 자세히 살펴보면 일반적으로 학습자 변인에 속하는 나이, 어학실력, 학력의 측면에서 나이가 어리고 어학실력이 부족하고 학력이 낮을수록 문법의 역할이 덜 중요하고 반대로 나이가 많고 어학실력이 있고 학력이 높을수록 문법의 역할이 더 중요해진다는 것을 나타내고 있다. 한편 학습지도 변인에서 볼 때는 언어의 기능(skill), 언어양식(register), 언어용도(need/use)에 따라 문법의 역할이 달라지는데, 우선 언어의 기능면에서 이해 기능(receptive skill) 속하는 듣기와 읽기를 주로 하는 학습자에게는 문법이 덜 중요하고 표현 기능(productive skill)인 말하기와 쓰기, 특히 쓰기를 주로 하는 학습자에게는 문법이 더 중요해진다는 말이다. 다음으로 언어가 사용되는 상황에 따라 언어형식에 차이가 난다는 의미인 언어양식에서는 공식적인 언어를 사용해야 하는 학습자일수록 문법의 비중이 더해진다. 언어양식은 다음의 5단계로 분류되기도 한다(Joos, 1967).

1) 웅변양식(oratorial/frozen style): 대중연설
2) 공식양식(deliberative/formal style): 대학강의 등
3) 논의양식(consultative style): 사업상거래나 의사와 환자 간의 대화 등
4) 비격식양식(casual style): 친구나 동료간의 대화
5) 친교양식(intimate style): 가족, 연인, 가까운 친구 간의 대화

따라서 언어사용 상황에서 단계가 높아질수록 문법이 더 중요하게 인식된다는 것이다.

마지막으로 학습지도 변인에 있어서 언어용도와 관련지으면 일상생활을 영위해 나가기 위하여 언어를 필요로 하는 사람과 비교할 때 직장생활 더 나아가서는 전문직에 종사해야 하는 학습자가 문법의 필요성을 가장 절감한다는 것이다.

이들 여섯 가지 변인들이 문법이 얼마만큼 중요시되어야 하는가를 결정하는 기준이 되기는 하지만 절대적으로 문법이 가르쳐져야 한다거나 문법을 가르치지 말아야 한다는 식의 극단적인 처방을 의미하는 것은 아니다(Celce-Murcia, 1985). 따라서 우리의 학교교육에서는 학습자들의 학년, 그리고 그들의 공통적인 목표를 고려하여 문법의 비중을 정할 필요가 있다. 예를 들어, 초등학교 저학년에서는 문법의 비중이 적어야 하지만 고등학교 수준에서는 당연히 커야 할 것이다. 또한 우리 상황에서 생존보다는 직업적 필요에서 학습하는 경우가 대부분이므로 문법의 중요성이 그만큼 크다고 하겠다.

한편, Ellis(2006)는 그동안 2언어 학습 분야에서 문법 교수 관련 연구들을 조사하여 서로 상반된 견해를 종합한 후 다음과 같이 결론을 내린다.

1) 문법은 서로 다른 문법 구조의 형태와 의미, 사용을 모두 가르쳐야 한다.
2) 문법을 모두 가르치기 보다는 학습자들에게 어렵다고 알려진 구조에 초점을 맞추어야 한다.
3) 초보자 보다는 중급정도의 학습자들에게 가르치되 수정피드백(corrective feedback) 방식이 가장 효과적이다. 직접 또는 암시적 수정을 적절하게 사용한다.
4) 정확한 문법 형식에 초점을 맞춘 집중적이고 체계적인 교수방법(a focus-on-forms approach)과 의사소통과정 활동을 위해 필요한 형식에 초점을 맞춘 교수방법(planned focus-on-form approach 또는 incidental focus-on-form approach)이 통합되도록 한다.
5) 문법 구조의 사용은 예문을 제시해 주거나(input-based instruction) 직접 표현하도록 상황을 주어(output-based instruction) 학습되도록 한다.

4.2 문법의 제시 방법

언어형식에 초점을 두는 문법의 제시 방법은 귀납적인 방법과 연역적인 방법 두 가지로 나눌 수 있다.

4.2.1 귀납적 방법(Inductive 또는 discovery approach)

먼저 같은 유형의 예문들을 제시하고 충분히 연습한 다음 문법규칙을 찾아내는 순서로 진행한다. 규칙적인 문법 사항일 때 그리고 어린아이를 대상으로 할 경우에 일반적으로 더 효과적이다. 예를 들면 규칙 과거동사를 가르칠 때 현재형과 대조하여 다음과 같은 예문들을 제시 할 수 있다.

I play baseball every Sunday.
    I played baseball yesterday.
I watch television every day.
    I watched television last night.
I cook dinner at 6 every day.
    I cooked dinner at 5 last Saturday.

여기서 과거형은 'ed'를 첨가한다는 규칙을 어렵지 않게 추론하게 될 것이다.[1)]

4.2.2 연역적 방법(Deductive 또는 rule-driven approach)

귀납적 방법과 정반대로 먼저 규칙을 설명하고 나서 예문들을 제시하고 마지막으로 제시된 예문을 중심으로 다양한 연습을 하는 방법이다. 일반적으로 불규칙적인 문법사항일 때 그리고 분석력이 높고 이해가 빠른 성인의 경우 효과적이다. 귀납적 방법에 비해 시간이 많이 절약되지만 수업이 지루하게 될 가능성이 높은 것도 사실이다.

이 두 방법이 각각 문법의 종류, 학습자의 나이, 지적능력, 학습양식(learning style), 그리고 주어진 시간과 같은 변수에 따라 효과적으로

---

1) 이처럼 학습자의 지적 노력을 유도하여 명확한 문법 지식(explicit knowledge of grammar)을 깨닫게 하는 것을 의식상승(consciousness-raising)이라고 한다(Ellis, 2002). 학습자는 단순한 인식수준을 넘어 문법규칙과 예문을 만드는 단계까지 진행하게 된다.

사용될 수 있기 때문에 각각의 상황에 맞게 선택되어야 하지만 일반적으로 귀납적 방법이 선호되기도 한다. 그 이유는 다음의 네 가지이다 (Brown, 1994, p. 351).

1) 모국어습득 과정과 더 유사하다.
2) 학습자가 완벽한 언어구사 전에 거쳐야 하는 규칙 습득 단계인 중간언어 발달과정(interlanguage development) 개념과 더 유사하다.
3) 학습자가 문법설명에 압도되기 전에 언어에 대한 의사소통적 감각(communicative 'feel')을 가질 수 있다.
4) 학습자에게 내적동기(intrinsic motivation)를 더 많이 부여해 준다.

4.3 문법지도를 위한 문형 연습(Pattern Practice)의 분류

문형연습은 문법구조를 체계적으로 그리고 집중적으로 학습자에게 연습시키기 위한 학습활동으로써 특히 청각구두 교수법에서 강조되었었으나 최근에도 언어교수에서 결코 소홀히 할 수 없는 중요한 위치를 차지한다. 정확한 언어구사를 하는 것은 어디서나 매우 중요하기 때문이다.

문형연습은 예상되는 최종목표(expected terminal behavior), 응답의 통제정도(degree of response control), 관련 학습과정 유형(types of learning processes involved), 그리고 응답의 선택기준(criteria for selecting response)에 따라 크게 다음의 세 가지로 분류된다(Paulston, 1971).

4.3.1 기계적 연습 (Mechanical drills/ Manipulative drills)

학습자는 교사의 지시신호(cue)에 따라 유추에 의해 기계적으로 정해진 한 가지 응답을 할 수 있으므로 내용에 대해서는 이해할 필요가 없는 경우이다. 최종목표는 언어학습이 습관형성이라는 가정하에 자동적으로 통제된 문형을 사용하게 한다는 것이다. 기계적 연습은 다시 두 종류로 나눌 수 있는데 기계적인 암기연습(mechanical memorizing drills)과 기계적인 평가연습(mechanical testing drills)이다. 전자는 단순히 한 가지 구조를 계속 반복 연습하여 암기시키는 경우이고 후자는 암기한 구조를 평가하는 식으로 이용하게 하는 동안 그들의 특징을 유추하게 하려는 좀 더 상위 단계의 연습이라고 할 수 있다. 그렇지만 학습자는 이 두 가지 연습에 참여하기 위하여 어느 경우에도 구문의 내용을 이해할 필요가 없고 연습활동의 진행에 있어서도 이 둘 간에는 별다른 차이가 없다. 각각의 예를 들어보겠다.

Model :	sing	R : singing
	walk	R : walking
Cue :	eat	R :
	go	
	play	

이는 기계적인 암기연습이다. 그러나 다음의 예는 기계적인 평가연습이다.

Model:	sing (I)	R: I am singing.
	walk (you)	R: You are walking.
Cue:	eat (he)	R:
	go (they)	
	play (she)	

이미 언급하였듯이 이처럼 기계적인 연습에서는 학습자가 교사의 지시 신호에 따라 이해와 상관없이 유추에 의해 한 가지 맞는 대답을 하게 되므로 교사가 정답의 유일한 기준이다. 그리고 한 개의 정답만이 존재하기 때문에 전체연습(choral drills)으로 적합하다. 한편 연습의 기계적인 성격상 연습의 속도가 느리게 진행된다든가 연습의 정도가 지나치다든가 또는 연습의 종류가 어렵다든가 하지 않도록 유의할 필요가 있다.

4.3.2 유의적 연습(Meaningful drills)

학습자는 연습의 내용(구조와 의미)을 이해해야 대답을 할 수 있는 경우이다. 따라서 정답을 찾아내는(trial-and-error) 분석과정이 요구된다. 답은 한 개 이상일수도 있지만 예상되기 때문에 새로운 정보는 없다. 기계적인 연습보다 상위단계이나 역시 통제된 문형을 자동적으로 사용하게 한다는 습관 형성이 최종목표이다. 그림이나 실물을 보면서 질문에 대한 답을 하게 한다든가 독해력 평가방법(reading comprehension questions) 등을 통하여 정해진 문형을 연습하게 되므로 교사 뿐 아니라 상황 및 읽기 자료 같은 것이 정답의 기준이 된다. 정답이 한 개 이상이 될 경우는 전체연습이 불가능하다.

한편 구문연습을 하기 위한 유의적 연습이 때로는 단순한 기계적 연습이 되어버리거나 또는 어휘 연습으로 끝날 수도 있으므로 유의할 필요가 있겠다. 예를 들면 'Which do you ride to school, subway or bus?' 에서 학습자가 의미를 이해하지 못하면서 단순히 짐작으로 둘 중의 하나를 선택한다거나(기계적 연습) 내용을 알기 때문에 'subway' 또는 'bus'만을 사용하여 자연스럽게 답을 하는 경우이다(어휘연습). 따라서 이 단계에서는 어색해지더라도 완전한 문장으로 응답을 하도록 연습시킬 필요가 있다.

4.3.3 의사소통적 연습(Communicative drills)

학습자의 개인적 의견과 사고를 포함하는 새로운 정보를 얻어내게 되는 연습방법으로 언어의 최종목표인 자유로운 상호의사 교환의 단계로 가기 위해 거치는 연습과정이다. 왜냐하면 결국 이러한 의사소통 연습의 단계에서 익힌 구문이 실제 상황으로 전이될 수 있기 때문이다. 따라서 연습하는 구문의 통제는 분명히 있어야 하지만 대답의 내용에 대해서는 아무도 예상할 수 없다. 예를 들면 교실에서 현재진행형을 연습 할 때 사용하는 'What are you doing?'의 답은 예상이 되므로 유의적 연습이겠으나 'What is your mother doing?'의 답은 의사소통적 연습이다. 응답의 기준은 자연히 학습자 자신에 달려있는데 학습자는 문제풀이 상황에서 적합한 의사소통을 위한 대답을 찾게 되고 분석과정을 거치게 된다.

의사소통적 연습을 위해 바람직한 교실환경은 실제상황과 가장 유사한 환경이 될 것이다. 따라서 교사는 그와 같은 환경을 조성하기 위해 노력해야 한다.

그러면 위의 분류를 Littlewood(2004)의 것과 비교하기로 하겠다. Littlewood는 문형연습을 네 가지로 분류하였지만 Paulson(1971)의 위의 세 가지 유형과 유사하며 차이는 세 번째와 네 번째로 세분화하였다는 것이고 각기 다른 명칭을 사용했다는 것이다. 즉 기계적인 연습 대신 비의사소통적 학습(non-communicative learning), 유의적 연습 대신 전의사소통적 연습(pre-communicative language practice), 의사소통적 연습(communicative language practice)에 더하여 구조적 의사소통(structural communication)을 추가함으로써 전자는 정보전달을 위하여 특정문법 구조를 사용하게 하지만 예상되는 내용을 다루기 때문에 더 통제된 상황이고 후자는 좀 더 복잡한 정보교환 활동이나 역할극 과업으로 언어통제가 심하지 않은 상황을 말한다. 물론 두 경우 모두에서 최종적인 문법 교수의 목표는 실제 의사소통(authentic communication)이다. 따라서 초기 연습에서는 언어 형식의 학습이 유일한 목표지만 점점 더 의미에 관심이 주어지게 되는데 Ellis(2000)는 연습(exercises)에서 과업(tasks)으로 진행한다고 하였다. 한편 Ellis(2002)는 기계적 연습(mechanical practice), 문맥화된 연습(contextualized practice) 그리고 의사소통적 연습(communicative practice)이라고 부르기도 하였다.

물론 효과적인 언어학습을 위해 이러한 문형연습의 분류에 따른 연습방법 이외에 다른 더 나은 방법이 있을 수 있다. 그렇지만 이들 기계적 연습, 유의적 연습, 의사소통적 연습의 순서로 진행하는 문형연습은 정확성과 유창성을 모두 요구하는 진정한 의사소통 능력의 배양에 효과적이다. 특히 외국어 환경에서 영어를 가르치는 우리의 상황에서는 이와 같은 의사소통적 문형연습이 더욱 큰 의미를 가질 수밖에 없다. 왜냐하면 어차피 제한된 영어사용이 불가피하므로 집중적 언어사용 기회를 제공하기 위해서는 이들 연습이 적절히 학습자에게 맞게 적용되어 그들에게 최대한의 효과를 가져다 줄 필요가 있기 때문이다.

4.4 문형연습의 유형[2)]

유형별로 문형 연습의 각각을 설명 하고 예문을 제시하면서 기계적 연습, 유의적 연습, 의사소통적 연습 중 어느 것에 주로 속하는지를 구분해 보겠다. 그러나 이들 세 가지 분류에 따른 구분은 많은 경우 명확하지 않다. 왜냐하면 한 가지 연습방법이라도 학습자에 따라 응답을 하는 과정이 다를 수 있으므로 각각 다른 부류의 연습에 속할 수 있기 때문이다. 예를 들면 앞에서 소개된 'Which do you ride to school, subway or bus?'에서 학생이 의미를 이해하고 답을 하느냐 또는 그렇지 않느냐에 따라 유의적 연습이 될 수도 있고 기계적 연습이 될 수도 있다.

4.4.1 반복연습(Repetition drills)

교사의 발음을 그대로 따라하는 것이지만 여러 가지 변형이 있을 수 있다. 특히 언어학습의 초기 단계에서 근육의 훈련을 통한 자동적인 암기에 효과적으로 사용할 수 있다. 예를 들면 'I am —.' 'You're —.'에서와 같이 거의 자동적인 혀의 움직임으로 인칭대명사와 be동사를 연결시키는 효과를 의미한다. 반복연습에서는 학습자가 따라할 수 있는 정도의 문장 길이로 조절하는 것이 중요하다.

4.4.1.1 완전 반복연습(Verbatim repetition)

일반적으로 단어의 올바른 배열(word order)을 연습시키는데 효과적이다.

---

2) Paulston와 Bruder(1976)의 분류를 중심으로 정리하였다.

명사 + 형용사(기계적 연습)

Repeat : The girl is beautiful.
The man is noisy.
The school is large.

There + be + 명사 (기계적 연습)

Repeat : There's a house near the post office.
There are trees behind our house.
There were many buildings next to our school.

완전 반복연습은 상급단계의 학습자에게는 지루하기 쉽기 때문에 다음과 같은 방법으로 상황을 만들면 흥미로워질 수도 있다.

조동사 + 완료부정형(기계적 연습)

Listen: I didn't see Sanghee at the wedding.
Repeat: She may not have been there —
she had to do her homework.
Listen: Sangsu wasn't in class this morning.
Repeat: He might have not been there —
he overslept.

4.4.1.2 개방형 반복연습(Open-ended repetition)

말잇기 연습(chain drills)이라고도 한다. 완전 반복연습에서는 전체 학습자가 함께 참여 하지만 개방형 반복연습은 개별연습에 적합하다. 특히 앞사람의 말을 반복하고 난 후 자신이 원하는 말을 하게 되므로 연습한다는 생각 대신에 재미있는 게임을 한다는 느낌을 가지게 한다. 따라서 완전 반복연습 후에도 더 연습이 요구될 때 추가하면 좋다.

be + going to (유의적 연습/ 의사소통적 연습)

Situation: *You received ₩100,000 from your father. Stores are on sale. What are you going to buy?*
S1: I'm going to buy (a jacket).
S2: I'm going to buy a jacket and (a bag).
S3: I'm going to buy a jacket and a bag and (a perfume).

이때 주어와 동사의 일치를 동시에 연습시키기 위해 지금까지 말을 이어간 학생들을 대명사로 바꾸어 연습을 할 수도 있다(He's going to buy a jacket, She's going to buy a bag, and I'm going to buy a perfume).

앞의 문장들을 모두 반복하지 않고 훨씬 더 단순하게 연습하는 방법이 있다.

조건문(유의적 연습/의사소통적 연습)

Situation: Imagine a situation where it is possible for you to go to L.A. Make statements based on the preceding one.
T: If I have some money, I'm going to L.A.
S1: If I go to L.A., I'm (going by plane).
S2: If I go by plane, I'm (going to arrive at L.A. International Airport).
S3: If I arrive at L.A. International Airport, I'm …

개방형 반복연습을 더 흥미 있게 만들기 위하여 말을 잇는 순서를 변형할 수 있는데 예를 들면 앉은 순서대로 하다가 교사의 호명, 이어서 학습자가 직접 다음 사람을 호명하는 식으로 진행할 수도 있다.

4.4.1.3 대화 반복연습(Dialog repetition drills)

최소한의 변형을 하여 대화상황을 반복한다. 상호 대화식으로 진행되어 반복연습이라는 느낌을 가지게 되지 않는다는 장점이 있다.

불규칙 과거시제(유의적 연습/의사소통적 연습)

T: He comes here everyday.
S1: Then he came here yesterday.
S2: No, he didn't come here yesterday.
S1: Why not?
S2: (He was busy.)
S1: When did he come here?
S2: He came here (the day before yesterday).
T: She teaches English every week.
S1: Then she taught English last week.
S2: No, she didn't teach it last week.
S1: Why not?
S2: (She was late.)
S1: When did she teach it?
S2: She taught it (two weeks ago).

4.4.2 구문 구별연습(Discrimination drills)

구문의 기능을 구별하는 연습으로 언어자체를 다루고 있기 때문에 최소한만 포함시킨다.

4.4.2.1 문형인식(Pattern recognition)

문장을 듣고 어느 언어 형식을 나타내는지 구별하게 한다.

명사/형용사(기계적 연습)

A	B
He's an Arab.	He's Arab.
I'm a Korean.	I'm Korean.
She's a Thai.	She's Thai.

단수/복수(기계적 연습)

She's a girl.	They're girls.
The boy is tall.	The boys are tall.

4.4.2.2 문맥인식(Context recognition)

발음상으로는 구별이 안 되는 두 개 이상의 단어 또는 한 단어가 실제로 문맥 속에서 어떻게 각각 다른 여러 가지의 기능을 하는지를 구별해 내는 연습이다.

Who's/Whose(기계적 연습)

T: Who's coming?	S: Person
T: Whose car is it?	S: Possession
T: Who's calling?	S: Person

Could(기계적 연습/유의적 연습)

T: Could you speak English last year?	S: Ability
T: Could you see me yesterday?	S: Possibility
T: Could you lend me money?	S: Request

4.4.2.3 기능에 맞게 문장 만들기(Function coding)

문맥인식과 반대되는 연습으로 주어진 기능에 맞는 표현을 해보게 하는 것이다.

조동사(기계적 연습/유의적 연습)

T: come to my house (Possibility)
S: You might come to my house.

T: (Obligation)
S: You must come to my house.

T: (Request)
S: Would you come to my house?

4.4.3 대치연습(Alternation drills)

문장의 일부인 단어나 구, 절을 대치하는 것으로 다음과 같이 다양한 연습이 가능하다.

4.4.3.1 단일대치(Single slot substitution)

문장의 한 구성요소만 대치한다. 학습자 수준에 따라 단어 또는 구를 대치한다.

조동사 부정(기계적 연습)

Repeat:: I cannot go to the movies tomorrow.
T: come to class
S: I cannot come to class tomorrow.
T: finish homework
S: I cannot finish homework tomorrow.

가정법과거(기계적 연습)

Repeat: Mary would help her father if she had time.
S: Mary would help her father if she had time.
T: if she had money

Repeat: Mary would help her father if she had time.
S: Mary would help her father if she had time.
T: if she had money
S: Mary would help her father if she had money.
T: if she lived with him
S: Mary would help her father if she lived with him.

4.4.3.2 이중대치(Double slot substitution)

문장에서 두 개의 구성요소를 대치한다.

수량명사(기계적 연습)

Repeat: They eat many oranges.
T: buy/books
S: They buy many books.
T: smoke/cigarettes
S: They smoke many cigarettes.

비교(기계적 연습)

Repeat: My car is as expensive as yours.
T: house/large
S: My house is as large as yours.
T: hat/pretty
S: My hat is as pretty as yours.

4.4.3.3 다중대치(Multiple slot substitution)

한 문장에서 3개 이상의 구성요소를 대치한다.

비교(기계적 연습)

Repeat: My BMW is the same size as her Volvo.
T: Avante/Juliet (length)
S: My Avante is the same length as her Juliet.
T: suit/jacket (color)
S: My suit is the same color as her jacket

4.4.3.4 이동대치(Moving slot substitution)

대치되는 요소가 매번 달라지므로 학습자가 흥미 있게 참여할 수 있다.

과거진행형(기계적 연습)

Repeat: They were sleeping at 11:00 last night.
T: watching TV
S: They were watching TV at 11:00 last night.
T: 10:00
S: They were watching TV at 10:00 last night.
T: We
S: We were watching TV at 10:00 last night.
T: yesterday
S: We were watching TV at 10:00 yesterday.

4.4.3.5 상관대치(Correlative substitution)

대치되는 요소에 따라서 문장의 다른 요소들을 함께 대치하는 연습이다. 부정관사의 선택, 재귀대명사, 조동사 시제 등을 연습시키는데 효과적이다.

부정관사(기계적 연습)

Repeat: The woman is a teacher.
T: student
S: The woman is a student.
T: artist
S: The woman is an artist.

재귀대명사(기계적 연습)

Repeat: I'd rather go by myself.
T: she
S: She'd rather go by herself.
T: they
S: They'd rather go by themselves.

관계대명사(기계적 연습)

Repeat: The girl who is standing is my friend.
T: girls
S: The girls who are standing are my friends.
T: boy
S: The boy who is standing is my friend.
T: men
S: The men who are standing are my friends.

조동사 시제(기계적 연습)

Repeat: I might have seen you last week.
T: today
S: I might see you today.
T: my mother
S: My mother might see you today.
T: yesterday
S: My mother might have seen you yesterday.

4.4.4 구문연습(Syntactic drills)

문장 확대, 문장 완결, 문장 축약, 문장 변형, 문장 통합 등처럼 구성 요소의 올바른 배열에 관련되는 연습이다.

4.4.4.1 확대연습(Expansion drills)

주어진 문장의 구성요소를 적절한 위치에 삽입시켜 문장을 확대하는 연습이다.

빈도부사(기계적 연습)

T: The baby runs. (usually)
S: The baby usually runs.
T: never
T: The baby never runs.

형용사구(기계적 연습)

T: The napkins are on the table.
T: small
S: The small napkins are on the table.
T: red
S: The small red napkins are on the table.

형용사 + 명사(기계적 연습/ 유의적 연습)

T: man/teacher
S: The (tall) man is a (good) teacher.
T: women/nurse
S: The (large) women are (nice) nurses.

4.4.4.2 완결연습(Completion drills)

단어, 구, 절 등을 학습자가 보충하여 문장을 완성하는 연습이다.

since / ago (유의적 연습/의사소통적 연습)

T: We had an election _______.
S: We had an election two years ago.
T: He hasn't smoked cigarette _____.
S: He hasn't smoked cigarette since 1998.

등위접속사 (유의적 연습 / 의사소통적 연습)

T: We usually eat at home or ____________ .
S: We usually eat at home or in a restaurant.
T: He went to the door and ________.
S: He went to the door and opened it.

타동사 (유의적 연습 / 의사소통적 연습)

T: I feel it is my habit to
S: I feel it is my habit to take a nap in the afternoon.
T: We regard it as success that
S: We regard it as success that you don't stop doing your work.

4.4.4.3 축약연습(Reduction drills)

문장 구성요소의 순서에는 변동이 없으나 구성요소의 수가 줄어든다.

주격대명사(기계적 연습)

T: The boy is short.
S: He is short.
T: Jane is intelligent.
S: She is intelligent.

4.4.4.4 변형연습(Transformation drills)

시제, 의문문, 부정문, 화법 등을 연습한다.

be 동사 의문문(기계적 연습)

T: He's a teacher.
S: Is he a teacher?
T: We're seniors.
S: Are we seniors?

관계사절(기계적 연습)

T: Do you know any famous scientists?
S: Do you know any scientists who are famous?
T: Do you like risk-taking people?
S: Do you like people who are risk-taking?

4.4.4.5 통합연습(Integration drills)

두 문장을 하나로 통합하는 연습으로 현재분사, 접속사, 관계사절 등의 연습에 효과적이다.

be동사 + 형용사/ 현재분사 (기계적 연습)

T: Are they busy? Are they working for the house?
S: Are they busy working for the house?
T: Is she in the hospital? Is she taking care of the patients?
S: Is she in the hospital taking care of the patient?

형용사구 (기계적 연습)

T: The building is expensive. I can't rent it.
S: The building is too expensive for me to rent.

T: This bag is cheap. I can buy it.
S: This bag is cheap enough for me to buy.

4.4.5 응답연습(Reply drills)

대화형식의 연습(conversation-like exchange)이 모두 이 범주에 속한다. 교사와 학생 간 또는 교사의 중개에 의한 학생과 학생간의 상호 의사교환이 있을 수 있다. 따라서 기계적 연습, 유의적 연습, 의사소통적 연습을 모두 할 수 있다.

4.4.5.1 짧은 응답(Short answer)

자연스럽게 대화를 하는 훈련이 되도록 한다.

부가의문문의 응답 (기계적 연습/유의적 연습)

T: Cars increase pollution, don't they?
S: Yes, they do.
T: Mr. Kim drives Sonata, doesn't he?
S: Yes, he does.

접속사 (유의적 연습/ 의사소통적 연습)

T: Do you have to earn money?
S: Yes, I do. But (I can't).
And (I will).
No, I don't. But (I hope to).
And (I will).

T: Do you play the piano?
S: Yes, I do. But (I don't play it well).
And (I like it).

S: No, I don't. But (I want to).
And (I don't think I never will).

4.4.5.2 일상 응답(Rejoinder)

화제변경, 소개, 작별과 같은 관용적 표현법 훈련에 효과적이다.

화제변경 ("By the way") (유의적 연습/ 의사소통적 연습)

T: I have to go to see my parents this weekend.
S: By the way, (did you finish your homework?)

4.4.5.3 지시 응답(Guided comment or reply)

어떤 특정한 문형을 사용하도록 교사가 상황을 지시해준다.

비교급(유의적 연습)

T: I'm 23, but he's 25.
S: He's older than me.
T: The Nakdong river is important, but the Han river is important.
S: The Han river is more important than the Nakdong river.

완료조동사(유의적 연습/ 의사소통적 연습)

T: Miss Lee was late for 10 o'clock class.
S: (She must have been tired.)
T: He looked sad when the teacher returned his term paper.
S: (He must have got a low grade.)

4.4.5.4 내용이해 질문(Comprehension questions)

내용이해 질문법은 보통 읽기 자료의 이해를 측정하기 위해 사용되지만 새로운 문형을 제시하는데도 유용하다.

in order to/ for (기계적 연습/ 유의적 연습)

T: What do you go to school for, to study or to play?
S: I go to school to study.
T: What do you study English for, to get a better job or to be able to communicate?
S: I study English to get a better job.

4.4.5.5 자유응답(Free response)

이 연습에서는 학습자가 특정한 문형을 사용하여 자유롭게 응답해야 하므로 반드시 교사가 의도한 문형을 사용할 것이라는 보장은 없다.

be동사의 현재형 (의사소통적 연습)

T: Describe the place you like to live in.
S: (It is beautiful.) (It's large.)

재귀대명사 (의사소통적 연습)

T: What do you like to do by yourself?
S: (I like to read books by myself.)
(I like to listen to music by myself.)

사역동사 have (의사소통적 연습)

T: Do you cut your hair?
S: (No, I don't. I have it done at a beauty shop.)
T: Do you fix your car yourself?
S: (No, I don't. I have it fixed at a repair shop.)

4.4.5.6 지시적 대화(Directed dialogues)

교사가 직접 학습자에게 질문을 하지 않고 학습자간의 대화를 유도하는 매개 역할만을 담당한다. 흔히 'Ask A,' 'Find out'으로 시작한다.

단순과거 (유의적 연습/ 의사소통적 연습)

T: Ask her if she stayed at home last night.
S1: Did you stay at home last night?
S2: Yes, I did.

조동사 have to (의사소통적 연습)

T: Find out if he has to do something today.
S1: (What do you have to do today?)
S2: (I have to do my homework.)

이상 문형연습 유형을 분류하여 보았다. 문형연습은 전통적 청각구두 교수법에서 많이 사용되었던 교수기법들로써 통제된 연습이라는 것을 알 수 있다. 따라서 특히 이러한 연습 방법들을 실제적인 상황에서의 듣기, 말하기, 읽기, 쓰기와 연계되도록 하는 것이 중요하다[3]. 그래서 자연스러운 언어 사용을 할 수 있게 하여야 한다.

4.5 문법교수의 절차[4]

우선 수동태에 대하여 조사한다. 그것이 어떻게 만들어지고 언제 사

3) 이들 문형연습들은 영어교사들에게 더욱 다양한 연습방법들을 고안해내게 하는 기본 자료가 될 것이다.
4) 수동태를 가르치는 절차를 소개한다(Celce-Murcia & Hills, 1988).

용되는지(기능) 등에 관해 자세히 알아보기 위한 단계로써 조사된 몇 가지 내용을 간추리면 다음과 같다.

• • •

1) 능동태로부터 만들어지기 때문에 'by + 행위자'를 동반한다는 수동태에 관한 보통의 생각과 달리 수동태 문형의 85%는 행위자(agent)를 포함하지 않는다.

2) 'by + 행위자'를 동반하는 경우는 아래의 상황일 때이다.

- 중요도로 보아 행위자가 문맥상 생략할 수 없는 고유 명사일 때
- 행위자가 새로운 정보를 제공할 때
- 행위자가 전혀 예상치 않은 경우일 때
- 따라서 행위자가 분명하다거나 그다지 중요하지 않을 때는 모두 생략하게 된다.

3) 수동태에서만 주로 사용되는 동사가 있다. 즉 'I was born in 1970.' 'It is rumored that....'에서 'born'과 'rumor'는 능동태에서는 사용되지 않는다. 따라서 동사자체의 성격에 따라 능동태와 수동태를 모두 취하는 경우와 그들 중 하나만을 취하는 경우가 있다고 할 수 있다.

4) 'get'을 취하는 수동태 역시 'by + agent'를 동반할 수 있다('She gets stung by a bee every year').

5) 수동태는 내용을 객관적으로 나타낼 때('It is assumed....'), 그리고 수사적으로 앞 문장의 주어를 계속 유지하려고 할 때 사용되기도 한다.

이와 같은 수동태에 관한 문법 참고서 조사를 마친 후 결국 수동태는 능동태에서 나온 구문이 아닌 하나의 독립된 구문이고 반드시 'by + 행위자'의 형식을 취하지 않으며 따라서 구두언어와 문자언어 두 가지

로 지도하겠다는 교수전략을 세운다(실제로는 문자언어로 많이 쓰임). 그리고 나서 다음의 문법지도의 기본단계를 따른다.

1) 문법 사항 제시(Presentation)
2) 집중 연습(Focused practice)
3) 의사소통적 연습(Communicative practice)
4) 오류 수정(Correction)

이들 각각에 관해 부연 설명을 하면 제시단계에서는 영어수업에 대한 흥미 부여(warm-up), 새로운 문법사항의 기초가 되는 문법구조의 복습, 목표 문법의 제시(귀납적 또는 연역적 방법), 목표 문법의 기능 설명(functional explication)등이 모두 포함된다고 할 수 있다. 이것들을 하는데 있어서 가장 흥미 있고 효과적인 방법은 학습자로 하여금 실제로 사용되는 자연스러운 상황에서 가르치고자 하는 구문의 규칙과 기능을 발견해 내게 하는 것이다.

수동태를 제시하는데 있어서 Celce-Murcia와 Hills(1988)가 고안한 기술은 두 학생의 도움을 받아 한 사람은 손가방(purse)을 든 행인으로 또 한 사람은 소매치기가 되어 행인의 손가방을 빼앗아 달아나도록 간단한 연극을 보여주게 하는 것에서 출발한다. 그리고 나서 손가방을 빼앗긴 학생이 경찰에 전화로 신고할 때 어떤 표현을 사용해야 할지를 전체 학생들에게 물어 'My purse was stolen.'을 끌어낸다. 계속해서 소매치기에게로 관심을 옮겨 소매치기를 추적하는 장면을 교사가 직접 보여준다. 마침내 도둑은 잡혔고, 교사는 다시 다음의 몇 가지 수동태 문장을 끌어낸다.

- Finally he was caught. He then was handcuffed and taken to jail.

칠판에 쓰여진 이들 문장들로부터 교사는 'be동사 + 과거분사'형태의 공통분모를 학생들에게서 찾아내게 하여 수동태 구문을 자연스럽게 끌어낸다.[5] 계속해서 이 상황에서 손가방을 빼앗긴 사람에게 중요한 것은 'her purse'이고 그래서 이것을 강조하기 위하여 수동태가 사용된다는 수동태의 기능을 전체 학생과 함께 알아본다. 이어서 be동사와 과거분사형에 대한 복습이 잠시 있게 된다.

이제 수동태가 사용되어야 하는 또 하나의 상황을 보여주기 위하여 한 학생이 불리워진다. 그 학생은 선행을 하여 주지사로부터 행운의 열쇠를 받게 되었다는 상황설명이 있은 후 무슨 일이 일어났는가(What happened to her?) 에 대한 답을 각자 써보도록 한다. 이때 무엇이 이 학생에게 중요한지를 생각해보게 한다. 최종적으로 이끌어낸 문장은 다음과 같다.

- He was given a medal.
- He was congratulated.
- His picture was taken.

이와 같이 학습자들의 흥미와 집중을 유지하면서 수동태를 제시하고 나면 두 번째 단계인 거의 기계적으로 문어체에서 이것을 사용할 수 있게 할 정도의 집중적 연습(focused practice)이 필요하다. 이를 위하여 주어진 단어를 수동태 형식으로 바꿔 빈칸 채우는 과제가 주어진다. 고향의 부모님께 한 친구의 선행에 대한 행운의 열쇠 수여식에 대

5) 의식상승(consciousness raising)이 일어났다고 할 수 있다.

해 쓴 아래의 편지글이다.

Dear Mom & Dad

Last night an award ceremony (hold) for my friend, Ali. He is a real hero in this city, and last night he (give) a medal for his bravery. Everyone (impress). After the ceremony, his picture (take) with the mayor and everyone wanted his autograph. Later there was a party at a fancy restaurant to celebrate. We all (invite). It was fantastic! We danced and drank champagne until two in the morning. Truly, all had a good time. I'll write more later. Bye for now.

Love,

교사는 교실을 돌아다니며 학습자의 활동을 감독하고 오류를 수정해 주기도 한다. 이어서 실물화상기나 OHP로 화면에 정답을 보여주고 맞추어 보도록 한다. 그 후 한 주 동안은 수동태를 매시간 복습하는 기회를 준다. 기계적 연습과 유의적 연습을 통하여 거의 자동적으로 수동태 구문을 조작할 수 있는 단계까지 가도록 도와주기 위한 과정이다.

그 후 어느 정도 수동태 사용이 습관화되었다고 판단되면 의사소통 연습의 기회를 주게 되는데 정보차 활동(information gap activity)이 사용된다. 둘씩 짝을 지어주고 짝 중 한 학생은 교실에 그리고 다른 학생은 복도에 나가 있도록 한 후 교실에 있는 학생들에게 재미있는 장면이 보여 진다. 즉 그들에게는 한 학생을 모델로 하여 우스운 모자를 씌우고 수염을 그리고 손톱을 보라색으로 칠하는 등의 장면이 보여 진다. 곧 이어서 이를 지켜 본 학생들 각각은 복도에서 기다리던 짝을 만나 자신이 보았던 것을 수동태로 설명해야 한다. 사용되는 표현들은 다음의 것들이 될 것이다.

A silly hat was put on a man.
A mustache was drawn.
A fingernail was painted green.

의사소통 연습의 단계에서 수동태의 기능과 관련하여 다음의 글들을 읽으면서 불필요한 'by + 행위자'를 골라내게 하는 연습 또한 수동태의 문어 사용 상황을 실제 확인하는데 효과적일 것이다(Sadlier, et al., 2000, pp. 318-319).

Campinilea was described (1) by Jules Verne in one of his early novels. It was seen (2) by people(×) as an exotic yet stable society. Recently, it was rated (3) by Travel Magazine as one of the top ten tourists' spots in the world. One of the reasons for the country's popularity is that the products produced (4) by Campinileans(×) in Campinilea are excellent.

For example, rugs have been produced (5) by Campinilean people(×) for centuries. They are woven (6) by women from the mountain tribes and are then transported to the capital (7) by mule and are sold in the markets (8) by relatives of the weavers.

Another excellent product is the mineral water of Campinilea. In restaurants in the capital city, bottled water is served (9) by waiters(×). It is interesting that this water is rarely drunk (10) by Campinileans, but it is much appreciated (11) by foreign tourists.

Dear Janette,

I've been working hard this whole week on my book. In some ways, I wish that I hadn't gotten paid in advance (1) by the publishers(×), since now I feel a lot of pressure to finish quickly. I guess that's the purpose of an advance! I really hope, though, that when the book is finally finished (2) by me(×), it will be appreciated (3) by people. I am hoping that I can finish soon, because it means that I will soon be paid in full (4) by the publishers(×)! Even if it's done soon, the book won't actually be published (5) by the publishers(×) until at least six months after the manuscript is received (6) by them(×).

Did I tell you that Scout got hurt (1) by another dog? She was playing with Patches, the neighbor's dog, like she always does, and her ear got bitten pretty severely (2) by Patches(×). I had to take her to the vet's and get it stitched up (3) by the vet(×). The vet asked me if Scout got attacked (4) by Patches, and I had to explain that no, she and Patches just like to play rough. Luckily, Scout's fine. And of course she and Patches are playing together again, just as hard as ever, so it's clear that their friendship hasn't been damaged (5) by the experience.

Gotta run! Back to work on the book....

Love,
Dean

마지막으로 오류수정 단계에서는 의사소통 연습을 하는 중에 교사가 지나치면서 보았던 학습자의 오류를 칠판에 쓰고 전체 학생들로 하여금 수정해 보게 한다. Celce-Murcia(1985)는 오류수정에 있어서 일반적으로 더 효과적 전략으로써 교사가 관련규칙을 설명해주기 보다는 학습자로부터 직접 이끌어 낼 때, 교사의 직접 수정보다는 학생 스스로 수정을 하도록 할 때, 모든 오류를 수정하기보다는 선택해서 수정할 때, 그리고 수정할 내용을 산만하게 지적하기보다는 적중해서 지적할 때라고 충고한다. 이때 오류의 종류가 단순한 수행상의 오류(performance errors)가 아닌 문법 지식상의 오류(competence errors)라고 판단되면 적절한 집중 연습이 더 필요하다.

한편 Ellis(2006)는 오류 수정을 위한 피드백의 두 가지 종류로 명확한 피드백(explicit feedback)과 암시적 피드백(implicit feedback)을 들고 전자에는 직접수정(direct correction)과 언어적 설명(metalinguistic explanation)을 후자에는 고쳐묻기(recast), 되묻기(clarification feedback), 유도(elicitation) 그리고 반복(repetition)을 포함하였다. 이중에서 고쳐묻기는 학생의 틀린 부분을 문법적으로 맞게 고쳐서 묻는 것이고 되묻기는 "Sorry", 'Pardon me?'라는 질문으로 답을 유도하는 것이다. 계속해서 유도는 틀린 부분 전까지 반복해주고 멈추어 정답을 말하게 하는 방법이고 반복은 틀린 부분만을 강조하여 수정하게 하는 것이다.

가정법 구문 지도절차를 하나 더 소개해 보겠다. 우선 제시 단계에서 노래가 이용될 수 있을 것이다[6] 예를 들면 'Stand by me'를 통해 절에 'should'를 사용하는 가정법을 제시할 수 있다. 노래 가사(song lyrics)는 다음과 같다.

1.
When the night has come and the land is dark
And the moon is the only light you'll see,
No, I won't be afraid. No, I won't be afraid.
Just as long as you stand, stand by me.

Chorus: So, daring, daring, stand by me
Oh, stand by me. Won't you stand, stand by me?

2.
<u>If the sky that we look upon should tumble and fall</u>
<u>Or the mountain should crumble to the sea,</u>
<u>I won't cry.</u> Well, <u>I won't cry</u>. No, <u>I won't shed a tear.</u>
Just as long as you stand, stand by me.

6) 노래는 발음을 정확히 익히게 하기 위해서도 효과적으로 이용될 수 있다.

하늘이 무너지거나 산이 바다 속으로 들어가 버리는 상황이 일어난다는 것은 거의 상상이 안 된다는 의미를 전달하기 위해 'should'가 필요하다는 것을 귀납적으로 추정해내게 한 다음 집중 연습(반복 및 대치—'sky'나 'mountain'을 'star,' 'heaven,' 'earth,' 'field' 등으로), 그리고 문장 완성 연습(If you should... 등) 등 의사소통연습을 거친다.

결국 영어 문법지도에 있어서 가장 중요하게 고려되어야 할 사항은 그 문법항목과 관련하여 학습자의 호기심을 충족시킬 수 있는 자연스러운 환경의 조성이고 일단 그것의 기능이 전달되고 나서는 다양한 기계적 연습과 유의적 연습을 통하여 거의 자동적으로 문형을 학습자에게 입력시켜야 한다. 한편 집중적인 기계적 연습은 학습자를 지루하게 해주어서는 안되기 때문에 단순한 형태로 신속하게 진행되도록 유의해야 한다. 그리고 나서 의사소통적 연습의 단계는 반드시 있어야 하지만 특히 이 단계에서의 오류수정은 자제되어야 한다. 이러한 모든 과정은 학습자, 학습환경 등을 고려하여 구체적으로 계획되어야 하는데 교사의 문법지식, 그리고 교수기법에 관련된 지식이 문법지도의 성패를 좌우할 것이다.

제4장 정리

문법은 올바른 문장을 만들기 위해 따라야 하는 규칙으로 의사소통의 기본이다. 그러므로 문법지식은 목적이 아닌 수단으로 간주되어야 한다. 그리고 대상에 따라 영어교육에서 문법이 차지하는 비중이 차이가 나는 것은 당연하다. 즉, 학습자의 나이, 어학실력, 학력이라든가 필요로 하는 언어기능, 언어양식, 또는 언어사용 용도에 따라 문법의 중요도가 다르게 적용될 필요가 있다는 것이다.

교수절차로써 영어의 분위기 조성이라는 도입 단계에 이어 문법을 제시하는 방법에는 기본적으로 귀납적인 방법과 연역적인 방법 두 가지가 있으며 어느 방법을 택하느냐에 있어서는 문법의 종류, 학습자, 할애할 수 있는 시간 등이 고려해야 할 주요 변수이다. 이때 집중적 연습방법으로써 다양한 종류의 문형 연습을 사용해야 하는데 연습진행을 교사가 어느 정도 통제하느냐에 따라 기계적 연습, 유의적 연습, 의사소통적 연습이 순서대로 적용되어야 한다.

마지막으로 오류수정 단계에서는 능력상의 오류로 판단되어 재교수를 해야 하는 상황이 아니면 가능한 한 학습자 스스로 찾아내서 수정하도록 유도하는 것이 바람직하다.

제5장

말하기지도

제5장 말하기지도

| 토론 |

- 학생들의 말하기 능력을 향상시키기 위하여 영어 교사는 어떻게 노력해야 할지에 대해 이야기해 보시오.
- 교실에서 영어만 사용하자는 주장에 대해 어떻게 생각하는가?
- 자신이 흥미 있게 시도한 말하기 지도기법이 있으면 발표해 보시오.

간단히 표현해서 의사소통 능력(communicative competence)의 개발이 궁극적인 목표이다. 의사소통 능력은 일찍이 Hymes(1972)가 처음 사용한 용어로써 언어적으로(linguistically) 그리고 사회적으로(socially) 받아들여질 수 있는 언어를 구사하는 능력이다. 언어용법(language usage)과 언어사용(language use)을 모두 포함하는 개념이다(Widdowson, 1978). Canale과 Swain(1980)은 이들 문법적 능력(grammatical competence), 사회언어학적 능력(sociolinguistic competence)에 더하여 담화능력(discourse competence)과 전략적 능력(strategic competence)을 첨가하였다. 전자는 문장과 문장을 연결하는 능력을 의미하고 후자는 대화를 시작하고, 끝내고, 지속하는 등의 대처 방법을 아는 대화자의 능력을 의미한다. 결국 말하기 지도의 목적은 자연스러운 상황에서 정확하고 유창하게 영어를 사용할 수 있도록 하는 것이라고 말할 수 있겠다. 따라서 이 목적에 근접하기 위해 교사는 학생들에게 실제와 유사한 상황에서 말할 수 있는 기회를 가능한 한 많이 제공해 주어야 한다.

5.1 말하기에 관한 이론

의사소통 능력의 개념을 언어기능과 관련하여 설명하고 말하기 지도의 일반적 원칙을 기술하겠다.

5.1.1 의사소통 능력과 언어기능

1960년대에 Chomsky(1966)는 언어능력(competence)과 언어수행(performance)을 구별하여 전자는 이상적인 원어민이 가지는 모국어 능력으로 완벽한 것이고 후자는 그 능력이 실제 상황에서 나타나는 것을 가리키는 것으로 언어 사용자의 건강상태, 주위환경, 모국어 등이 영향을 주기 때문에 여러 가지 실수를 포함하게 된다고 하였다.

한편 1970년대에 들어서면서 영국의 응용언어학자 Candlin, Widdowson, Wilkins, 미국의 사회학자 Hymes, Gumperz, Labov, 미국의 응용언어학자 Krashen 등의 이론에 힘입어 언어를 상황에 맞게 적절하게 사용하면서도 의미를 정확히 전달하는 능력이 강조되었고 오늘날 널리 사용되고 있는 의사소통 능력이 새로운 언어 교육의 목표로 부각되게 되었다.

구체적으로 의사소통 능력이 어떤 것을 의미하는 가는 위에서 간단히 소개한 Canale과 Swain의 설명에 잘 나타나 있다. 언어 기능(language functions) 또는 언어수행(speech acts)이라는 새로운 용어가 사용되기 시작한 것은 이와 때를 같이 한다. 즉 언어는 사용목적에 따라 형태(forms)를 달리한다는 것인데 예를 들면 어떤 것을 서술하기 위하여(to describe), 허가를 받기 위하여(to get permission), 요구하기 위하여(to demand), 사과하기 위하여(to apologize) 등, 각기 다른 상황에 맞게 언어가 사용되어야 한다는 것이다. 더욱 중요한 것은 한 가지 기능을 표현하는 방법은 그것이 사용되는 환경, 예를 들면 대상의 나이, 지위, 또는 대화가 이루어지는 장소에 따라 달라져야 한다는 것이다. 예를 들면 'I'm sorry'의 사용과 관련하여 10여 년 전 중국과의 외교문제에서 생겼던 사건[1])을 생각해 보기로 하자. 억류된 미국인들을 데려오기 위해 중국과 미국의 입장이 달랐는데 특히 중국 측에서는 미국 측의 사과를 끈질기게 요구하였고 미국 측은 사과할 뚜렷한 이유가 없다는 이유로 시간을 끌었다. 마침내 미국 측이 미군기를 인도하는 과정에서 숨진 중국 측 비행사에 대해 'We're very sorry for the death of…'라고 표현한 것을 중국에서는 사과의 표현으로 번역함으로써 인질들을 돌려보내는 절차를 밟을 수 있었다. 우리말로 '미안하다,' '유감이다'로 번역할 수 있는 이 말은 미국인들의 입장에서는 사과가 되지 않는다는 것이고[2]) 결국 이렇게 하여 양측 모두에게 자존심을 지키게 해 줌으로써 큰 외교문제가 해결된 셈인데 이는 상황에 따라 적절한 언어를 신중하게 선정할 때 즉 기능에 맞게 언어를 사용할 때 오해를 피할 수 있음을 보여준다.

여기서 잠시 영어에서 많이 사용되는 질문과 요청의 기능에 대해 생각해 보기로 하자. 먼저 질문을 할 때 영어식 표현은 보통 서로 가까운 관계가 아닐 때 직접적으로 하지 않고 다음과 같이 점차 질문을 유도하는 간접식 표현법을 사용한다.

Excuse me,…
I hope you don't mind my asking…
This may sound like a dumb question, but I'd like to know…

---

1) 2000년 4월 중국에서 일어난 것으로 중국 정부에 의한 미군 정찰기 강제 착륙에 따른 미첩보원들의 억류사건이다.

2) Olshtain과 Cohen(Celce-Murcia, 1991, p. 159 재인용)은 사과의 표현을 강조하기 위해 'really'나 'very'를 덧붙여 'I'm really sorry, I'm very sorry'라고 한다고 하였다. 미국인들의 적절한 사과 표현은 'apologize'이다.

I wonder if you could…
I was wondering if you could …

요청을 하는데 있어서도 가능하면 직접 명령어나 'must,' 'should' 대신 'would you mind…?' 'I'd really appreciate…' 'It would help me if…'등을 사용한다. 결국 학습자가 자신의 의도를 상대방에게 정확히 전달하기 위해서는 어떤 말을 어떻게 표현할 것인가를 알아야 하며 이것이 바로 의사소통 능력이다.

5.1.2 말하기 지도의 일반적 원칙

다음의 외국어 교사들이 회화시간을 잘 운영하기 위해 따라야 하는 일곱 가지 원칙들은 모두 중요하다(Gebhard, 1982).

1) Speak the language being learned.
2) Help the students understand how they can acquire the language.
3) Avoid talking about the language.
4) Draw on the passive knowledge of your students.
5) To draw on their passive knowledge, get the students involved.
6) Maintain control of the exercises consciously.
7) Strive for a classroom atmosphere with a community spirit geared towards learning to communicate in the foreign language.

이 제언들은 영어 말하기 지도의 일반적 원칙으로 간주할 수 있을 만큼 포괄적이다. 이들 각각에 대해 좀 더 자세히 살펴보기로 하자.

첫 번째, 목표어를 사용하라는 제언은 더 설명을 요하지 않는다. 특히, 영어를 외국어로 사용하는 우리의 상황에서 대부분이 그나마 말할 수 있는 기회를 가지게 되는 거의 유일한 시간은 영어수업이기 때문이다(박상옥, 1980; 박상옥, 1989; 박상옥, 1996). TETE(teacning English through English) 또는 TEE(teaching English in English)라고 불리워지고 제7차 교육과정에서 의사소통 능력의 중요성이 강조되면서 초등과 중등학교 영어수업에서 시행할 것을 강력이 권장한다. 그러나 불행하게도 아직 영어교사들 자신의 영어사용에 대한 자신감 결여 그리고 시행에 대한 이해부족으로 실제 활용이 많이 되지는 못하고 있는 실정이다(In-Jae, Jeon, 2008).

한편 어떤 교사는 간단한 말은 영어로 하지만 조금만 복잡해져도 반드시 우리말로 번역을 해주게 된다고 고백한다. 이것이 습관화 될 때 학생들은 교사의 영어에는 귀를 기울이지 않고 우리말 번역만을 경청하게 된다. 그러므로 모국어로의 번역은 부득이 한 경우가 아닌 한 피하는 것이 좋다.

두 번째, 언어가 어떤 과정을 통해 습득되는가를 학생들에게 알게 해주어야 한다는 제언 또한 중요하다. 예를 들어 1970년대까지 교실에서 유행했던 구두청각 교수법에서는 대조분석이 외국어 교육에서 교수 목표 설정이라든가 학생들의 오류수정에 절대적인 참고자료로 활용되었었다. 이는 모국어와 차이가 나는 부분에서 학생들의 오류가 예상되었기 때문이고 외국어 학습의 어느 단계에서도 오류는 습관화 될 수 있으므로 즉시 수정을 요한다고 생각되었기 때문이다. 따라서 이러한 이론에 접하게 되면 학생들은 자연히 어떠한 실수도 하지 않기 위해 완벽한 구사능력을 갖추었다고 판단하기 전까지는 말해 볼 용기를 못 내게 될 것이고 이것은 일반적으로 말하기 능력은 말하기 연습의 양에 비례하여 향상된다는 이론과도 일치하지 않는다. 그러므로 '말을 잘 하기 위해서는 말을 많이 해야 한다.' '실수의 과정을 거치지 않고는 말을 배울 수 없고 실수는 중요한 언어 습득의 과정이다.' '단순한 기계적인 모방보다는 의미 있는 연습이 더 중요하고 그런 의미에서 영어를 사용하여 과업을 수행하는데 적극 참여해야 한다.'는 등의 언어 습득이론을 학습자들에게 주입시킬 필요가 있다. 그러한 분위기가 자연스럽게 만들어질 때 그들은 두려움 없이 하고 싶은 말을 하려고 시도하게 될 것이다.

세 번째, 언어에 관해 말하지 말라는 제언은 전통적으로 우리나라의 영어교사들이 즐겨 사용해 온 갖가지 어려운 전문적 문법용어(terminology)를 자제하고 규칙설명에 대부분의 시간을 사용하지 말라는 등이 포함된다. 한 가지 예로 문법 번역식 교수방법에 익숙한 교사들이 흔히 중학교에 갓 입학한 신입생들에게 가르치는 문장의 5형식을 들 수 있다. 학생들은 주어, 동사, 목적어, 보어 등의 의미도 정확하게 파악하지 못한 단계에서 무작정 외우느라 진땀을 뺐던 경험을 이야기한다. Paulston과 Bruder(1976)는 문법용어를 사용하는 설명방법에 대해 중요한 것은 교사와 학생 간에 공통적으로 이해할 수 있는 용어를 사용하는 것이기 때문에 용어자체에 중요성을 부여하지 말라고 충고한다. 어쨌든 언어에 관해 많은 시간을 할애하는 것은 그만큼 수동적인 수업을 의미하는 것이고 이는 능동적으로 학습활동에 참여할 수 있는 기회를 박탈하는 것이기 때문에 꼭 필요한 경우로 제한해야 할 것이다.

네 번째, 학생들의 수동적 지식을 능동적으로 이용하도록 도와주라는 제언은 언어에 관해 이야기하는 시간을 최소화하라는 세 번째 제언과 직접 연결된다. 이미 모국어를 통해 많은 체험을 해 온 학생들로 하여금 이들 체험들을 다른 사람들에게 외국어로 전달하는 과정에서 말하기 능력을 향상시킨다는 것인데 결국 이것은 흥미 있는 주제로 동기를 자극함으로써 정의적 방해요소(affective filter)를 없애 주고 충분히 말할 기회를 주라는 의미이다. 그러한 상황에서 학생들은 불안상태로부터 벗어나 진정으로 능동적인 참여를 하게 될 것이기 때문이다.

다섯 번째와 여섯 번째에서는 교사는 학습을 도와주는 조력자 또는 학습 촉진자(facilitator)로서의 책임을 지고 학습의 전과정을 이끌어가는 역할을 하라는 제언이다. 그러므로 수업 진행 전 충분한 계획을 하여 학습 목표 및 진행방법을 자세히 설명하고 학습이 진행되는 동안에는 철저한 감독을 하면서 필요한 도움을 적시에 제공해 줄 것이며 일단 학습을 마무리하는 단계에서는 문제점을 정리하고 그 결과에 따라 다음의 학습 목표를 조절해 나가야 한다는 것을 의미한다. 여기서 언급해야 하는 부분이 오류 수정 방법이다. 앞장에서 강조하였듯이 새로운 문법을 학습하는 문형 연습의 초기 단계에서는 교사의 관심은 메시지의 내용보다 정확한 문형을 사용하는가에 더 집중되어야 하고 따라서 수업의 흐름에 방해가 되더라도 오류를 수정하는 경우가 많이 발생할 것이다. 그러나 유창성의 향상이 목적이고 문장의 형식보다 의미의 전달이 더 중요시되는 말하기 지도 단계에서는 의사소통에 방해가 되는 오류를 중심으로 수정여부를 판단해야 한다. 가장 많이 추천되는 방법은 녹음을 통해서 또는 교사의 귀에 들려오는 오류를 중심으로 메모해 두었다가 전체적으로 수정해 주는 것이다. 주목할만한 점은 학생들의 자발적인 질문과 자기들끼리의 교수를 통한 학습이나 오류 수정이 끊임없이 일어나기 때문에 이를 적극 활용하라는 것이다. Paulston과 Bruder(1976, p. 46)는 이를 다음과 같이 지적한다.

> There is typically a lot of peer teaching; the students help each other with vocabulary items and structures in order to get meaning

> across. . . . The teacher should serve primarily as a resource person, helping the students when they get stuck and turn to them for help.

마지막 제언은 교사의 수업 운영 방법에 있어서 인성적 부분과 관련된 것으로써 학생들로 하여금 교실 내에서 서로 간 대화를 하고 싶은 욕구(community spirit)를 자극하는 분위기 형성을 하라는 것이다. 여기서 중요한 것은 단순히 직장을 구한다거나 수능시험에서 성적을 올리기 위해 영어를 배운다는 도구적 동기(instrumental motivation)를 넘어서서 외국어와 외국인에 대한 호의적 관심, 교사에 대한 호의적 태도 등에서 나오는 통합적 동기(integrative motivation)가 매우 효과가 높다는 것이다. 이는 이미 Gardner와 Lambert(1972)에 의해 보고된 바 있는데 실제로 최근에 한국의 드라마나 영화를 보고 주인공에 대한 관심이 높아져 한국어를 배운다거나 배우고 싶다는 아시아인들이 많아졌다. 그러기 위해서 교사는 방어적이거나 지나치게 비판적(over-critical)이서는 안 된다. 다시 말해서 학생들을 긍정적으로 볼 것이며 그들의 문제에 대해 함께 고민해 줄 수 있어야 하기 때문에 군림하지 말고 평가를 자제해야 하며 특별히 학생을 일관성 있게 다루어야 할 의무가 있다. 가르치는 과목에 상관없이 교직을 천직으로 생각하는 교사가 기본적으로 교사의 자격을 갖추고 있다고 말할 수 있을 것이다. 결국 교사의 이러한 기본적 성품은 일단 두려움과 움추림을 동반하기 쉬운 영어과목에서 더욱 절실히 요구되는 부분이다.

5.2 학습활동

문법 지도에서 강조되었던 언어 형식은 말하기 지도에서는 주 목적이 아니다[3]. 따라서 과업중심의 지도(task-based instruction)가 문형

연습을 대치하게 되는데 여기서 과업이란 의사소통 목적으로 언어를 사용하는 활동을 일컫는다(Willis, 1996).[4] 따라서 학습자는 자신의 언어로 주어진 과업을 수행하여 결과를 얻기 위해 최선을 다하게 되며 여기서 언어는 단순히 수단이 되는 것이다. 이러한 이유 때문에 말하기 연습은 가능하면 소집단 학습형태에서 이루어지는 것이 일반적으로 효과적이다. 왜냐하면 그것이 개개인에게 최대의 말할 기회를 제공해 주기 때문이다. 즉 협동 학습(coorperative learning)의 활용을 최대한 적용할 필요가 있다. 특히 한 학급 학생 수가 35명 정도인 교실상황에서 1인당 1분 이상 기회가 돌아가지 않는다는 계산이다. 그래서 교사는 둘씩 짝을 지어 연습하는 짝 활동(pair work)에서부터 4-6명 정도의 소집단 활동(small group work), 그리고 전체가 참여하는 대집단 활동(large group work)까지 다양한 집단 활동을 이용하여 말하기를 지도하는 방법을 찾아야 한다.

흔히 교사에게는 말하기 지도를 할 때가 가장 편하다고 생각될 수도 있다. 학생 수가 얼마가 되던 마음대로 자기와 친하다고 생각하는 사람들끼리 5-6명씩 집단을 형성하게 한 후 주어진 주제에 대해 20분 정도 시간을 주고는 한 집단씩 발표하는 식으로 시간을 사용하면 된다고 생각하기 때문이다. 그러나 경험있고 사려깊은 교사는 그러한 생각이 얼마나 잘못된 것인지를 안다. 그러한 경우 대부분 말하는 기회에 있어서 학생들 간에 적절한 분배가 일어나지 않기 때문이다. 예를 들면 어떤 집단은 서로 쳐다보고 어떻게 할 줄을 모르는가 하면 어떤 집단은 한 두 명의 적극적인 학생에 의해 독점되기도 하고 또 어떤 집단은 모두가 참여하는

---

3) 어느 정도 자신의 의사를 글이나 말로 표현할 능력이 되는 단계에서 진정한 말하기 지도의 시도가 가능하다는 의미이기도 할 것이다.

4) 원문을 소개하면 다음과 같다. 'Tasks are always activities where the target language is used by the learner for a communicative purpose(goal) in order to achieve an outcome' (p. 23).

것 같으나 한 두 명이 제외된 가운데 토론이 진행되기도 한다.

Bassano와 Cristison(1987)은 말하기(듣기) 연습을 위한 소규모 집단 활동이 실패하는 경우 기본적으로 활동 자체 또는 교사의 열성이나 창의력 부족에 원인이 있는 것이 아니라 비현실적인 기대 때문이라고 한다. 즉, 서로 잘 알지도 못하는 사람들을 모아 놓고 잘 알 것이라고 기대한다거나 어떻게 말할 기회를 나누어 가져야 하고(turn taking) 어떻게 끼어들고(interrupting) 어떻게 들어주어야(active listening)하는지 등에 관한 집단 운영 방법도 모른 채 잘 하리라는 기대를 한다거나 목소리 큰 학생을 다룰 줄 안다고 기대를 한다거나 등이다. 결국 이러한 문제를 인식하고 집단의 구성원, 규모, 구성원 교체, 대표선정 등에 있어서 주의해야 하며 조력자로서 교사의 역할을 조절해야 할 것이다.

다음에는 말하기 지도를 위한 여러 가지 집단 활동의 예로써 각 집단별로(대집단, 짝, 소집단) 교사가 통제할 수 있는 정도에 따라(통제가 더 가능한 것부터) 정리한 것이다(Bassano & Cristison, 1987).

5.2.1 대집단 활동

학급 친구들 모두에 대해 자연스럽게 알 수 있게 하는 여러 가지 활동들이 있다.

5.2.1.1 친구 찾아주기

- 여러 가지 흥미로울 수 있는 주제(정치, 경제, 역사, 종교, 여가, 직업)를 그림, 신문기사 또는 단어카드를 이용하여 교실 곳곳에 걸어둔다.

- 각자 관심 있는 주제가 걸린 위치에 가서 서게 한다.
- 각자 주제에 관련된 것을 주제가 걸린 주위의 빈 공간(칠판, 종이 등)에 마음대로 영어로 써보게 한다.
- 한 학생씩 다른 학생이 쓴 것을 읽어보게 한다.
- 느낌을 영어로 말해보게 한다.

5.2.1.2 자기소개

- 각자 색종이에 색연필로 자신에 대해 영어로 쓰게 한다(취미, 특기, 가정, 희망 등).
- 이름을 쓰게 하고 옷에 붙이게 한 후 교실을 다니게 한다.
- 일정시간 후 자신의 것과 유사한 것을 보았는가, 재미있는 것을 보았는가, 이야기하고 싶은 친구가 있는가 등을 생각해 보게 한다.
- 다시 돌아다니며 서로 영어로 물어보고 답하게 한다.
- 각자 한 친구를 찾아 가까이 앉아 더 알아보게 한다.

위의 두 활동은 처음에 새로운 학년에 올라가서 부딪치게 되는 친구간의 어색한 분위기를 없애고 각자 자신에게 맞는 친구를 찾을 수 있게 하는 효과를 동시에 가져다 줄 것이다.

5.2.1.3 면접

- 면접자들은 각자 질문을 영어로 써서 준비한다.
- 첫 번째 피면접자는 교사에 의해 선정되거나 자원자로 한다.
- 면접자들은 돌아가면서 한 가지씩 질문한다.
- 질문에 대한 답이 곤란할 때 'your answer'라고 되물으며 다시 한 번 그 질문을 한다('I pass'라고 하여 다음 질문으로 넘어 갈 수도

있다). 피면접자는 이 때 부터 바뀐다.

• 새로운 피면접자는 계속해서 질문에 답한다.

5.2.1.4 추측하기

• 한 학생이 자발적으로 또는 선정되어 교실 밖에 내보내진다.
• 교사는 나머지 학생들과 상의하여 그 학생이 될 수 있는 가상의 인물이나 동물, 직업, 또는 물건을 생각해 낸다.
• 다시 교실로 불리워진 학생은 여러 가지 영어 질문을 통해 가상의 자신을 알아 맞춘다.

추측하기에서는 여러 가지 규칙을 정할 수 있는데 예를 들면 스무고개처럼 20개의 질문을 넘지 않게 한다든가 10번으로 한다든가 하여 질문 수에 제한을 둔다. 한편 위의 절차에서처럼 한 학생만 모르게 할 수도 있고 반대로 한 학생만 답을 알게 하고 나머지 학생들에게 맞출 수 있는 기회를 주기도 하는데 이 경우는 앞에 나서기를 꺼리는 성격의 학생들에게 효과적이다. 이 밖에 추측의 대상이 다음과 같이 문장일 수도 있다.

I did something last night.

'Did'로 시작하는 의문문 사용 및 과거 동사를 익히게 하기 위한 문형 연습의 일종이기도 하다.

5.2.1.5 흉내 내기

추측하기 게임의 일종이다.

- 한 학생에게 그림이나 단어 또는 문장이 보여진다[5].
- 그 학생은 몸짓으로 의미를 표현한다.
- 나머지 학생들은 추측한다.

흉내 내기는 흥미를 더 하기 위해 가족오락관에서 보는 식으로 몇 학생을 밖으로 내 보낸 후 하나씩 들어오게 하면서 앞 사람을 흉내내게 하고 마지막 사람에게 무엇을 흉내낸 것인지 맞추게 할 수도 있다. 이때 나머지 학생들은 관객이 된다.

5.2.1.6 물건 주인 알아내기(Grab bag)

이 방법 역시 추측 게임의 일종이다.

- 학생들은 자신을 나타낼 수 있는 물건 하나씩 준비하여 지시된 상자나 가방에 다른 사람 모르게 넣는다.
- 한 학생이 물건을 꺼내 보여주면 다른 학생들이 누구 것인지를 말하고 이유를 설명한다.
- 정해진 시간이 되면 물건을 꺼낸 학생은 어느 학생이 맞추었는지를 찾아낸다.

5.2.1.7 구두 보고(Oral report)

- 어떤 주제를 미리 준다.
- Internet, 면접, 인쇄물 등 여러 자료를 조사하여 보고서를 작성한다.
- 준비한 보고서를 이야기식으로 발표한다.

---

5) 둘 이상의 학생들이 함께 참여할 수 있다.

흔히 구두 보고는 상급수준의 학생에게만 적용된다고 생각하기 쉬우나 주제에 따라 그리고 준비과정 단계에 따라 다양하게 이용할 수 있다. 특히 처음에는 실생활과 직접 관련된 주제 선정이 바람직하다. 이것은 소집단별 활동으로 이용할 수도 있다.

5.2.2 짝 활동

가능하면 정보차 활동(information-gap activity)을 이용하여 서로 다른 정보를 가진 상태에서 필요한 정보를 얻기 위하여 어쩔 수 없이 대화를 해야 하는 상황을 만들어 주는 것이 필요하다.[6]

5.2.2.1 그림 맞추어 그리기

- 둘씩 짝이 되고 두꺼운 종이로 칸막이를 한다.
- 서로 다른 그림이 그려진 종이를 보면서 같은 그림을 그려 가기 위해 서로 질의응답을 계속해 나간다.
- 서로의 그림을 보면서 맞게 그렸는지를 함께 확인한다.

5.2.2.2 도표 완성하기

다음의 도표에 있는 빈 칸을 상대방에게 질문하여 채워 넣는 것이다.

---

6) Prabhu(1987)는 과업의 종류에 따라 단순히 정보를 찾아내는 활동을 정보차 활동(information-gap activity)이라 하고 과업을 해결하기 위해 개인적인 선호도, 감정, 태도를 표현해야 하는 활동을 의견차 활동(opinion-gap activity)이라고 하였다. 마지막으로 추론차 활동(reasoning-gap activity)은 주어진 정보에서 추론을 해야 과업을 수행할 수 있는 활동이다.

Student A

Last Saturday	
Yesterday	
This morning	
This evening	

Student B

Last Saturday Changsu went to play tennis to a nearby park. Yesterday he went shopping. He was tired, so he got up late this morning. He will take a rest this evening.

5.2.2.3 물건 값 알아 맞추기

- 한 학생은 사야 할 식품 목록을 가지고 있다.
- 시장 점원인 상대 쪽은 값을 알고 있다.
- 서로 대화를 하여 돈을 얼마 지불해야 하는지를 계산한다.

5.2.2.4 차이점 찾아내기

- 두 학생은 몇 가지 차이점이 있는 비슷한 그림을 가진다.
- 서로 보여주지는 않고 상대의 설명을 듣고 차이점을 찾아내야 한다.
- 차이가 나는 곳은 각자의 그림에 표시를 한다.
- 짝끼리 전체 앞에서 발표해 보게 한다.

5.2.2.5 개인 정보 교환하기

짝끼리 생활 습관, 취미 등을 알아보게 한다. 예를 들면, 하루의 일과를 질문해서 알아내어 적게 한다. 또는 하고 싶은 일 다섯 가지씩 말해 보게 한다. 알아낸 정보를 발표하게 한다.

Getting up	
Breakfast	
School	
Lunch	
Dinner	
TV	

5.2.2.6 빈 칸 채워 넣기

정보를 알아내기 위해 막역하게 아는 사이로 간주하고 적절한 영어를 사용하는 연습을 하는 상황으로 앞의 도표 완성하기와 유사하지만 주어진 자료가 진본이라는 점이 중요하다. 다음을 보기로 하자(Jones & Baeyer, 1989, p. 140).

Card A

You are an expert on the early career of the Beatles. Your partner will ask you questions to find out what you know about it. Treat your partner as an acquaintance, not a close friend.

The Beatles 1956-1964

Ricard Starkey(Ringo Starr)	Born July 7, 1940.
John Winston Lennon	Born October 9, 1940. Died December 8, 1980.
Paul McCartney	Born June 18, 1942.
George Harrison	Born February 25, 1943.

1956–8 Their early groups were called: the Quarrymen, Wump and the Werbles, the Rainbows, John and the Moondogs.

1959	John, Paul, George, and two others became the Beatles.
1960	They played at the Cavern Club in Liverpool and in Hamburg.
1961	Brain Epstein(manager of a record store) became their manager. He made them cut their hair and wear suits.
1962	Beatles signed up by George Martin of Parlophone Records. He became producer of all their records. Ringo Starr joined the group, replacing the two others who had left.
1963	Five No. 1 songs: "Please Please Me," "From Me to You," "Twist and Shout," "She Loves You," and "I Want to Hold Your Hand." First tours of Britain. Crowds went crazy: start of Beatlemania. London Sunday Times called Beatles: "greatest composers since Beethoven." Prime Minister of England called them: "our best exports."
1964	Success in United States. Tours of North America, Europe, and Australia. First movie, called *A Hard Day's Night*(director: Richard Lester).

(Jones & Baeyer, 1989, p. 140)

Card B

Your partner has some information about the early career of the Beatles. Get the facts missing from the following information sheet by asking appropriate questions. Treat your partner as an acquaintance, not a close friend.

The Beatles 1956-1964

Ricard ....(Ringo Starr)	Born July 7, 1940.
John .... Lennon	Born ...., ...
	Died ...., 1980.
Paul McCartney	Born ...., ...
George Harrison	Born ...., ...

1956–8 Their early groups were called: ...., Wump and the Werbles, the Rainbows, John and the ....

1959	John, Paul, George, and two others became the Beatles.
1960	They played at the .... Club in Liverpool and in ....
1961	Brain Epstein(manager of a .... store) became their manager. He made them cut their hair and wear suits.
1962	Beatles signed up by .... of Parlophone Records. He became producer of all their records. .... joined the group, replacing the two others who had left.
1963	Five No. 1 songs: "Please Please Me," "...................................," "........................," "................... ," and "I Want to Hold Your Hand." First tours of Britain. Crowds went crazy: start of .... London Sunday Times called Beatles: ".." Prime Minister of England called them: "................................"
1964	Success in .... Tours of North America, ..., and .... First movie, called ....(director: Richard Lester).

(Jones & Baeyer, 1989, p. 140)

5.2.2.7 순서 정하기(Rank order)

여러 가지 상황에서 취할 수 있는 선택을 자신의 기호에 따라 각자 순서를 정하고 이유를 설명하게 하는 것이다. 예를 들면 다음과 같은 상황들이 제시될 수 있다.

Where would you like to meet your friends?

a) at school
b) at coffee shop
c) at home
d) at theater

Would you prefer to go to __________?

a) a soccer game
b) a baseball game
c) a volleyball game
d) a concert

이상 예로 든 짝 활동들은 반드시 짝에만 적용되지 않고 이용 방법에 따라 대 집단 활동이나 소집단 활동으로도 가능할 것이다. 예를 들어 차이점 알아내기에서 교사가 두 개의 그림을 칠판에 붙여 놓고 누구든지 차이를 말하게 한다든지 순서 정하기에서 역시 전체 학생에게 기회를 줄 수도 있을 것이다.

5.2.3 소집단 활동

소집단 활동을 통해서 언어 뿐 아니라 구성원간의 협력과 신뢰가 얼마나 중요한가를 체험으로 배우게 할 수 있다.

5.2.3.1 줄서기

- 나이, 형제자매 숫자, 가진 돈, 취침시간 등 여러 가지 중 한 가지 기준을 준다.
- 구성원들은 서로 대화를 통해 정보를 알아낸다.
- 순서대로 줄을 선다.
- 소집단별로 대표가 설명한다.

5.2.3.2 이야기 만들기(Strip story)[7)]

- 소집단 구성원 숫자에 맞는 분량의 이야기를 선정한다.
- 한 문장씩 적은 종이를 각각에게 나누어 준다.
- 각 학생은 자기의 문장을 외우고 나서 교사에게 종이를 제출한다.
- 자신의 문장과 다른 학생들의 문장을 비교하면서 정해진 시간 내에 원래의 이야기를 구성한다.

---

7) Jigsaw listening(p. 164)과 유사하고 읽기지도에도 이용 가능하다.

- 이야기를 빨리 그리고 맞게 완성한 집단이 승자가 된다.

5.2.3.3 단어나 그림의 재배열

- 집단별로 단어나 그림을(구성원 숫자와 상관없음) 나누어 준다.
- 발음이 같게 나는 것끼리, 같은 부류의 의미를 가진 단어끼리, 또는 같은 부류에 속하는 그림끼리 토론을 통해 재배열하게 한다.
- 집단별로 발표한다.

5.2.3.4 단어 찾아내기

- 다음절(polysyllabic) 단어를 칠판에 쓴다.
- 집단별로 그 단어의 철자들을 자유롭게 사용하여 주어진 시간 내에 가능한 단어들을 모두 만들어 보게 한다.
- 가장 많은 단어를 만들어 낸 집단이 승자가 된다.

다른 집단이 틀리게 만든 단어를 찾아내는 집단에게는 1점을 더해 주고 틀린 단어를 만든 집단에게는 1점을 감해 주는 규칙 같은 것이 적용될 수 있을 것이다.

5.2.3.5 문제 해결 활동

Survival game과 같이 홍수나 지진 같은 재해 경고 상황에서 무엇을 우선적으로 챙겨야 하는가, 해외여행을 해야 하는데 제한된 손가방에 무엇을 넣어갈 것인가 등의 문제를 집단별로 해결하도록 할 수 있다. 이는 모의극(simulation games)이라고도 불리워진다. 또는 가치기준의 문제로써 의견차 활동의 과업으로 'Money is more important than friendship.' 'It is possible to develop friendship with the opposite sex.' 등과 같은 문제에 대해 어떻게 생각하는가를 서로 이야기하여 비교해 보게 할 수 있을 것이다. 가치 기준을 비교하는 또 다른 소집단 활동은 다음과 같은 상황을 주고 토론하게 하는 것이다(Schoenberg, 1989, p. 16).

Your friend is thinking about marrying a woman who is unlike him in every way. He is messy; she is neat. He is talkative; she is quiet. He is lazy, she is diligent. He is a good cook; she can't cook at all. He dislikes sports; she is athletic.

a) You advise your friend not to get married.
b) You wish your friends lots of luck.
c) You think 'opposites attract.'

5.2.3.6 역할극(Role play)

역할극은 목적에 따라 다양하게 쓰인다. 예를 들면 다른 사람의 입장을 이해하도록 도와주는 사회적 가치(social values)를 목적으로 하는 경우가 있다. 학교 교육에서 입시제도로 인해 발생하는 교사와 학생간의 갈등을 조명해 보기 위해 학생이 교사가 되어 본다든가 교사가 학생이 되어 극을 만들어 보게 하는 것이 여기에 속한다. 또는 상담자나 군인 등 직업 훈련에서 사용되는 사회극(sociodrama), 알콜중독자나 정신병 치료를 위해 사용되는 심리극(psychodrama) 등이 있다. 외국어 교육에서 사용되는 역할극은 보통 창작극(creative drama) 형태라고 부르기도 하지만(Raz, 1985) 상황이나 언어가 완전히 통제되는 역할극도 많이 사용된다.[8] 간단히 정의하여 가상의 역할이 주어지고 각 역할에 대하여 지침이 제시될 때(언어 능력에 따라 주어지는 지침이 다르기

8) 교과서의 대화상황을 약간 변형하여 역할극 형식으로 보여주는 것이 수업에서 많이 이용되기도 한다.

는 하지만) 역할극의 범주에 속한다고 볼 수 있다. 등장하는 역할의 숫자에 따라 짝 활동이 될 수도 있지만 진정한 창작극 형태의 역할극은 소집단 활동이 대부분이라고 할 수 있다. 다음에 언어가 완전히 통제된 역할극의 예와 그렇지 않은 경우의 예를 들어보겠다.

Setting: a clerk and a customer
You're a customer in a shopping center. You want to know how much a pair of shoes are, what sizes it carries.

Setting: a driver and a policeman
A driver is trying to talk his way out of getting a ticket.

Situation: Mr. and Mrs. Smith are interested in buying a house in Pittsburgh, as Mr. Smith's company has transferred him from the San Francisco office. They are being shown a house in New Britain by the real estate agent. The Smiths have two children, Tom, aged ten and Mary, twelve, one dog and two cars. The house they are looking for is a three bedroom home with a small yard and a garage. The couple must decide whether they will buy the house or not.

Roles :

Mr. Smith - very anxious to find a house since this is the fifth one they looked at. He wants to buy this house.

Mrs. Smith - very particular about what they want to buy. She doesn't want to buy this house by constantly mentioning about things she doesn't like about it.

Peter Bush - real estate agent, very anxious to sell the house. He tried to convince the couple to buy it.

Tom - likes the house very much.

Mary - does not like her room.

Useful expressions: I'm tired of looking.
Don't be so picky.
What's the matter with ________?
You won't find a better deal.
There's a ________ within walking distance.

(Hoover, 1974)

간단한 역할극은 쉽게 언제든지 할 수 있으나 마지막 예에서와 같은 경우는 한 달에 한 번 또는 한 학기에 두어 번 시도할 수 있다. 주어진 시간에 따라 모두 참여해 보게 할 수도 있고 준비는 모두 하지만 실제 역할은 그 중의 일부만 하게 할 수도 있을 것이다.

역할극의 긍정적 효과에 대해서는 무엇보다도 재미를 느낀다는 측면에서 동기 유발을 들 수 있다. 동시에 언어의 실제 사용기회를 가져본다는 의미에서 언어 학습의 목적을 실제 확인하게 되고 자신감을 줄 수 있다. 한 가지 흥미로운 점은 모국어로 표현하기를 꺼리는 내용을 외국어로는 솔직하게 표현하게 됨으로써 언어 학습 이외의 정의적인 (affective) 교육효과를 가져다준다는 것이다. Raz(1985, p. 227)는 역할극은 궁극적으로 가치기준에 관해 관심을 증대시킨다면서 다음과 같이 표현한다.

> Role-play helps to make foreign language learning more than just the acquisition of a tool; by arousing a concern for values, it helps to put foreign language teaching on the educational map.

끝으로 연기에만 치중한 나머지 학생들의 잘못된 언어 사용습관(발음, 문법, 어휘 등)을 지나치지 말고 별도의 시간을 할애해서 개인적으로 그리고 전체적으로 적절하게 연습시키는 절차가 또한 필요할 것이다.

소집단 활동의 마지막 예로 대사준비에 많은 시간을 들이지 않고 교과서에 제시된 것들을 최소한 변형하여 사용하면서도 학생들을 흥미롭게 할 수 있는 통제된 역할극의 다른 예를 하나 소개해 보겠다.

Once upon a time there was a boy who watched sheep because wolves sometimes came to kill the sheep. He watched the sheep eat. He watched them sleep. He watched them walk or run around.

One day he really felt tired of watching the animals. "I need a person here with me," he thought to himself. "I want a friend whom I can talk to."

The boy yelled, "Wolf!" He yelled the word many times in a loud voice. Soon many people came to help him.

"Where's the wolf?" one man asked. "Where did it go?"

"Did it kill any sheep?"

"There's no wolf. I just wanted somebody who could be here with me." answered the little boy.

So everyone became angry. Soon the people went away, and the boy was left alone again. In about two hours he heard a strange noise. He looked around and saw a big wolf come out of the bushes. Then he saw two more wolves follow the first one.

"Wolf, wolf!" the boy yelled out loud. But no one came to help. "Wolf! Help! Wolf! Help!" He kept on yelling.

He kept on yelling so long that a few people finally came. But there was no wolf and many sheep were dead.

소집단들은 각각 의상과 배경그림들을 준비하여 각본에 나오는 대사를 연극으로 꾸며서 단원의 마지막 시간에 발표한다[9].

5.2.4. 개별 활동

각각의 학생들에게 어떤 주제에 대해 테이프에 녹음을 하여 제출하게 한 후 교사가 듣고 다시 테이프에 피드백을 주는 방법이 있다(oral dialog journal). 구두발표를 개별적으로 조사하여 하게 할 수도 있다. 이처럼 개별적으로 말하기 연습을 하게 할 때는 대화하는 상대가 없기 때문에 상대에 의해 영향을 받을 수 있는 부분 즉 'interlocuer effect'가 없어진다.

5.2.5 혼합 집단 활동

개별 활동, 짝 활동 그리고 소집단 또는 대집단 활동으로 이어지는 활동이다. 어떤 주제(이웃, 배우자, 친구 등)에 대하여 각자 개인의 생각을 정한 후(개인 활동), 짝의 생각을 알아내고 그리고 이어서 소집단 또는 대집단 토론을 통하여 서로 비교하고 결론을 내리는 가치(value)관에 관련된 학습 활동이 여기에 속할 것이다[10]. 다음의 예를 보기로 하자.

1) Think about your experiences. First answer the questions by yourself. Then ask a classmate.
    - Do you live in an apartment, a private house?

---

9) 극활동으로 모의극, 역할극 외에 드라마와 단막극(skit 또는 short drama)이 있다. 이는 미리 정해진 대본으로 소집단별로 연습하여 보여주는 것이기 때문에 실제로 자신의 의사를 표현하는 직접 말하기 연습과는 다르다.

10) 앞에 소개된 활동들 중 많은 것들이 혼합집단활동으로도 이용할 수 있을 것이다.

- What sounds do you hear when you're at home?
- Do you say 'hello' to your neighbors?
- Do you know your neighbors well?
- Do you like your neighbors?

2) Work with your classmates' neighbors. How do they compare to your neighbors? What is a good neighbor?

이 장에서 제시된 다양한 집단 활동들은 문법지도에서 강조한 정확한 문법사용을 가르치기 위한 집중적 훈련방법과 차이가 거의 없는 것들도 포함하고 있다. 그러나 중요한 것은 Harmer(2007)가 사용한 ESA(Engage, Study, Activate) 단계 중 마지막 활동단계(A)에서 일어나는 학습활동 즉 가능한 한 자유롭게 언어를 사용하게 고안된 활동이라고 보고 그렇게 되도록 수업을 이끌어가는 것이다. 앞장에서 소개된 활동들은 중간단계인 학습단계(S)이고 언어규칙에 집중하여 연습하기 위한 것들이다. 한편 첫 번째 집중단계(E)는 관심을 모으는 것을 의미하며 학습자료를 흥미 있게 제시하는 방법과 관련된다.

제5장 정리

말하기 지도의 목적은 정확성(accuracy)과 적합성(appropriateness)을 겸비한 진정한 의사소통 능력의 개발이다. 따라서 언어를 목적에 맞게 사용하는 언어기능이 중요시되고 이를 위한 영어교사의 역할은 수업 중 사용하는 언어, 제시하는 과업활동, 수업진행 방법 등에서 한결같이 중요하다. 특히 다양한 종류의 대집단 활동, 짝 활동, 소집단 활동 들이 활용될 수 있으며 학습목표, 학습자의 나이, 실력, 학습양식(learning styles), 주어진 시간 등에 따라 적절하게 선택되어야 한다.

활용단계에서는 정해진 언어규칙을 강요하지 않고 어느 정도의 자유로운 의사표현을 허용해야 하지만 필요한 만큼의 언어형식에 초점을 맞춘 시간할애 또한 간과해서는 안 될 것이다. 오류 수정 과정은 학습의 어느 단계에서나 생략될 수 없기 때문이다.

제6장

듣기지도

제6장 듣기지도

| 토론 |

- 듣기 능력의 향상을 위하여 교사들이 교실에서 어떤 노력을 하는지 이야기해 보시오.
- 혹자는 흔히 말로 표현하는 것이 중요하고 듣기는 별 문제가 되지 않는다고 말한다. 반대로 말은 중요하지 않고 듣기가 우선이라고 말하는 이들도 많다. 어떻게 생각하는지 이야기해 보시오.
- 듣기를 할 때 어떤 것들이 이해에 방해 요소로 작용하는지를 이야기하고 이러한 방해 요소들을 줄일 수 있는 방법에 대해 토론해 보시오.

듣기가 언어 교육에서 그 자체 하나의 중요한 기능으로써 관심의 대상이 된 것은 Asher(1977) 이후이다(Brown, 1994). Asher는 누구든지 말하기를 시작하기 전에 충분한 듣기 연습이 필요하다는 전제하에 전신 반응 교수법(Total Physical Response: TPR)을 개발하여 보급시켰고 그 후 TPR은 특히 저학년 학생들에게 많이 적용되어 왔다. 이어서 Krashen(1982)의 자연식 교수법(Natural Approach)에서 이해할 수 있는 입력(comprehensible input)이 다섯 가지 2언어 습득 가설 중 하나이고 여기서도 언어습득이 많은 양의 듣기를 통해 가능하다고 주장되면서 듣기의 중요성은 더욱 관심을 끌게 되었다.

듣기는 말하기와 함께 구두 언어(oral language), 읽기와 함께 이해

기능(receptive or decoding skill)이라 불리기도 한다. 특히 이해 기능으로서의 듣기는 과거에는 수동적 기술(passive skill)로 간주된 적도 있었으나 지금은 단순히 들리는 소리를 그대로 인식하는 것(hearing)이 아니라 여러 단계를 거치면서 자신의 생각으로 이해하는 것(comprehending 또는 understanding)이라는 의미에서 능동적 기술(active skill)로 지칭된다. 따라서 듣기 교육의 목표는 실제 자연스러운 상황에서 보통 속도로 말하는 원어민의 말을 이해하여 이에 적절하게 반응할 수 있는 능력의 개발이라고 말할 수 있겠다. 결국 잘 들을 수 있게 하기 위해서는 교사는 학생들에게 듣는 기회를 가능한 한 많이 제공해 주어야 할 것이다.

6.1 듣기에 관한 이론

듣기의 개념, 듣기의 과정 및 기능을 알아보고 듣기 지도와 관련하여 듣기를 방해하는 요인들에 대하여 살펴보기로 하겠다.

6.1.1 듣기의 정의

듣기 활동의 세부 사항(micro-skills)은 다음과 같이 정리될 수 있다(Willis, 1981; Richards, 1983).

1) 발음(소리, 길이, 억양, 축약, 강세 등)을 구별한다.
2) 문법적 형태(시제, 수, 일치 등)를 구별한다.
3) 담화표시(discourse markers: one, now, well, finally 등)를 인식한다.
4) 연결어(cohesive devices: 대명사, 관계대명사, such as, like와 같

은 전치사, 접속사 등)를 인식한다.

5) 화자가 전달하려는 내용을 예측한다.
6) 모르는 단어나 문장을 추측한다.
7) 중요한 내용과 중요하지 않은 내용을 구별한다.
8) 화자의 감정을 판단한다.
9) 암시적 의미(implied meaning)와 문자적 의미(literal meaning)를 구별한다.

결국 듣기에서는 이러한 것들이 모두 또는 부분적으로 함께 일어난다.

6.1.2 듣기의 과정

어떤 내용을 들어서 이해하기까지의 과정은 위에 나열한 여러 가지 세부적 사항들을 포함하기 때문에 결코 간단하지 않다. 다시 말해서 단순히 들리는 소리를 듣는다는 의미로서의 'hearing'은 진정한 듣기를 의미하는 'listening comprehension'과 별개라는 말이다. 청자는 들려오는 소리에서 자신의 사전지식(background information, schema)을 이용하여 듣고자 하는 중요한 내용을 선정하고 이를 재조직해 나가게 되는데 그렇기 때문에 듣기가 수동적 기술이라고 인식되었던 과거의 견해와 달리 능동적 기술로 재인식하게 된 것이다. 따라서 'uhm,' 'well' 등까지 중요한 언어 요소로 간주한다.

그러면 우리가 들어서 이해하는 과정에는 어떤 순서가 있는가를 생각해 보기로 하자. 크게 다음의 세 가지 과정으로 분류된다(Morley, 1991).

1) 상향식 과정(bottom-up processing): 내용 이해에 있어서 각각의 소리, 단어, 문법적 관계 등 세부적인 것의 이해에서 시작하여 전체적인 이해로 진행해가는 순서를 밟는다는 것이다.

2) 하향식 과정(top-down processing): 상향식 과정과 반대되는 개념으로 전체 내용이해에서 세부적인 것으로 진행하는 과정을 거쳐 들은 내용을 이해한다는 것이다. 보통은 학생의 어학실력이 증대하면서 이해하는 과정이 하향식 과정으로 되어간다는 것이다. 왜냐하면 그들의 형식 스키마(formal schema)와 내용 스키마(content schema)가 증가하기 때문이다. 전자는 대화나 글의 전개방법(text type), 수사구조(rhetorical conventions) 등에 관한 사전 지식을 의미하고 후자는 목표 문화에 관한 지식, 대화나 글의 주제에 익숙한 정도 등 글의 내용에 관한 사전지식을 의미한다(Carrell & Einsterhold, 1983). 이러한 지식을 동원하여 전체적인 내용을 이해한 후 점차 단어들의 의미, 발음, 문법 등 세부적인 사항으로 진행하면서 이해하는 과정을 거친다는 것이다.

3) 상호 작용 과정(interactive processing): 듣고 이해하는 것은 상향식 과정과 하향식 과정이 상호 작용하면서 가능하다는 것이다. 세부적인 것들을 보면서 전체를 예측한다든지 전체를 보면서 이해가 잘 안 될 때 세부적으로 들어가서 단어 하나하나의 의미를 파악해 본다든지, 또는 전체적인 내용을 예측한 것이 맞는지를 확인해 보기 위하여 세부적인 것을 살펴본다던지 하는 과정을 무의식적으로 거치면서 들리는 내용을 이해한다는 것이다.

결국 듣고 이해하는 과정은 대부분의 경우 상호 작용 과정에 속한다고 보아야 하겠다.[1] Kintshe와 VanDijk(1978)는 듣기의 이러한 상호과정을 다음과 같이 상세히 단계별로 설명한다. 먼저 들리는 내용이 감지

1) 읽기 과정도 마찬가지임.

창고(sensory stores)로 들어오고 곧 단기 기억장치(short-term memory)로 전달된다. 이 단기 기억장치는 매우 제한적이어서 한 번에 7-12개 이상의 정보를 저장할 수 없게 되므로 우선 그것들이 합해진 후 다시 의미 단위(semantic units, propositions)로 바뀌고 이는 다시 장기 기억장치(long-term memory)에 저장된다. 이러한 과정에서 만약에 단기 기억장치에 새로 들어 온 명제에 관련된 명제가 없으면 장기기억장치에서 찾아보는 시도가 있게 되고 거기로부터 관련된 적절한 명제가 불리워져서 새로 들어 온 정보와 합쳐진다. 한편 이러한 진행과정에서 상향식 과정은 수시로 무제한적으로 수행된다.

이러한 듣기 과정이 영어교사에게 주는 암시는 듣기지도시 상향식 과정과 하향식 두 과정을 다 포함시켜야 한다는 것이다.

6.1.3 듣기의 기능[2)]

듣기 내용은 다음의 두 가지 기능으로 분류될 수 있다(Brown & Yule, 1983).

1) 상호작용 언어기능(interactional language function): 듣기에서 사용되는 언어 목적이 상호 인간관계를 형성하고 유지하기 위해서다. 따라서 언어에 담긴 정보에 중요성이 가해지기보다 화자와의 원만한 관계 유지에 관심을 둔다. 별 의미 없이 화제 거리로 이용하는 날씨, 운동경기, 인사, 칭찬 등의 내용이 여기에 속한다.
2) 상거래 언어 기능(transactional language function): 듣기에서 사용되는 언어 목적이 정보를 얻기 위해서이다. 따라서 전달되는 내용에 중요성이 가해진다. 이해를 확인하기 위하여 질문하는 등의

2) 이는 말하기 기능에도 마찬가지로 적용됨.

반응이 뒤따르게 된다.

영어 교사는 이러한 기능을 인식하고 각각에 해당하는 듣기 연습을 학생의 수준에 맞게 적용시킬 수 있어야 한다.

6.1.4 듣기의 저해 요인

듣기에서 방해가 될 수 있는 요인들을 살펴보면 대체로 다음과 같다 (Yagang, 1993).

1) 정보(Message):

- TV, 라디오 또는 강의식 수업에서처럼 일방적(one-way communication) 으로 정보가 들려올 때 쌍방 관계에서 정보가 교환되는 경우(two-way communication)보다 훨씬 이해하기 어렵다.
- 내용이 익숙하지 않거나 수시로 바뀔 때 어렵다. 예측하기 힘들기 때문이다.
- 언어적 요소로써 연음(liaison)과 생략(elision)이 많아 어렵다.
- 속어('He's cool.'에서 'cool'은 'nice' 또는 'handsome'이라는 의미로 많이 쓰임)가 많아 어렵다.
- 비 문법적 문장("He ain't hungry." 등)이 많아 어렵다.

2) 화자(Speaker):

- 표준어를 사용하지 않을 때 어렵다.[3)]
- 익숙하지 않은 언어적 습관(머뭇거림, 억양, 반복 등)[4)]과 비언어적

3) 예를 들면 미국내에서도 지역 또는 인종에 따른 특유한 영어의 억양이 있고 영국영어, 호주영어 등 각 나라에 따라 영어 발음에서 차이가 많다.

4) 유창한 영어화자가 의미 없이 단순히 시간을 끌기 위해 사용하는 pause fillers(um,

습관(몸짓, 눈짓 등)때문에 어렵다.

3) 청자(Listener):

- 목표어에서 많이 쓰는 상투적 표현(cliches), 연어(collocations)[5]에 익숙하지 않아 어렵다.
- 목표문화에 대한 배경지식이 부족하여 어렵다.

4) 물리적 환경(Physical setting):

- 여러 가지 소음 속에서 자연스럽게 들리는 소리를 이해하기 어렵다.
- 녹음된 듣기 자료는 몸짓 등 시각적 도움이 없기 때문에 이해가 어렵다.
- 녹음된 자료는 녹음 질이 좋지 않으면 이해하기 어렵다.

이들 실제 상황에서 경험하게 되는 여러 측면에서의 듣기의 저해요인들로 인하여 발생하는 문제점을 극복하고 듣기지도의 궁극적인 목표를 달성하기 위해서는 영어 교사의 입장에서 단계적 지도 노력이 필요할 것이다. 이들을 정리해 보면 다음과 같다.

1) 듣기 자료에 있어서 문법과 어휘 등 언어적으로 정확하고 간단한 것부터 실제 사용되는 진본의 것까지 단계적으로 다양하게 사용한다.
2) 여러 채널의(방송, 영화, 강의, 노래, 대화, 이야기 등) 자료를 이용한다.

---

urh, eh 등), 반복, 재구성(reformulation, rephrasing)같은 보상도구(compensation devices)를 사용하는 경우 청자의 이해에 방해가 되기도 한다(Lam, 2001).

5) coocurrance of lexical items라고 하여 단어군을 의미한다. 모국어에서는 단어들이 어떻게 함께 연결되어 사용되는지를 무의식적으로 배워 사용하지만 외국어에서는 그렇지 못한 경우가 대부분이다. 예를 들면 '실수하다'는 'do a mistake'가 아니라 'make a mistake'이다.

3) 연음, 생략 그리고 축음 듣기 연습을 시킨다.

4) 다양한 종류의 화자를 접하게 한다.

5) 듣기 전에 이해에 도움이 되는 배경지식, 어려운 표현 등을 익힐 수 있도록 필요한 사전 듣기 활동(pre-listening activities)을 한다.

6) 듣기 자료와 함께 파워포인트, 그림, 도표, 비디오 등 시각자료를 사용한다.

6.2 학습활동

다음에 소개되는 듣기지도 활동들은 제시되는 순서에 따라 듣기 전 활동, 듣기 중 활동, 그리고 듣기 후 활동으로 구분하여 구체적인 예를 들거나 절차를 설명해 보겠다(Yagang, 1993).

6.2.1 듣기 전 활동(Pre-listening activities)

듣게 될 내용에 대한 이해를 도와줄 수 있는 사전 활동을 의미한다.

6.2.1.1 주제 토론하기(Discussion of the topic)

제목과 그림을 보고 간단히 내용을 예측해 보게 한다(predicting). 또는 주제와 관련하여 연상되는 어휘나 표현을 말하도록 하고 이를 판서한다(brainstorming). 수준에 따라 한국어 또는 영어를 사용할 수 있다.

6.2.1.2 사전 질문하기(Guide-questions or Pre-questions)

들으면서 어디에 초점을 맞추어야 할지 목표를 가지게 하는 정도의 지나치게 구체적이지 않은 문제를 준다. 처음에는 주제(general topic)

를 정해보라는 광범위한 질문에서 시작할 수도 있다.

6.2.1.3 사전 정보 주기

예를 들어, 'sleep'에 대해 듣기 전에 다음과 같이 간단히 전체 내용을 소개해 준다.

> This is about the sleep cycle. The importance of each part of the sleep cycle will be talked about.

좀 더 구체적인 사전 정보를 다음과 같이 제공할 수도 있다.

> David strongly feels that interracial marriage would not cause any serious problems. Joan talks about a case of failure in it and makes some cautious remarks. You will hear them discuss it.

6.2.1.4 중요한 어휘, 숙어, 발음 익히기

미리 이해에 도움이 될 중요한 어휘와 숙어의 뜻을 간단히 판서나 유인물을 통해 알게 한다. 또한 어려운 연음이나 축음을 연습시킨다.

6.2.2 듣기 중 활동(While-listening activities)[6)]

들으면서 어떤 과업을 수행해야 하는가에 따라 다양한 학습활동(task-based activities)들이 고안될 수 있다.

6.2.2.1 비교하기(Comparing)

사전 활동에서 주제토론을 통하여 내용을 예측한 것과 실제 내용을

6) 대부분 듣기 후 활동으로 이용할 수도 있다.

비교하면서 얼마나 적중하였는지를 중간에 알아본다.

6.2.2.2 빈칸 채우기(Filling in blanks)

내용의 중간 중간을 빈 칸으로 만들어 들으면서 채워 넣게 한다. 부분 받아쓰기(spot dictation)이라고 하며 특별히 발음, 단어 또는 문법 사항 중에서 유의해야 할 부분을 확인하기 위해 사용한다. 이 밖에도 매 n번째 단어를 빈 칸으로 하여 받아쓰게 하는 cloze-type dictation과 짝끼리 각자 다른 빈 칸의 내용을 듣고 채워 넣게 하는 상호 받아쓰기(mutual dictation)가 있다. 이들 받아쓰기 방법들은 'transcribing'이라고 불리워지기도 한다.

6.2.2.3 짝 맞추기(Matching)

듣는 내용과 어울리는 그림을 찾아내게 하거나 그와 비슷한 의미의 단어나 문장을 찾아내게 하는 활동 등이다. 전자에서처럼 의미를 언어 이외의 매개(non-linguistic medium)로 표현하는 학습 활동은 'transferring'(Burbidge, 1986) 또는 'information transfer'(Yagang, 1993)라고 부르기도 한다. 이 밖에도 그 때 그 때 지도에 표시하게 하거나 도표를 만들게 하는 것 등 역시 transferring에 속한다.

6.2.2.4 순서 맞추기(Sequencing)

들으면서 어떤 사건이 일어나서 진행된 순서대로 그림이나 문장을 나열해 보는 활동이다. 시골의 한 농부가 한 마리의 여우, 양, 그리고 닭을 강 건너 옮겨야 하는 상황을 재미있게 묘사한 다음의 이야기는 순서 맞추기로 매우 적합한 활동이다.

A Clever Farmer

Long, long ago there lived a clever farmer. One day he went to a little town across a big river. He bought himself a hen, a lamb, and a fox at the market there. He started for home with the three animals late in the afternoon. He wanted to get home before dark.

On the way back he came to the big river again. He looked for a boat. There was only a small one on the river. It was much too small to take him and all the animals over to the other side at one time. It was just big enough to take him and only one of the animals at a time. "I can't leave the fox with a lamb or with the hen. Foxes love to kill hens and lambs," the man said to himself. He thought and thought. Then he said, "I have a fine idea! It will work beautifully."

First, he took the fox across the river. He left the fox on the other side, and came back to take the lamb over.

When he took the lamb over, he did not leave it with the fox. Instead, he left it there by itself, and put the fox back in the boat. Now the lamb was on one side of the river, the hen on the other, and the fox in the boat.

He took the fox back to the first side and took it out of the boat. Then he put the hen in the boat and brought it over to the other side to leave it with the lamb. Finally he went back to the first side to pick up the fox.

In this way he brought all his animals across the river safely, and got home before it's too dark.

여기서 학생들은 이것을 듣는 동안 각 장면의 그림들을 순서에 맞게 배열하는 것이다.

6.2.2.5 예상하기(Predicting, Guessing 또는 Extending)

듣기 전 활동에서 제목이나 그림을 보고 전체 내용을 예상하게 하는 것을 듣기 중 활동에서는 중간 중간 지금까지 들은 내용으로 미루어 다음에 무엇이 나올까를 추측해 보게 할 수 있다. 또는 두 사람의 대화 내용 중 한 사람의 말만 들려주고 다른 사람에게서 예상되는 말을 해 보게 하거나 쓰게 할 수도 있다. 그리고 계속해서 테이프를 들으면서 답을 확인한다.

This is Youngmi's side of a conversation with Jun. As you listen, try to guess what Jun will be saying during the pauses.

Youngmi: Hi, I have a terrible stomachache.
Jun: (pause)
Youngmi: I ate a beef stake and some salad last night.
Jun: (pause)
Youngmi: He gave a shot and prescription.
Jun: (pause)
Youngmi: ....

6.2.2.6 명령에 따라하기(Obeying instructions)

TPR 방법은 명령에 따르는 연습을 통하여 듣기 훈련을 하는 것이 특히 어린아이들의 외국어 교육에 효과적임을 실증적으로 보여주었다. 교사가 교실영어에서 무의식적으로 사용하는 일상적인 명령 그리고 신체의 각 부분을 가르치기 위한 동작 명령 등 교사들에게 익숙한 것들이 많이 있지만 문화적인 교육 효과까지 고려하여 고안한 Audio-motor Unit도 있다. Kalivods, Morain과 Elkins가 소개한 'American Eating Pattern at Dinner Table'을 보자(박상옥, 2000, pp. 289-290).

You are in a private home for dinner as a guest.

(1) You are seated at the dinner table.
(2) You sit quietly with your head down until the prayer is over.
(3) Pick up your napkin.
(4) Unfold it.
(5) Put it on your lap.
(6) Pick up the spoon on your left in your right hand.
(7) Put a spoonful of soup in your mouth.
(8) Swallow it.
(9) Put down the spoon on the service plate under the soup bowl.
(10) Pick up the fork on your left in your right hand.
(11) Pick up small amount of salad.
(12) Put it in your mouth.
(13) Chew it.
(14) Swallow it.
(15) Put down the fork on the service plate under the salad bowl.
(16) Meat is passed. Put your piece on the large plate.
(17) Bread is passed. Put your piece on the small bread and butter plate on your left.
(18) Pick up your fork in your left hand.
(19) Pick up your knife on your right in your right hand.
(20) Cut two pieces of meat.
(21) Put down your knife on the plate.
(22) Transfer your fork to your right hand.
(23) Put your left hand on your lap.
(24) Eat it.
(25) Put down your fork on the plate.
(26) Take a sip of milk
(27) Hold bread in your fingers.
(28) Bite off a piece.
(29) Put your napkin on the table and rise.

이를 연습하기 위해서는 여러 가지 준비물이 필요할 것이다. 그러나 이러한 듣기 연습을 통하여 식사 예절에 대해 학생들에게 실제 학습할 기회를 준다는 점에서 흥미있게 받아들여질 것이다. 여기서 빠진 중요한 부분은 후식이다. 케이크, 아이스크림, 사과파이, 과일, 초콜렛, 커피나 차 등이 그것들이다. 식탁차림(fork나 knife의 위치, 밑접시 사용 등), 음식이 나오는 순서(appetizer→main dish→dessert), 고기를 먹는 방법(한꺼번에 자르지 않고 2-3조각씩 자름), 빵을 먹는 방법(손으로 뜯어 먹음), 이 밖에 knife와 fork의 올바른 사용법, 사용하지 않는 손의 위치, 물 대신 마시는 우유 등 여러 가지의 식탁 예절을 가르치게 된다.

역시 명령에 따라 하기에 속하는 'charade'는 명령문을 듣고 각자의 생각대로 표정이나 동작을 표현하는 것이다.

Your friend broke your promise and you're very angry.

이를 듣고 표정묘사를 해보게 할 수 있다.

명령을 듣고 도표를 완성하는 연습도 이에 해당할 것이다. Morley (1972, p. 137)의 다음 예를 보자.

	Red House	Blue House	Green House	White House	Purple House
Country			Turkey		
Field					Engineering
City					Boston
Hobby					

Now look at the diagram. Notice that on the left side of the diagram you find country, field, city and hobby. Notice that across the top of the diagram you find red house, blue house.... Listen to each statement. Find the correct square, write the correct word.

1. The student from Turkey lives in the middle house. Write 'Turkey' in the correct square.
2. The student in the field of Engineering lives on the far right. Write 'Engineering' in the correct square.
3. The student on the far right is going to Boston. Write 'Boston' in the correct square.

6.2.2.7 그림 그리기(Drawing)

듣기 연습에서의 그림 그리기는 '명령에 따라 하기'의 연속이라고 볼 수 있겠다. 기초단계에서 전치사를 학습시키기 위해 많이 사용하지만 개인의 성격, 문화의 차이까지 알아 볼 수 있을 정도로 다양하게 이용하면 좋을 것이다. 특히 그림 그리기는 학생들로 하여금 스스로 활발히 학습에 참여한다는 느낌을 가지게 한다는 점이 장점으로 부각되기도 한다. 그렇지만 그리기에 자신이 없어하는 학생들까지[7] 흥미를 가지게 하기 위해서는 짝 활동으로 하게 한다거나 예술적인 자질의 정도가 문제되지 않는다는 점이 충분히 전달될 필요가 있다. 아울러 듣기를 말하기 연습과 연결시키기 위해 그림을 그리고 난 후 자신의 그림을 보고 다시 자신의 말로 설명을 하게 하면 효과를 배가할 수 있을 것이다.

그림 그리기에 효과적으로 사용할 수 있는 주제로는 인물 묘사하기, 감정 묘사하기, 물건 비교 묘사하기 등이 있다. 한편 시간이용에 대한 개인적 또는 문화적 차이를 알아보는 방법으로 들으면서 하루의 일과표를 각자 만들어 보게 할 수 있다.

---

7) computer를 이용하여 그림을 다양하게 이용할 수 있는 학교시설이 되어 있으면 이런 문제는 해결될 수 있을 것이다.

I get up in the morning, have breakfast, leave home for school....
I do my homework, watch TV, and go to bed.

학생들은 일과표에 자기식으로 시간을 각자 다르게 구분하게 될 것이다. 또는 말하기 연습에서 짝 끼리의 정보차 활동에 해당하는 것이 듣기에서의 그림 그리기에 이용될 수 있다. 이 때 서로 다른 그림을 가지는 것이 아니고 그림을 가진 한 사람이 설명하는 것을 듣고 지시대로 다른 학생들이 그림을 그려가는 과정에 참여하게 된다.

6.2.2.8 단어 순서 정하기(Word order)

듣기 내용에서 나오는 중요 단어들을 알파벧 순서로 나열해 주고 들리는 순서대로 일련 번호를 매기게 한다. 들려주는 회수는 내용의 난이도와 학생의 수준에 따라 정해질 것이다. 발음의 차이가 너무 분명한 것들을 나열하기 보다는 축음, 연음, 수, 시제 등의 발음을 연습시키기 위해 내용에는 없더라도 혼동하기 쉬운 비슷한 단어들을 충분히 나열하는 것이 좋다.

6.2.2.9 추론하기(Inferring)

들으면서 내용을 추론하거나 평가하는 것이다. Burbidge(1986)의 음식이나 과일에 대한 어떤 여성의 평을 들으면서 각각 (1) reluctant acceptance, (2) acceptance with understanding, (3) sarcasm, (4) objection, (5) patience, (6) irritation으로 감정을 분류해 보라는 다음의 예를 보자.

	Goods	Remarks	Attitude number
i	Cream	'Ooh dear! Well, I, suppose yes I can beat it up....'	

ii	Strawberries	'Well, all right. O.K.'	
iii	Chicken	'Well, I suppose if it was the best you could get, it was the best you could get.'	
iv	Tomatoes	'Well, thank you for putting them under the chicken.'	
v	Onions	'No dear! They're pickling onions.'	
vi	Rice	'Yes dear, I wanted long grain rice.'	

6.2.2.10 필기하기(Note taking)

간단한 필기 연습으로 몇 가지 숫자와 장소 등으로 채워 넣도록 문장이 제시된다. 들으면서 답을 채우고 계속해서 그 답을 참고하여 문제를 답하게 하는 연습이 여기에 속할 수 있다. 예를 들면 비행기 이착륙에 관한 정보를 들으면서 비행기명, 이착륙지 및 시간, 탑승구 번호 등을 채워 넣게 한 후 그 정보를 이용하여 자신의 여행계획에 대해 작문을 해 보게 할 수 있겠다.

6.2.3 듣기 후 활동(Post-listening activities)

듣고 난 후 내용을 충분히 이해하였는지를 확인하는 것, 그리고 그 후 계속해서 진행하는 실제 상황과 연결될 수 있는 후속 활동들이 포함된다.

6.2.3.1 이해 측정하기(Listening comprehension)

흔히 선다형(multiple-choice) 문제, true/false 문제가 들은 내용을 얼마나 이해하였는지를 측정하기 위하여 제시된다. 문제가 단순한 기억력을 평가하기 위한 세부적인 것들로부터 내용을 평가하고 추론하는 것까지 여러 가지다.

6.2.3.2 요약하기(Summarizing)

듣고 나서 전체를 간단히 다시 요약하는 것이다. 요약하기를 듣기 중 활동으로 재미있게 이용하는 것으로 'reflecting language'가 있다 (Spaventa, 1977). 5-6명씩의 소집단은 주어진 주제에 대해 토론을 하게 되는데 누구든지 자신의 의견을 이야기하기 전에 반드시 앞 사람의 말을 요약해야 한다. 요약은 이야기한 사람의 마음에 들어야 하고 다른 사람들 역시 동의해야 한다.

Joan : We're talking about giving animals some rights. I don't think we should assume that humans can do anything they wish to animals, just because they're dumb.
Inkyu : Yeah, there are a lot of dumb people around.
Joan : I didn't say that.
Inkyu : Oh, you mean that people shouldn't think that whatever they do to animals is okay.
Joan : That's right.
Inkyu : Well, I agree to a certain extent, but....

6.2.3.3 토론하기(Debate)

들은 내용에 대해 토론하는 것이다. 예를 들면 국제 결혼(interracial marriage)에 대하여 듣고 나서 찬, 반으로 나누어 몇 가지 이유를 발표하게 하고 각각에 대해 반론을 제시하게 하여 진행할 수 있다.

6.2.3.4 'fillers'[8] 찾기

원어민들의 실제 대화자료에서 어떤 'fillers'가 사용되는지 또한 어

8) Vai(1998, p. 68)는 'fillers'를 'words that we use to fill in gaps between thoughts when speaking'이라고 정의한다. 'you know,' 'I mean,' 'well' 등으로써 말을 자연스럽게 이어주는 중요한 역할을 한다. 앞에서 언급한 pause filler와 같은 의미이다.

떤 것들이 가장 흔한가를 순서대로 적어보게 할 수 있다. 사람에 따라 사용하는 종류가 다르기는 하지만 우리가 많이 알고 있는 'well,' 'you know,' 'I mean,' 이 외에도 'just,' 'like,' kind(sort, type) of,' 'I think(guess),' 'I don't know,' '(and) then,' 'really,' 'right' 등이 포함된다. 일상적으로 주고받는 대화에서는 이런 것들을 적절히 자주 사용할수록 자연스럽게 들린다(유창성과 관련됨).

6.2.3.5 편지쓰기

내용을 들은 후 관련지어 편지를 쓰거나 전보를 치거나 하는 등이다.

여기에 소개된 듣기 지도를 위한 학습활동들은 영어 교사들을 위한 지침서(guide)역할을 할 뿐이다. 유사한 또는 더 효과적인 여러 가지를 그 때 그 때의 학습주제에 맞추어 그리고 학생 수준에 맞게 개발하고 대집단 학습, 소집단 학습, 또는 짝 활동으로 적절하게 이용해야 한다. 한편 한국어와 영어 중 어느 말을 사용하는가 역시 학습목표, 학습내용, 학생 수준에 맞게 결정해야 할 것이다. 아울러 듣기 활동 역시 다른 언어 기능 특히 말하기 지도와 자연스럽게 연계하여 사용하는 것이 바람직하다. 앞에서 이미 지적하였듯이 구두언어라는 듣기와 말하기의 공통적 관계, 그리고 이해 언어라는 듣기나 읽기의 공통적 관계는 이론적 배경과 실제적 연습에서 또한 공통점을 많이 발견하게 한다.

제6장 정 리

듣기는 언어활동에 있어서 기본이 된다. 듣기와 말하기를 의미하는 구두 언어는 문자언어를 선행하며 구두 언어에서도 듣기는 말하기보다 우선이기 때문이다. Asher와 Krashen이 이를 주장하였고 그들이 개발한 TPR과 Natural Approach는 널리 호응을 받아왔다. 한편 듣기 기술에 포함되는 여러 가지 정신적인 활동들은 듣기가 더 이상 수동적이 아니라는 것을 새롭게 인식하게 만들었다. 또한 청자는 단순히 들리는 소리로부터 의미를 조합해 가는 상향식 과정(bottom-up processing)을 거쳐 이해를 하는 것 뿐 아니라 듣게 되는 내용과 형식에 관해 이미 그들이 지니고 있는 배경지식을 이용하는 하향식 과정(top-down processing)을 함께 활용하게 되는데 결국 상호 작용 과정(interactive processing)을 거쳐 전체를 이해하게 된다. 한편 듣는 내용이 상호인간 관계유지를 위해서인가 아니면 정보 자체의 이해인가로 구분하기도 하는데 전자는 상호작용 언어기능(interactional language function)이라고 부르고 후자는 상거래 언어기능(transactional language function)이라 부른다.

듣기를 방해하는 요인은 정보, 화자의 언어사용 습관, 청자의 능력, 그리고 물리적 환경 요소 등으로써 이들 여러 가지가 복합적으로 작용하는 것이라고 볼 수 있으므로 이것들을 최소화하기 위해 교사는 제시되는 듣기 자료의 내용, 종류, 교수방법 등을 다양화하고 차별화해야 한다. 특히 듣기지도에서 활용할 수 있는 학습활동은 듣기 전 활동, 듣기 중 활동, 그리고 듣기 후 활동으로 구분하여 학습목표, 학습내용, 학습자 수준, 주어진 시간에 맞게 고안해서 사용해야 하며 말하기, 읽기, 쓰기와 같은 다른 기능 그리고 문화지도와도 자연스럽게 통합되도록 해야 한다.

제7장

읽기지도

제7장 읽기지도

| 토론 |

- 우리는 흔히 우리나라 학생들은 읽기는 상당한 수준에 도달해 있지만 회화실력이 부족한 것이 문제라고들 하는데 이에 대해 토론해 보시오.
- 읽기 지도의 목표는 무엇이라고 생각하는지 이야기해 보시오.
- 읽기를 지도할 때 어떠한 방법들이 많이 사용되는지 소개해 보시오.

읽기 기능이 듣기 기능과 유사한 것은 다 같이 이해(receptive) 기능이기 때문이고 쓰기 기능과 유사한 것은 다 같이 문어(written language)이기 때문이다. 앞에서 이미 지적하였듯이 듣기에서와 마찬가지로 읽기 역시 단순히 언어적 요소인 문자를 인식하는 것이 아니고 인식한 문자로부터 관련된 의미를 도출해 내는 복잡한 과정이다. Goodman(1970)은 일찍이 읽기를 'psycholinguistic guessing game'이라고 정의한 바 있다. 다시 말해서 독자는 표기된 문자 중에서 중요한 내용과 무시해도 좋은 내용을 구분하면서 내포된 의미를 추측해 나간다는 것이다. 따라서 듣기기능과 마찬가지로 능동적 기술에 속한다.

네 가지 언어기능이 모두 중요하지만 특히 읽기가 중요하게 여겨지는 이유는 그것이 일반적으로 누구에게나 가장 오랫동안 지속적으로 사용되는 기능이기 때문이다. 특히 그 언어가 외국어인 경우에는 일반적으로 더욱 그렇게 될 가능성이 많아진다. 더군다나 지금과 같은 인터넷 환경에서는 급속히 변화하는 정보를 신속하게 접해야하기 때문에 영어 읽기의 중요성은 더해진다. 결국 읽기지도의 궁극적인 목표는 정보이해라고 말할 수 있겠다. 여기에 덧붙여서 여가를 즐기기 위해서라는 것을 무시할 수 없을 것이다. 이는 듣기의 기능에서도 살펴보았듯이 글 속에 담겨진 중요한 정보에 초점이 맞춰질 수도 있고 단순히 오락적인 측면에서 부담 없이 읽을 수도 있다는 것을 말한다. 따라서 Paulston과 Bruder(1976)가 지적한대로 읽기의 궁극적인 목표는 'information'과 'pleasure' 두 가지로 표현할 수 있겠다. 여기에 이르기 위해서 필요한 언어구조와 어휘의 지도는 기본이 될 것이다.

7.1 읽기에 관한 이론

활자화된 자료에서 사용되는 문어의 특성, 읽기가 이루어지는 과정, 기본적인 읽기 전략, 그리고 읽기의 대표적인 두 가지 종류를 논의하겠다.

7.1.1 문어의 특성

문어는 구어와 비교할 때 다음과 같은 특성들을 가지고 있다(Brown, 1994).

1) 영구성(permanence): 글로 쓰여져 있으므로 영구적이다. 한편 구어는 특별한 목적으로 녹음을 해 두지 않는 한 일회성이다.
2) 진행속도(processing time): 개인에 따라 읽는 속도를 자유롭게 조절할 수 있다.

3) 저자와의 거리(distance): 물리적인 거리(physical distance)와 시간적 거리(temporal distance)를 모두 의미한다. 즉 구어에서는 TV나 녹음자료와 같이 일방적 듣기 상황을 제외하면 대부분 쌍방간에 이루어지기 때문에 화자와의 거리가 없다. 따라서 잘 이해가 안 되는 부분은 의미협상(negotiation of meaning) 과정을 통해 해결이 가능하다. 그러나 문어에서는 대체로 독자가 저자를 모른 채 글을 읽고 이해해야 한다. 이는 의문이가는 경우에도 독자는 나름대로 저자의 의도를 추측해야 하는 것을 의미한다.

4) 철자(orthography): 구어에서는 발음에 관련된 강세, 억양, 리듬, 휴지, 몸짓, 소리의 크기 등이 모두 포함되지만 문어에서는 글자 즉 철자의 혼합만 있을 뿐이다.

5) 복잡성(complexity): 구어는 대체로 단순한 문법 구조를 사용하여 만들어진 문장들로 구성되어 있다. 그러나 문어는 관계사, 접속사와 같은 연결어를 많이 포함하는 등 구조적으로 복잡하다.

6) 어휘(vocabulary): 구어와 문어가 공통적으로 사용하는 어휘가 많지만 각각의 고유한 어휘가 또한 많다. 예를 들면 구어에서는 축약어, 속어(slang)가 많이 쓰이고 'see to it,' 'notwithstanding' 등과 같은 문어는 사용하지 않는다.

7) 형식성(formality): 형식스키마에 속하는 문장형식을 의미한다. 문어에서는 복잡한 수사 구조 규칙(rhetorical devices)이 있어서 좋은 글을 쓰기 위해서는 이들 규칙들을 익혀서 따라야 한다. 한편 구어에서는 연설문 낭독이나 논문 발표와 같은 특별한 경우[1]를 제외하면 대부분 자연스러운 일상생활에서 사용하기 때문에 문장형식이 비교적 단순하다.

1) 이 경우들은 문어를 말로 전달하는 것이기 때문에 구어라고 볼 수 없다.

7.1.2 읽기 과정

듣기 과정에서와 마찬가지로 크게 세 가지로 나눌 수 있다.

1) 상향식 과정(bottom-up processing)[2]: 철자와 소리의 관계로부터 단어, 구, 문장의 순서로 이해를 해 나가는 과정을 밟아 읽는 내용을 이해한다는 것이다. 특히 영어처럼 철자와 소리의 관계가 복잡한 언어에서는 이에 대한 철자 규칙(orthographic rules)을 지도할 필요가 있다. 그래서 철자나 소리관계를 찾게 하여 가르치는 phonics approach를 사용하는 자료들이 많이 있다. 이 방법에 의하면 학습자가 철자를 소리내어 발음할 수 있을 때 텍스트를 이해하게 된다고 한다. 특히 외국어인 영어로 쓰여진 글을 읽어 이해하기 위해서는 하위단계에 있는 철자와 소리의 관계(sound-symbol correspondence), 어휘, 문법에 관한 지식이 기본이 되기 때문에 특히 초기 단계에서 상향식 과정의 적용이 필요하다.
2) 하향식 과정(top-down processing): 전체 내용을 대강 이해하고 점차적으로 문장, 구, 단어, 철자 등 세부적인 사항과 연결시키는 과정을 거쳐 읽기를 해 나간다는 것이다. 따라서 전체 또는 서로 연결된 텍스트로부터 전반적인 의미를 만들어내야 한다는 것을 강조한다. 듣기에서 지적했듯이 읽기에서도 배경지식이 절대적인 역할을 한다. 사실 선험지식 이론(schema theory)이라고 일컫기도 하는 배경지식의 역할에 관한 연구는 읽기에서 시작되었다. 간단히 말해서 독자가 새로운 정보를 읽게 될 때 이미 알고 있는 배경지식과 접목시킴으로써 이해를 빨리 해 나간다는 것이다. 따라서 아무런 배경지식이 없는 글을 읽을 때 독자는 큰 어려움을 가지게 된다. 이와 같은 가설은 Piaget(1963)의 지적 균형

2) Weaver(1994)는 'part-centered' 또는 'code-emphasis' 과정이라고 하였다. 한편 하향식 과정을 'meaning-centered' 또는 'socio-psycholinguistic' 과정이라고 하였다.

(intellectual balance or equilibrium)과 지적 불균형(intellectual imbalance or disequilibrium)으로 설명할 수 있다. 이미 알고 있는 지식이 새로운 지식과 서로 동화(assimilation) 될 때 지적 균형 상태를 유지할 수 있고 그렇지 않을 때 불균형상태가 되지만 그렇더라도 다시 불균형상태를 균형상태로 유지하기 위하여 노력한다는 것이다.

선험지식 이론은 외국어인 경우 모국어에서와는 다르게 적용될 것이다. 그 이유는 어떤 내용에 관해 선험지식을 활용할 수 있게 되기까지에는 일단 기본적으로 내용을 어느 정도 이해할 수 있을 정도의 언어능력(threshold level)이 전제되어야 하기 때문이다.

하향식 과정은 Language Experience Approach, Literature-based Approach, 그리고 Whole Language Approach에서 강조된다 (Ediger, 2001).

3) 상호 작용 과정(interactive processing): 읽고 이해하는 것은 상향식 과정과 하향식 과정이 상호 작용함으로써 가능하다는 것이다. 일단 초보단계를 거친 학생들에게는 어휘를 풍부하게 하고 영어의 수사 구조를 충분히 가르쳐서 상호 작용 과정을 도와 줄 필요가 있을 것이다.

7.1.3 읽기 전략(Reading strategy)

읽기와 관련하여 우리나라 영어 학습자가 거의 공통적으로 가지는 문제점을 Kalnitz와 Judd(1981)는 잘 지적하였다. 즉 내용의 전반적인 이해보다 모든 것을 알아야 한다는 잘못된 기대를 가지고 지나치게 단어 하나하나의 의미에 중요성을 부여한다는 것이다. 그리하여 모르는 단어가 나올 때마다 영한사전을 찾아야 하기 때문에 지나치게 천천히 읽는 습관이 있다는 것이다. 자연히 많은 경우 단어 찾는데 대부분의 시간을 소모하게 된다. 물론 이는 읽는 책의 어려운 정도가 학생의 수준에 비해 높을 때 나타날 수 있는 현상이므로 대체로 사용되는 교재가 어려워서 그렇다고 해석할 수도 있지만 그렇지 않은 경우 즉 대충 의미를 안다고 하여도 그대로 넘어가지 못하는 습관에서 나온 것이기도 하다. 그리고 이러한 습관은 교실 수업에서 소리를 내어 한 문장씩 읽으면서 해석하는 문법 번역 중심 교수법에 의한 교육을 받아오면서 생긴 것으로 보아야겠다. 이는 읽기를 정보를 얻고 얻은 정보를 이용하여 의사소통을 하는데 이용하지 않고 단지 언어(영어), 즉 어휘나 문법을 학습하기 위한 수단으로 간주해 온 우리의 전통적인 시각에서 출발한 것이다(Shih, 1999). 그리고 이는 어떤 종류의 글이든지 모두 같은 식으로 읽는 습관을 동시에 키워 왔다. 그러나 모국어로 쓰여진 글을 읽을 때와 마찬가지로 외국어로 쓰여진 글을 읽을 때도 글에 따라 읽는 전략이 차별화되어야 한다. 예를 들면 신문, 소설책, 전화번호부, 광고책자, 교과서 등을 읽을 때 필요에 따라 적절하게 읽는 전략을 다르게 해야 한다는 뜻이다. 대체로 읽기에는 다음의 세 가지 기본전략이 있다.

1) 훑어 읽기(skimming): 요지(main idea)파악을 위해 빨리 읽는 것이다. 신문 기사, 잡지, 소설 등을 읽을 때 사용하는 전략으로 어떤 책을 좀 더 자세히 읽을지를 결정하는 것이 목적일 때 'preview skimming'이라고 부르고 자세히 읽을 시간이 없거나 또는 그렇게 할 필요가 없어서 대충 읽는 것이 목적일 때 'overview skimming'이라고 부른다.
2) 골라 읽기(scanning): 특정한 정보를 얻어내기 위하여 읽는 것이다. 전화번호부, 사전, 광고물 등을 읽을 때 사용한다. 실제 신문광고란, 전화번호부 등 진본의 자료들을 사용하여 간단히 연습하기 쉽다.
3) 비판적 읽기(critical reading): 자세히 읽고 얻어낸 정보들을 종합

하고 평가하는 것이다. 정보뿐이 아니고 읽기 자료의 글 형식을 분석 하는 것 또한 여기에 속한다. 학술적 토론이나 과제물 완성 등을 목적으로 할 때 흔히 쓰는 전략이다.

7.1.4 읽기 종류

흔히 교실 수업의 대부분을 차지하는 정독과 대체로 개별적으로 사용하는 다독으로 나눌 수 있다.

7.1.4.1 정독(Intensive reading)

정독에서는 주로 어휘나 문법과 같은 언어적 요소에 초점이 맞추어진다. 간단한 읽기자료를 중심으로 여러 가지 학습활동이 일어난다[3].

7.1.4.2 다독(Extensive reading)

교사의 도움을 거의 받지 않고 혼자서 즐기기 위해서 또는 다양한 정보를 얻기 위하여 빨리 그리고 많이 읽는 것이다. 훑어 읽기 전략이 많이 사용된다. 위에서 강조한 바 궁극적으로 읽기의 목적은 다독을 통하여 정보를 얻고 혹은 여가를 즐기기 위한 것이다. Mckay(1982)는 Resenblatt(1978)가 구별하여 사용한 'efferent reading'과 'aesthetic reading'의 차이를 전자는 단순히 정보를 얻기 위해 읽는 것이고 후자는 저자와의 대화를 통하여 진정으로 즐기기 위해 읽는 것이라고 하면서 문학 작품을 읽는 태도는 기본적으로 후자이어야 한다고 결론짓는다. 좀 더 구체적으로 상호교섭이론(transactional theory)이라고 하여 작품의 의미가 책의 내용과 독자의 경험의 상호작용에 의해 만들어진다고 하였다.

---

3) 이들에 대한 구체적인 예들은 '학습활동'부분에서 다루어질 것이다.

말하기, 듣기와 마찬가지로 읽기 기술 역시 많이 읽을수록 향상된다. 따라서 학습의 초기단계에서부터 다독의 습관을 길러주도록 노력해야 할 것이다. 여기서 문제가 되는 것이 책의 선정이다. 책의 선정에 있어서 기준으로 삼아야 하는 것은 흥미나 어려운 정도라고 볼 때 세심한 주의가 필요하다. 흔히 사다리 문고 같이 원본을 다시 쉽게 쓴 책들(simplified version)이 추천되기도 하지만 대부분 저자의 의도와 달라져서 무미건조한 글이 되기 쉽다. 그리고 문장의 흐름(cohesion)이 어색하게 되어 작품의 질을 떨어뜨린다. 고등학생이나 대학생에게는 차라리 청소년을 위한 진본의 책을 권하는 것이 흥미를 살릴 수 있는 방법이기도 하다. 특히 청소년 대상의 문학작품을 선정하는 이유는 다음과 같이 세 가지이다(Donelson & Nilson, 1980).

1) 작품의 주제가 개인의 성장과 발달을 다룬다.
2) 대체로 짧고 주인공을 중심으로 내용이 전개된다.
3) 문체가(stylistically) 단순하다.

이 밖에도 영어신문이나 잡지기사 등에서 흥미 있는 것을 선택하여 사용함으로써 학생들에게 읽는 습관을 길러주는 것이 중요하다. 많은 학생들은 이해가 쉽다는 이유로 영화나 번역판을 통해 이미 익숙한 고전에 관심을 가지지만 흥미는 새로운 기대에서 생겨나기 때문에 그 점에서는 문제가 있다.

한편 아무리 재미있다고 알려진 책이라고 하더라도 자신의 수준에 맞지 않게 지나치게 어렵거나 쉬울 때는 흥미를 느낄 수 없다. 학생들 수준에 맞는 책을 선정할 때 흔히 'cloze test'가 사용되기도 한다. 즉, 매 5-7번째 단어를 채워 넣게 하는 것인데, Anderson(1971)은 혼자서 읽기에 적당한 수준의 책은 읽으려는 책의 글 중에서 250단어 정도 길이의 내용을 매 다섯 단어마다 빈칸으로 하여 채워 넣게 하였을 때(빈칸이 숫자일 때는 건너뜀) 53% 이상을 맞힌 경우이고 교사의 도움을 받으면서 읽기에는 44%에서 53%사이이며 44%이하 일 때에는 너무 어려운 수준이라고 말한다. 이들 각각은 'independent level,' 'instructional level,' 그리고 'frustration level'로 불리워진다[4].

다독과 관련하여 또 하나의 중요한 문제는 다독을 시작하는 시기이다. Paulston과 Bruder(1976)는 모국어로 읽을 수 있는 성인은 외국어 학습 첫 날부터 읽기를 시작해야 한다고 지적하였지만 이는 비단 성인에게만 적용되지 않고 어린아이나 청소년에게도 적용될 것이다.

다독과 관련하여 전문 서적을 읽어가는 순서는 다음과 같이 SQ3R로 나타내지기도 한다(Paulston & Bruder, 1976, pp. 201-202).

- 조사하기(survey): 전체적인 의미를 이해하기 위해 제목, 그림, 도표 등을 빨리 보고 요약부분을 읽는다.
- 질문하기(question): 스스로 질문을 만들어 읽을 목표를 정한다.
- 읽기(read): 질문에 대한 답을 찾아가면서 가능한 한 빨리 읽는다.
- 암송하기(recite): 스스로 요점을 암송하면서 읽은 것을 요약한다.
- 복습하기(review): 읽기를 끝내면 곧 바로 전체를 하나로 연결하기 위하여 복습한다.

다독을 시키지 위한 이상적인 조건들은 다음과 같다(Grabe & Stoller,

4) 한편 Betts(1957)는 책의 어려운 정도를 측정하는 방법은 기술하지 않고 다만 independent reading level(broad reading level)을 90%이상의 이해도, instructional level(teaching level)을 75%이상의 이해도, 그리고 frustration level을 50%이하의 이해도로 보았다.

2001, 198-199)

1. 교과서에서 텍스트를 고르더라도 매시간 묵독(silent reading)을 하도록 해준다.
2. 다양한 종류의 텍스트를 읽게 한다.
3. 학생들이 무엇을 그리고 왜 읽고 싶어하는지를 알아낸다.
4. 흥미 있고 수준에 맞는 텍스트를 제공해준다.
5. 주제와 난이도에 대한 명확한 표시를 하여 교실에 다양하게 비치한다.
6. 학생들이 대여해갈 수 있게 한다.
7. 집에서도 읽을 수 있게 동기를 부여해 준다.
8. 읽을거리를 서로 추천하거나 함께 읽게 한다.
9. 읽은 책들을 기록하게 한다.
10. 사다리 문고 중에서 좋은 책들도 비치한다.

7.1.4.3 속독(Speed reading)

읽는 속도를 향상시키기 위하여 일정한 시간이 주어지면 텍스트를 읽고 나서 간단한 질문에 답을 하게 하는 순서로 진행한다. 천천히 읽으면 기억력의 한계 때문에 이해도가 떨어지기 때문이다. 텍스트의 난이도에 있어서 어렵지 않을 것을 골라야 한다. 속독의 종류로 'timed reading'과 'paced reading'이 있다(Grabe & Stoller, 2001). 전자는 스스로 시간을 재면서 적어가며 읽고 질문에 답하는 것이고 후자는 교사가 읽는 시간을 한 번에 주는 대신 매분씩 읽을 분량을 정하여 규칙적으로 주면서 마지막에 질문을 답하게 하는 것이다.

7.2 학습활동

듣기지도에서와 마찬가지로 각각이 제시되는 순서에 따라 읽기 전 활동, 읽기 중 활동, 그리고 읽기 후 활동으로 구분하여 토론해 보겠다. 이들은 정독과 다독에서 다같이 사용할 수 있는 것들이다.

7.2.1 읽기 전 활동(Pre-reading activities)

듣기 전 활동에서 사용될 수 있는 단원의 제목, 그림 등을 보면서 내용을 미리 예측하거나(주제 토론하기), 사전 질문을 미리 주어 목적을 가지고 읽게 하거나(사전 질문하기), 전체 내용을 간단히 말해주거나(사전정보주기), 이해에 도움이 될 중요한 어휘나 숙어의 의미를 미리 연습을 통해 가르치는(사전 어휘 및 숙어 익히기) 활동을 마찬가지로 적용할 수 있다. 주제토론의 한 방법으로 다음의 도표를 이용하는 것은 흥미있다(Hess, 2001, p. 70).

Example of KWL chart on bats

Know	Want to Know	Learned
They fly at night.	Are they like birds?	
They eat insects.	How can they fly if they are blind.	
They are small.	Why are people afraid of them?	
There are many stories about them.	How do you get a bat out of your house?	
They are blind.		

소집단 별로 올빼미에 대해 알고 있는 지식, 알고 싶은 사항들을 적어 보게 하고 실제 읽으면서 알게 된 것을 나중에 채우도록 하는 것이다.

특히 목표어의 문화적 내용을 다룰 때는 배경지식, 즉 스키마를 제공하기 위하여 비디오, 책자, 사진 등을 보여주면 훨씬 현장감이 있고 흥미있는 수업을 기대할 수 있다.

전체 내용의 체제를 도표형식으로 제시하여 문화적 차이에 초점을 맞추는 다음의 예는 무엇보다도 문화적 배경지식을 활성화시키는데 (activating cultural schemata) 도움이 될 것이다(Melendes & Pritchardy, 1985).

▌그림 4 ▌ Cultural Use of Time

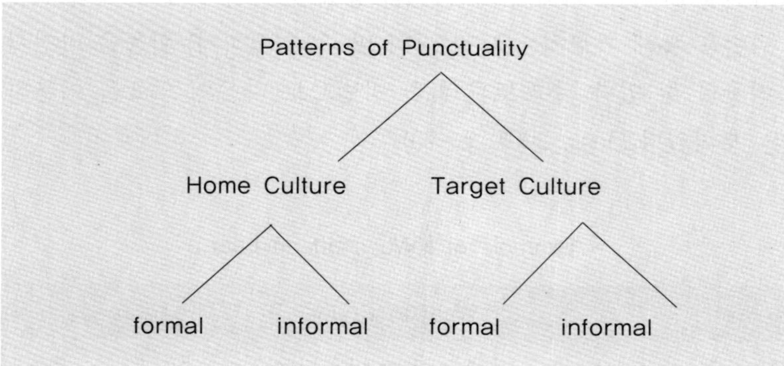

(박상옥, 2000, p. 197 재인용)

교실 수업에서 사전 정보를 교사가 직접 주지 않고 읽을 내용을 미리 속독을 시켜 대충 정보를 알아내게 하는 방법도 있을 것이다. 이미 지적하였지만 학습 초기 단계에서 정확성을 기하기 위하여 어휘 하나하나에 집중하는데 익숙해지다 보면 기억력(short-term memory span)의 한계 때문에도 전체적인 의미를 파악하지 못한다. 따라서 초기 단계를 지난 학생들에게는 지속적인 속독 훈련이 필요하며 읽기 전 활동으로 사용하여 내용에 대해 어느 정도 전체적인 이해를 하게 하는 것이 의미 있을 것이다. 이와 같은 읽기 전 활동들은 모두가 학생들에게 읽을 내용에 대한 준비를 하게 한다는 의미를 지닌다.

7.2.2 읽기 중 활동(While-reading activities)

듣기 중 활동에서와 마찬가지로 읽으면서 어떤 과업을 수행하는가에 따라 다양한 학습활동들이 고안될 수 있다. 따라서 듣기에서 소개된 활동들이 일단 문자를 읽는 것을 포함하는 한 여기에서도 동시에 적용될 수 있다. 예를 들면 비교하기(comparing)에 있어서 추측한 것이 실제 내용을 읽으면서 그것과 얼마나 일치하는지를 이야기하는 식으로 진행한다면 읽기 중 활동이 될 것이다. 빈 칸 채우기는 글의 중간 중간을 빈 칸으로 만들어 주어진 단어의 어형 변화를 하게 한다거나 문맥상 적합한 어휘를 채워 넣게 한다거나 할 때 역시 읽기 중 활동이 된다.

순서 맞추기에 있어서 읽기 활동에서는 듣기 활동에서 언급된 바 있는 'strip story'라고 하여 학생 수에 맞추어 한 문장씩 적은 쪽지를 나누어 주고 토론을 거쳐 글을 완성시키게 하는 활동이 한 가지 예가 될 것이다. 예상하기(predicting) 역시 글을 읽어 가는 중간 중간에 다음의 글 내용을 예측하게 하여 다른 학생들의 예측과 비교해 보고 이어서 글의 실제 내용으로 확인하는 과정을 거칠 때 매우 유익한 학습 활동이 될 수 있을 것이다.

명령에 따라하기(obeying instructions)나 그림 그리기(drawing)는 초기단계에서 짤막한 지시문을 읽고 행동이나 그림으로 옮겨보게 하거나 좀 더 복잡한 내용을 수준에 맞게 제시할 수도 있다. 추론하기(inferring), 필기하기(note-taking)도 마찬가지로 읽기 중 활동으로 사용이 가능하다.

그러나 이것들 이외에 읽기 중 활동으로만 사용할 수 있는 몇 가지를 더 소개하면 다음과 같다.

7.2.2.1 음독(Reading aloud)

소리내어 읽는 음독은 영어시간에 교사들이 흔히 사용하는 방법 중 하나다. 학생들이 지루해하는 학습활동이지만 대단위 수업에서 한 사람씩 소리내어 읽고 해석하게 하는 순서로 진행하는 이 기법은 거의 당연하게 받아들여져 왔다. 그러나 모국어의 경험에서 알 수 있듯이 읽고 이해한다는 것은 소리내어 읽는 것과는 거리가 멀다. 이는 단지 발음을 익히는 단계에서 발음을 확인하여 교정해 주기 위해서 또는 문법적 지식의 측면에서라면 의미 있는 단어군(meaningful mouthfuls, syntactic word groups, sense groups, thought groups, 또는 idea units)을 아는지를 알아보기 위해서, 또는 단기 기억력(short-term memory)을 증진시키기 위해서 사용할 수 있을 뿐이다. 따라서 그러한 목적이 아니라면 묵독을 시키는 것이 효과적이다. 그러나 음독과 관련하여 West(1960)가 오래 전에 소개한 "Read and Look up"기법은 특징이 있다. 즉 초기 단계의 학생들에게는 교사가 시범으로 읽어줄 때 끊어 읽는 부분을 각자 표시하게 한 후 개별적으로 또는 전체가 다 같이 표시한 단위별로 일단 눈으로 읽고 나서 곧 바로 내용을 보지 않고 소리내어 말해보는 식으로 진행한다. 한편 수준이 좀 더 높은 학생들에게는 각자 눈으로 읽으면서 전체 내용을 단어군마다 표시를 하게 한 후 초기 단계에 적용한대로 단위별로 다시 눈으로 읽고 나서 내용을 보지 않고 소리내어 말하게 한다. 이 때 교사는 듣기만 하면서 이해력을 평가하게 되는데 궁극적 목표는 학생들을 통사적 단위(syntactic units)로 읽도록 훈련하는 것이다.

7.2.2.2 문맥에서 의미 추측하기(Guessing meaning from context)

이미 지적한 바, 읽을 내용을 100% 이해해야 한다는 잘못된 기대는 영한사전(bilingual dictionary)에 지나치게 의존하는 습관을 키워왔다.

이는 많은 영어 교사들이 학생들로 하여금 수준에 상관없이 교과서 내용을 한 문장씩 읽고 우리말로 번역하는 것을 강조해 왔기 때문이다. 결과적으로 학생들은 두 언어의 의미체계는 일치한다는 잘못된 인식을 하게 되었고 그들로 하여금 숙달된 언어 사용자만이 할 수 있는 직접 외국어로 생각할 수 있는 능력에서 멀어지게 하였다. 동시에 읽는 시간의 대부분을 사전 찾는데 소비해야 하는 습관이 자연스럽게 형성되었다. 그러나 이러한 습관은 자연스러운 영어 학습단계에서 방해요인으로 작용하게 되었고 정보를 얻기 위해서 또는 즐거움을 얻기 위해서라는 읽기지도의 최종적인 목표에 도달할 수 없게 만들었다.

영어교사는 학생들에게 학습의 초기단계부터 가능한 한 사전을 찾지 않고 계속해서 읽어나가면서 모르는 부분에 대해서는 앞 뒤 문맥에서 의미를 추측하게 하는 읽기 전략 훈련이 필요하다는 것을 깨닫게 해야 한다. 학생들은 점차 주어진 읽기 자료를 자신의 배경지식과 언어지식을 활용하며 상호작용과정을 통하여 이해하게 될 것이다.

문맥에서 추측하기와 관련하여 교사가 가르쳐야 하는 기술은 크게 다음의 세 가지이다(Kalnitz & Judd, 1981).

1) 모르는 단어의 품사 결정(determining the part of speech of the unknown word)
2) 모르는 단어의 앞뒤 단서활용(using context clues to guess the meaning of the word)
3) 모르는 단어의 형태적 단서활용(using morphological clues to guess meaning)

문장 단위에서 사용하는 연습으로 다음의 예를 들어 보자.

The school determines who is eligible for the work-study program, how much they will earn, and where they will work.

여기서 밑줄 친 'determine'의 접사(affix) 's'와 앞뒤 단서는 이것이 동사이며 '정하다'라는 의미를 가진다고 추측하게 한다.

다음으로 어미(suffix)에 붙는 형태적 단서는 특히 단어의 품사를 결정하는데 있어서 매우 중요하다. 예를 들어[5] 'ly,' 'ness,' 'tion,' 'en,' 'ed' 등은 각각 부사, 명사, 형용사, 동사 등을 나타낸다.

사실 많은 경우 사전을 찾지 않고도 품사와 앞 뒤 문맥으로 의미가 추측되는 이유는 언어는 가능하면 반복을 피하면서 분명히 뜻을 전달하려는 의도가 있기 때문이다. 다음의 예를 보자.

I met my girlfriend at a health club, and the pleasant atmosphere of the gym developed our relationship this far, I think.

여기서 *gym*은 *health club*을 다르게 표현했을 뿐 같은 의미임을 알 수 있다. 따라서 어떤 것이 단서를 제공하는지를 적어보게 하고 의미를 추측하게 하는 연습이 필요하다.

이처럼 글을 읽어 가면서 어떤 단어의 의미를 추측했을 때 그 다음 단계가 또한 중요하다. Paulston과 Bruder(1976, pp. 195-196)는 다음

5) 형태소 지도는 곧 이어서 자세히 다루어질 것이다.

의 다섯 가지 선택이 있다고 적는다.

1) 읽기를 중단하고 사전을 찾는다.
2) 계속 읽어나간다.
3) 그 문장을 여러 번 읽어 본다.
4) 그 단어와 문장을 소리내어 읽어 본다.
5) 그 단어의 추측된 의미를 생각하고 읽어나가면서 자신의 추측이 맞는지 알아 낼 단서를 더 찾아본다.

이들 중 첫 번째 방법인 그 자리에서 사전을 찾는 경우는 그 단어의 뜻을 모르고서는 더 진행이 안 될 때인데 그렇더라도 일단은 단서를 찾기 위해 읽어 나가는 시도를 하는 것이 좋다. 그러나 다 읽고 나서 자신의 추측이 얼마나 적중했는지를 확인하기 위해서 사전을 찾는 경우는 긍정적으로 평가할 수 있겠다. 그런 의미에서 위의 다섯 가지 중에서 일반적으로 마지막 방법이 가장 강조되는 읽기 기술이다. 이러한 과정을 거치면서 교사의 의도적이고 명확한 지도(explicit instruction)보다는 의도적이지 않은 우연한 학습(incidental learning)을 유도하게 될 것이다.

7.2.2.3 사전 찾기

찾고자 하는 단어가 가지는 품사별 많은 뜻 중에서 택할 것인지 혹은 다른 단어와 함께 볼 것인지를 결정해야 한다. 이를 위해 직접 사전을 가지고 찾아보게 하는 연습도 중요하지만 그보다 앞서서 다음과 같은 통제된 상황에서의 연습이 된다면 훨씬 쉽게 익숙해질 수 있을 것이다(Paulston & Bruder, 1976, p. 191).

Following is a word 'smell' with some of its meanings. It is then used in sentences. First decide the part of speech for the word as it is used in the sentence. Then decide the correct meaning of the word.

verb (1) to get the odor of something through the nose
(2) to give off an odor or scent
(3) to have a bad odor
(4) to appear evil, dishonest, or ugly
noun (1) the property of something that affects the nose
(2) the general quality of something

(1) The whole atmosphere of this court smells. No one can get a fair trial here.
Part of Speech: __verb__ Meaning: __(4)__
(2) It was a crisp autumn morning and the air smelled especially fresh and clean.
Part of Speech: __verb__ Meaning: __(2)__
(3) Many of the new cosmetics have the smell of lemon or other fruits.
Part of Speech: __noun__ Meaning: __(1)__

다음과 같이 실제로 사전의 내용을 그대로 옮겨 전체 학생이 함께 연습을 해 보는 기회를 가지는 것도 중요하다(Kirn & Hartmann, 1990, p. 85).

Read the following dictionary entries, paying close attention to the parts of speech, the different meanings, and the examples for each meaning. Then write the part of speech and the meaning of the underlined word in each sentence.

contact[1] /ˈkɑntækt/ n. 1. the condition of meeting, touching, or receiving information from: *Have you been in contact with your sister recently?* 2. infml a social or business connection; person who knows who can help one: *I've got a contact in the tax office. She can help us.* 3. an electrical part that can be moved to touch another part to complete an electrical circuit

contact[2] v. 4. to get in touch with (someone); 5. to reach (someone) by telephone, etc.

It's easier to get a job if you have the right contacts.
Part of Speech: noun Meaning: 2

Before you arrive, you have to contact your host by telephone.
Part of Speech: verb Meaning: 5

I've lost contact with the friends I made during my travels.
Part of Speech: noun Meaning: 1

일단 이와 같이 하여 사전 찾기에 익숙해지면 개인적 필요에 따라 각자 활용하게 될 것이므로 교실수업에서 더 이상의 시간 할애를 요하지 않는다. 단지 영한사전(bilingual dictionary)과 영영사전(monolingual dictionary) 중 어느 것이 더 효과적인가에 대해서는 일반적으로 영영사전에 설명된 뜻을 이해하기 위해 또 다시 사전을 계속 찾아야 할 정도의 수준을 넘어선 경우라면 가능한 한 영영사전을 사용하는 것이 훨씬 학습에 도움이 될 것이다.

7.2.2.4 단어지도

읽기에서 매우 중요한 부분이다. 왜냐하면 단어를 많이 알지 못하고서는 계속 읽어 갈 수 없기 때문이다. 모국어 관점에서 볼 때 대학 졸업자는 대략 6만에서 10만 단어를 안다고 하고 외국인으로서 영어의 중간 단계수준이 되려면 최소한 5,000-7,500 단어는 알아야 하는데 그 중에서 일상 대화에 이용하는 단어 수는 1,500-2,000개라고 한다(Carroll & Mordaunt, 1991). 단어지도는 두 가지로 나누어 논할 수 있겠다. 하나는 형태소 지도(word study)이고 다른 하나는 어휘 지도(vocabulary study)이다.

(1) 형태소 지도

형태소 지도는 앞에서 다룬 의미 추측의 읽기 전략에 많이 도움이 된다. 왜냐하면 단어가 어떻게 서로 합해져서 연결된 의미를 가지게 되는가를 알게 함으로써 새로운 단어에 대해 느낌(feel)을 가지게 하고 뜻을 추측하는데 도움을 주기 때문이다. 가령 'undervalued'라는 단어를 보면 이는 'under'와 'valued'가 합해져서 '가치가 낮게 평가된'으로 추측할 수 있다. 어근, 어두, 어미(파생어)로 구분하여 지도하는데, 읽기에서는 이해를 중요시하므로 연습문제에서도 직접 채워 넣게 하기보다는 이해에 초점을 맞추도록 하는 것이 중요하다. 예를 들어, 'Fill in the blank with the proper negative prefix. He _____ pronounced words.' 보다는 'Write true or false. The teacher was upset, because his students mispronounced words.'가 적절하다는 것이다. 그렇기는 해도 일단 기본적인 형태소는 궁극적으로 표현할 수 있도록 지도하는 것이 좋겠다. 즉 처음에는 이해하는 연습으로 시작해서 나중에는 표현하는 연습으로 진행되어야 한다는 의미이다. 또한 한번 가르쳐서 기억하게 할 것이 아니고 적당한 간격을 두고 계속해서 반복하여(recycling) 저절로 기억되게 해주려는 교사의 노력이 필요하다. 이에 효과적인 연습방법으로는 유사한 단어가 나올 때 팀으로 나누어 지금까지 알고 있는 같은 유형의 단어를 하나씩 말하거나 적어보게 하여 경쟁을 시키는 것이 있다. 예를 들어, 'mispronounce'처럼 'mis'가 첨가되어 부정의 뜻을 가지는 또 다른 단어들의 예를 들어보게 함으로써 'misconduct,' 'misplaced,' 'misunderstand' 등을 끌어낸다는 것이다.

그러나 이와 같이 어두와 어근의 유래를 찾아서 단어를 지도할 때 생길 수 있는 문제점은 예외가 많다는데 있다. 'monologue'를 예로 들어 보자. 이것은 mono(alone)와 logein(say, study)이 합해서 만들어졌고 '독백'의 뜻을 가진다. 그래서 'dialogue'는 dia(two)와 logein이 합하여 '대화'라는 의미로 해석이 가능하다. 그렇다고 하여 'catalogue'의 뜻을 모를 때 cata(against)와 logein의 복합어로 보고 '대화 또는 협상에 반대하는' 의미로 추측하게 되면 곤란하다는 것이다. 또는 많이 들어지는 예로 'inadequate,' 'inappropriate,' 'insufficient'에서 'in'이 'not'의 의미라는 것을 알고 난 후 'invaluable,' 'indispensable'을 부정의 의미로 추측하기 때문에 실수를 하는 경우다. 마찬가지로 'disapprove,' 'dislike'와 'distribute,' 'display'는 다른 부류임을 모르고 후자 역시 부정의 뜻으로 추측하기 쉽다. 여기에 'disinterested'와 'uninterested'와의 차이에 대해서도 오류가 많이 생긴다. 즉 'He's disinterested'와 'He's uninterested' 간에는 전자는 'fair,' 'unbiased'이고 후자는 'not interested'라는 큰 의미 차이가 있다는 것을 결국 알 수 있어야 한다는 말이다.

한편 어미 또는 파생어지도는 이미 지적하였듯이 명사, 부사, 형용사, 동사 등 단어의 품사를 결정해 줌으로써 단어의 의미를 추측하게 하는데 중요한 역할을 한다. 예를 들어 -ness, -tion, -ty, -sm, -ist, -ly, -al, -en, -ify, -ize 등은 그 자체로 품사가 결정된다. 즉 'nationalism,' 'nationality'는 명사이고 'nationally'는 부사이며 'national'은 형용사, 그리고 'nationalize'는 동사이다. 파생어 연습은 주어진 단어를 적당한 형태로 바꾸어 빈 칸을 채우게 하는 것, TOEFL식 문법 시험에서처럼 틀린 부분을 찾아내게 하는 것 등이 있다. 그러나 다음의 방법은 흥미있다(Paulston & Bruder, 1976, p. 187).

Who had more than one job, singer A or singer B?

A. The concert singer, directed by her husband, feared failure.

Ⓑ. The concert singer, director of the opera house, feared failure.

Whose identity is known, streaker A or streaker B?

Ⓐ. The streaker, reporter of the Pittsburgh Press, was seen.

B. The streaker, reported to the Pittsburgh Press, was seen.

(2) 어휘지도

대부분의 교과서는 새 단어를 매 단원에서 발음기호와 함께 제시한다. 흔히 교사는 우리말 번역으로 뜻을 전달하게 되는데 우선 시간적으로 절약이 되기는 하지만 달리 더 효과적인 방법이 없을 때 사용한다는 원칙을 고수하는 것이 중요하다. 따라서 가능하면 영어로 지도하는 것이 좋다. 앞에서 다룬 의미추측하기, 사전 찾기를 학생 수준에 따라 그리고 단어가 사용된 문맥에 따라 적용하게 되고 특히 의미 추측하기를 많이 활용하면 읽기 능력 향상에 매우 효과적이다. 그러나 읽기 이해에 도움이 되는 어휘를 그때그때 선정하여 지도해야 할 때가 많다(읽기 전 활동으로도 유용). 이 때 적용할 수 있는 방법으로 다음의 것들이 있다.

- 그림, 몸짓을 이용한다(특히 저학년 수준): 'put on'을 설명하기위해 옷을 입는 흉내를 낸다.
- 비슷한 말(synonyms)이나 반대말(antonyms)을 이용한다:
  'Exhausted' means 'very tired.'
  'Prejudice' is the opposite of 'fairness.'
- 실례를 이용한다:
  Atlantic and Pacific are 'oceans.'
- 설명문(illustrative sentences)을 이용한다(특히 추상적 의미

전달):

'Uncultured' people are not respected, because they are rude. They break rules easily and thus need to be educated.

기억술 방법(mnemonic devices)은 핵심 단어 이용 방법(keyword method)이라고도 하는데 이미 알고 있는 영어의 다른 단어나 모국어의 단어와의 유사한 관계를 이용하여 기억하게 하는 방법으로 어휘지도에 이용된다(Decarrico, 2001). 예를 들어 'smash'라는 단어의 의미인 '매'를 우리말의 그것과 발음상 연관을 시켜 기억시킬 수 있겠다.

여기서 지적할 한 가지 사항은 문어에서 사용하는 어휘와 구어에서 사용하는 어휘에 있어서 학생들 수준이 높아질수록 차이가 많다는 것이다. 예를 들면 'purchase'는 문어에서 'buy'는 구어에서 주로 사용한다. 'commence'와 'begin,' 'however'와 'but,' 'notwithstanding'과 'in spite of'나 'despite' 등도 마찬가지로 하나는 문어 그리고 다른 하나는 구어에 더 가깝다고 할 수 있다. 따라서 이러한 차이를 인식시킬 필요가 있다. 아울러 읽기는 문어를 다루는 기술이기 때문에 단순한 읽기에 목표를 둔다면 정확한 철자 사용능력은 나중으로 미루는 등의 계획이 필요할 것이다.

단어를 지도하는 방법으로 다음에 소개하는 'Frontier Method'는 적어도 중간 단계에 이른 학생에게 권장하는 방법이다(Carroll & Mordaunt, 1991). 여기서 'frontier'는 어휘가 독자의 눈에 익기는 하지만 의미가 분명치 않은 경우를 가리킨다. 이럴 경우 단어들을 카드(3×5 혹은 4×6)에 정리하는 방법이 특이하다. 다음과 같이 우선 앞면에는 그 단어가 사용된 원문, 사전 상에 적혀진 음절과 발음표시, 파생어, 출처 등을 적고 뒷면에는 어원, 뜻, 예문, 동의어, 그리고 반대어를 적는다.

카드 앞면

One important function of the skeletal system is to augment the muscle system during movement activities. (원문)

aug · ment, v.t. (og-ment) (발음)
aug · men · ta · tion, n. (og-men-ta-shan) (파생어)

source: Dental Admissions Test preparation text (출처)

카드 뒷면

[Latin augere, to increase] (어원)

1. To make greater as in size, extent, or quantity; to enlarge, increase
2. To assist by an increase of resources (의미)

Varied reading will help me augment my vocabulary. (예문)

Syn: To add to (동의어)
Ant: To diminish, substract from (반대어)

(박상옥, 2002, p. 191 재인용)

특히 스스로 예문을 만들어 보게 함으로써 이해 형태에서 표현 형태로 발전시키는 기회를 만들어 주고 주기적으로 카드를 제출받아 각 학생의 학습상황을 점검할 수 있다. 이 방법에서는 어느 정도 독자적으로 글을 선택하여 읽을 수 있는 능력이 있는 학생수준을 고려한 것이지만 변형을 한다면 어느 단계에서도 유용하게 사용할 수 있을 것이다. 무조건 어휘 자체만 우리말로 번역해 놓은 단어장을 외우게 할 것이 아니고 문맥 안에서 적절한 의미를 일단 안 후에 그것이 사용되는 문장과 함께 기억하게 하고 궁극적으로는 스스로 문장을 만들어 보게 한다면 기능적 언어 학습(functional language learning)이라는 목적을 달성할 수 있을 것이다. 한편 만들어 놓은 카드는 알파벳순으로 정리하면서 자주 반복하여 복습하게 하고 더 이상 반복이 필요 없을 정도로 완전히 학습되었을 때는 따로 보관하거나 없애게 할 수 있을 것이다.

7.2.2.5 문법지도

단어에서와 마찬가지로 읽기에서 많이 사용하는 문법은 구어에서의 그것과 차이가 있다. 예를 들면 문어에서는 관계대명사, 접속사를 사용하여 두 개 이상의 문장을 연결한 복문이나 중문을 사용하는 경우가 많지만 구어에서는 단문형태를 주로 사용하게 된다. 따라서 복잡한 문장구조는 인식(recognition)의 단계부터 가르쳐질 필요가 있다. 가령 복문이나 중문을 단문으로 바꾸어 써 보게 하는 것인데 일단 거기서 출발한다면 어떤 과정을 거쳐서 세련된 문어 표현이 나오는지 알게 될 것이다. 다음의 예를 보자.

> Students study at the university library which is located next to the Student Building. → Students study at the university library. + The university library is located next to the Student Building.

'Which' 라는 관계 대명사가 'the university library'를 어떻게 대체하였는지를 보여주게 된다.

'no sooner - than'과 'as soon as,' 'but for'와 'without' 또는 'if - not -' 등 역시 문법 영역에서 문어와 구어의 차이이다. 전자의 예를 들면 다음과 같다.

> No sooner had we sat down than the curtain rose.
> As soon as we sat down, the curtain rose.

따라서 이들을 보여주고 문어 표현을 구어표현으로 바꾸어 말하거나 써 보게 하는 것이 또한 한 지도방법이 될 것이다. 이렇게 하여 특히 초기단계에서는 문어에서 많이 사용하는 복잡한 문법구조를 직접 사용하게 하지 않고 의미를 이해하는 인식의 수준에서 끝내는 정도로 한다. Pauston과 Bruder(1976)는 기초수준에서 다루어야 할 인식 또는 인지 문법(grammar patterns for recognition)은 관계대명사처럼 읽기 자료의 초기단계부터 나오지만 구두 표현은 나중 단계에 나오는 문법사항들과 문어에서만 주로 사용하는 문법 사항들이라고 설명하였다.

7.2.2.5 수사구조 규칙(rhetorical devices) 지도

의미의 추측이 많이 요구되는 읽기 기술에서 영어의 일반적인 수사구조를 익히는 것은 중요하다. 예를 들면 영어에서 가장 많이 쓰이는 설명문(expository writing)은 일반적으로 서론, 본론, 결론을 포함하고 각 문단은 주제문(topic sentence)과 이를 뒷받침하는 여러 개의 예문(examples)들로 구성된다. 이를 연습시키기 위하여 읽으면서 주제문과 예문을 찾아내는 연습이 필요하다. 구체적으로 읽기 자료를 몇 개의 부분으로 나뉘어 소집단 별로 맡은 부분의 주제문과 예문을 토론을 거쳐 찾아서 적은 후 발표하게 하는 것이다. Hess(2001, p. 44)는 읽기 연습을 위한 지도를 위하여 다음 개요표를 이용하였다.

I. Main topic
  A. Secondary topic
    1. detail
      a. supporting detail
II. Second main topic

이 때 'in general,' 'generally,' 'on the whole,' 'always'와 'for instance,' 'for example,' 'besides' 등이 글의 전개에서 중요한 역할을

하고 있음을 알게 될 것이다. 결국 이와 같은 스키마(formal schema)를 가지게 되면 비판적 읽기 전략을 사용할 수 있게 됨으로써 훨씬 효율적으로 읽기를 할 수 있을 것이다.

7.2.3 읽기 후 활동(Post-reading activities)

여기서도 듣기 후 활동과 유사한 활동들이 적용된다. 이해 측정하기(reading comprehension), 요약하기, 토론하기 등이 그것들인데 글을 읽은 후에 행해지는 연습활동들이다.

7.2.3.1 이해 측정하기(Reading comprehension)

이제까지 전통적으로 교과서에서 주로 제시하는 연습문제는 글 내용 중에서 답을 그대로 찾아 낼 수 있는 사실적 질문(factual questions)들이었다. Yes/No로 답할 수 있는 가장 단순한 질문, *why*를 제외한 *what, where, when*과 같은 'wh'로 시작하는 질문(Wh questions), 그리고 *why, how*와 같이 글 속에 나타나 있는 내용이기는 하지만 자신의 말로 만들어 답을 해야 하는 질문(rephrasal questions)이 여기에 속한다. 그러나 이는 단순히 번역에 속하는 것으로 그 다음 단계의 추론적, 평가적 질문(inference/evaluation questions)에 답하기 위해 알아야 하는 기초지식에 불과하기 때문에 중요도가 후자보다 훨씬 떨어진다. 그런데 문제는 이러한 추론적, 평가적 질문을 교사들이 답이 정확히 안 나오고 시간이 걸린다는 이유에서 다루려 하지 않는다는데 있다. 그러나 비판적 읽기 전략을 사용하게 함으로써 훈련되는 비판적 사고방식이 외국어 교육을 통해서도 길러질 수 있도록 이러한 추론적, 평가적 질문들이 무시되어서는 안 될 것이다.

사실 요약하기나 토론하기 역시 이해 측정하기에 포함되는 것들이다. 전자는 사실적이고 후자는 추론적, 평가적이라고 할 수 있겠다. 또한 이해 측정하기 문제는 읽기 후 활동인 동시에 읽기 전 활동이 되는 것이 적합하다. 읽기 전 활동에서는 글을 읽는 목적을 제시해 주기 때문에 효과적일 수 있다.

7.2.3.2 지도망 만들기(Mapping)

학생들의 읽은 것에 대한 전반적인 이해를 확인하는 방법으로 도표나 그림 형태로 글의 전개를 나타내는 것이다. 한 눈에 자신이 읽은 것을 알아 볼 수 있고 글의 전개과정에 대해 평가해 볼 수 있다.

읽기 내용을 학습한 단어들의 상호관련성으로 나타내 보도록 하는 의미 지도망(semantic mapping) 만들기도 다른 활동과 마찬가지로 학생의 수준에 따라 통제의 정도를 달리하여 사용하는 것이 중요하다. 예를 들어 수준이 낮은 학생에게는 망의 전체 구도를 그려 주고 중간중간 빈 칸을 채우게 하고 수준이 높은 학생에게는 전체를 혼자서 만들어 보게 할 수 있을 것이다. 읽기 전 활동에서 보여준 |그림 2|가 좋은 예이다. 읽기 중 활동의 예로 다룬 수사구조 지도에서 Hess(2001)가 제시한 개요표(p. 188) 역시 유사한 지도방법으로 읽기 후 활동으로 이용될 수 있겠다.

7.2.3.3 단어노트(Vocabulary notebook 또는 Vocabulary cards)

매 단원을 정리하는 단계에서 읽기 후 활동으로 학생들 각자 기억이 잘 안 되는 단어(군)들을 선택하여 교과서 예문과 함께 적어서 외우게 하여 개별점검을 해주는 것이다.

7.2.3.4 구두보고(Oral report)

읽기 내용과 관련된 소집단 과업학습 과제로 인터넷이나 도서관에서 정보를 찾아 완성하여 구두로 발표하게 한다. 듣기, 말하기, 읽기, 그리고 쓰기가 통합된 지도(intergrated-skills instruction)가 될 것이다.

이 장에서 다룬 학습활동들은 대부분 정독에 사용하는 것들이다. 그러나 여러 번 강조한 바 궁극적으로는 독자적인 독서가(independent reader)를 키우는 것이 읽기지도의 목적이다. 따라서 그렇게 성장하는데 필요한 기본 능력을 키워주어야 한다. 그리고 모국어에서와 마찬가지로 독서의 시기는 가능하면 빨리 시작하여 습관화 되어야 하므로 영어 교실에 읽을거리를 많이 비치해 두는 것이 중요하다. 또한 개별지도를 위하여 대학생 교육봉사제도를 활용하는 것도 큰 도움이 될 것이다. 제시된 활동들에서 알 수 있듯이 읽기 역시 다른 기능과 통합적으로 이용하면 효과적이다.

제7장 정 리

언어의 네 기능 중에서 듣기가 가장 기본이라고 한다면 읽기는 일반적으로 가장 중요한 기능이라고 할 수 있는데 이러한 인식은 정보화 시대를 살아가는 오늘날 더욱 당연하게 받아들여진다. 누구나 인터넷을 통해 들어오는 수많은 정보를 선별하여 활용하지 않으면 안 되게 되었기 때문이다. 그렇다고 하여 딱딱한 정보 수집만이 읽기의 유일한 목적은 아니다. 부담 없이 오락의 성격을 지닌 읽기도 중요하다는 뜻이다. 간단히 표현하면 정보와 오락이 읽기의 궁극적인 목표이다.

이론적인 측면에서 살펴보면 읽기에서 사용하는 문어의 특성은 시간적 제한, 독자와의 거리, 철자 인식, 문법의 복잡성, 어휘, 형식성면에서 나타난다. 그리고 읽기는 듣기 과정과 마찬가지로 상향식 과정(bottom-up processing), 하향식 과정(top-down processing), 그리고 상호작용 과정(interactive processing)을 통해 진행된다. 한편 우리나라의 영어 학습자들이 영어 읽기를 할 때 흔히 적용하는 읽기 과정은 주로 상향식 과정으로써 읽기 자료나 목적에 따라 훑어읽기(skimming), 골라읽기(scanning), 비판적읽기(critical reading) 등 각기 다른 전략을 사용하지 않기 때문에 불필요한 시간 낭비가 많고 나아가 무조건 모든 것을 다 알아야 한다는 잘못된 읽기 습관을 배운다. 이는 읽기의 종류 중 다독(extensive reading)은 거의 하지 않고 정독(intensive reading)에 치중하는 우리의 영어교육 상황과도 밀접한 관계가 있다.

한편 다독을 유도할 수 있는 유인책으로 학습의 초기 단계부터 책의 선정에 있어 세심한 주의가 필요한데 어휘와 구조를 단순화한 것(simplified version)보다 가능한 한 진본(authentic) 그대로 사용하는 것이 흥미도 차원에서 권장된다. 대학생에게 청소년 대상의 작품 추천은 한 가지 방법이다. 특히 난이도 측면에서 독립적으로 읽을 수 있는 수준(independent level)에 맞춰 주어야 한다. 다독과 관련하여 전문서적을 읽는 순서로 SQ3R을 활용하는 방법도 있다.

교실수업의 대부분을 차지하는 정독에서 사용할 수 있는 읽기 전 활동, 읽기 중 활동, 그리고 읽기 후 활동은 듣기지도에서 다루어진 활동들이 대부분 활용되면 좋다. 그러나 읽기 중 활동에 있어서 문맥에서 의미 추측하기(guessing meaning from context), 사전 찾기, 단어지도, 문법지도, 수사구조 지도는 매우 중요한 의미를 가지므로 학습자 수준에 맞게 고안하여 적용해야 한다. 문맥에서 의미 추측하기는 특히 중요하다. 또한 읽기 후 활동의 하나인 이해 측정하기에 있어서 듣기 후 활동에서의 그것이 비교적 단순하고 사실적 질문들이라면 읽기 후 활동에서는 사고를 요하는 추론적, 평가적 질문들을 포함해야 한다는 것이다. 비판적 읽기를 의미하는데, 이것은 중요한 교육의 목표인 창의적 인간을 만드는데 기여할 수 있다.

듣기지도에서와 마찬가지로 읽기지도 역시 말하기, 듣기, 쓰기 등 다른 기능과 통합적으로 사용하면 효과적이다.

제8장

쓰기지도

제8장 쓰기지도

| 토론 |

- 자신의 영작실력이 어느 정도인지 서로 이야기해 보시오.
- 우리글과 영어글의 전개방식이 어떻게 다른지를 이야기해 보시오.
- 영어로 자유작문을 할 때 각자 어떤 순서로 하는지 이야기해 보시오.
- 작문을 결과물로 간주하지 않고 과정으로 볼 때 교사의 역할이 어떻게 변하게 될지를 토론해 보시오.

언어의 네 가지 기능 중에서 가장 소홀하게 다루어지는 부분이 쓰기이다. 특히 학교 영어수업에서는 많은 경우 쓰기와 문법을 동일시하여 정확한 영어로 문장을 만들어 내는 능력을 키우기에만 관심을 가진다. 영어 교과서의 연습문제 부분에서도 통제된 연습, 즉 대체로 보기를 주고 기계적으로 주어진 단어를 같은 위치에 대치하게 하거나 두 개의 문장을 접속사, 관계대명사 등을 이용하여 연결하게 하거나 우리말을 주어진 단어를 이용하여 본문에 나오는 문장과 유사하게 영어로 번역하게 하는 것 등이 전통적으로 많이 사용되어 왔다. 이와 같은 교수방법에 익숙해 온 학생들에게 영어에서의 진정한 쓰기는 거의 관심 밖이다. 이는 사설 학원의 교육과정에 영작문은 거의 포함이 안 되어 있는 것만 보아도 알 수 있다.

쓰기는 그 자체로서의 의미도 중요하지만 듣기, 말하기, 읽기와의 밀접한 관계로 인하여 중요성이 더해진다. 직접 쓰는 연습을 해 봄으로써 듣기나 읽기와 같은 이해를 요하는 기능에서 가장 중요한 예측 능력이 생기는 것이고 또한 조리있게 말할 수 있는 능력이 키워질 수 있기 때문이다. 아울러 모국어로 쓰는 능력에도 쉽게 전이가 된다. 이러한 중요한 기능인데도 불구하고 교사가 감당할 수 없는 정도의 많은 학생 수, 대학입시에서의 쓰기 평가 항목은 제외되어온 현실 그래서 대부분의 학생에게는 불필요하다는 잘못된 인식, 또는 교사 자신의 능력부족 등을 이유로 진정한 쓰기지도는 영어교육에서 무시되어 왔다. 그러나 이러한 상황은 변화해야 한다.

한 마디로 말하기 지도의 목적이 말로써라면 쓰기지도의 목적은 글로써 학생이 자신의 의사를 정확하고, 분명히, 그리고 적절하게 표현할 수 있게 하는 것이다. 이를 위하여 기초단계에서는 정확성에 더욱 초점이 맞추어져야 하고 점차적으로 언어적으로 명확하면서도 상황적으로 적절하게 자신의 의사를 전달할 수 있는 논리적인 글쓰기 연습의 비중을 더해 가야 할 것이다.

8.1 쓰기에 관한 이론

쓰기지도의 목적에 관한 시각의 변화는 무엇을 의미하고 언어에 따라 쓰기의 전개과정이 어떻게 다른가를 찾아낸 Kaplan의 대조 수사이론은 무엇이며 쓰기 연습은 어떻게 분리되는가를 살펴보기로 하겠다.

8.1.1 쓰기지도에 대한 관점의 변화

전통적으로 쓰기 교육에 대한 연구는 최종적인 결과물(product)에만 관심을 가졌었다. 따라서 교과서 역시 언어구조에 초점을 맞추었었다.

그러나 1970년대 이후 글을 쓰는 과정 전체를 중요시해야 한다는 새로운 인식과 함께 글쓰는 이의 생각이 어떻게 떠올라 전개되어 가고 완성되는가 하는 전체적인 과정에 더욱 관심을 가지게 되었다. Murray(1978, 1980)는 쓰기 과정에서의 주요 단계를 연습(rehearsing), 개정(drafting), 그리고 교정(revising)의 셋으로 보고 이들이 의미를 찾기 위해 상호 계속적으로 작용을 한다고 하였다. 한편 Sommers(1980)는 글쓴이는 경험이 많을수록 자신의 글을 전체적으로 바꾸어 갈 능력이 있는데 반해 경험이 적을수록 제한적으로 정해진 규칙에 따라서만 수정을 해 나가는 경향이 있다고 지적하였다. Rose(1980)는 'writer's block'[1]이라는 용어를 사용하여 쓰기를 잘 할수록 규칙에 얽매이지 않고 융통성을 가지지만 규칙을 따르는데 치중하게 되면 오히려 자신의 생각을 제대로 표현하지 못하게 된다고 하였다.

영어를 외국어로 배우는 학생들에게 가장 많이 적용하는 문법 중심의 수업운영에 관해서는 그것은 작문과는 별개이므로 초보자에게도 작문에서 포함되는 과정을 깨우칠 수 있는 기회가 주어져야 한다는 지적도 있다(Taylor, 1976).

간단히 종합하면 언어 능력의 향상이 작문에 필수적이기는 하지만 그것은 끝이 아니라 시작이라는 것이다. 그러므로 작문에서 중요시되는 진정으로 독자가 이해할 수 있는 글을 쓰게 하기 위해서는 학습자의 언어능력을 기초로 하면서 과정을 중시하는 작문 교육이 바람직하다는 것이다(Zamel, 1982). 이러한 견해는 작문을 의미를 발견해가는 과정(process of discovering meaning)으로 간주하고 교사, 그리고 학급 친구

1) 'writer's cramp' 또는 'mental block'이라고도 한다. 한편 오늘날에는 쓰기에 대한 사회적 시각(social view of writing)이라 하여 저자가 속한 사회적 환경에 맞게 지도해야 한다고 하기도 한다(Lee, 2008).

와의 계속적인 대화를 통한 수정작업이 중시되어야 함을 의미한다.

이와 같이 쓰기의 발달과정에 관한 새로운 시각이 쓰기지도에 변화를 가져왔음에도 불구하고 이미 지적하였듯이 우리의 영어 작문교육은 개선의 움직임이 거의 보이지 않는다. 쓰기 과정에 대한 중요성이 새롭게 인식되어 우리 상황에 맞는 방법이 여러 가지로 개발되어야 하겠다.

8.1.2 대조 수사구조(Contrastive rhetoric) 이론

대조 수사구조는 Robert Kaplan(1966)이 언어에 따라 각각의 독특한 쓰기 양식이 있다고 주장한 이후 사용되기 시작한 용어이다. 그는 아래의 표를 사용하여 대표적인 몇 개 언어를 비교하였다.

▌그림 5▐ Patterns of Written Discourse

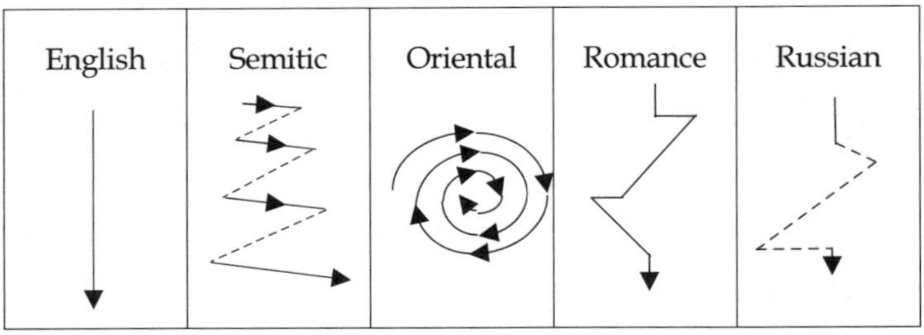

(Kaplan, 1966, p. 14)

여기서 영어와 동양어만을 비교해 설명하면 영어는 직선으로 진행하는 반면 한국어나 일본어와 같은 동양권의 언어에서는 빙빙 돌려서 의사를 전달하는 특징이 있다는 것이다. 이는 첫 문장에서 이미 주제를 분명히 나타내고 이를 뒷받침하는 증거를 예를 통하여 제시하는 영어의 일반적 설명문의 직접적 양식과 비교할 때, 주변의 상황으로부터 시작하여 글의 목적과는 별 상관이 없는 것들을 나열하다가 마지막 부분에 가서야 목적을 간단히 언급하는 우리글의 간접적 양식이 상호간 오해의 가능성을 충분히 예측하게 한다는 것을 암시한다. 영작문을 잘하기 위해서는 영어로 사고하는 습관이 필요함을 보여주는 부분이다.

8.1.3 쓰기연습의 종류

4장의 문법지도 부분에서 문형연습을 응답의 통제 정도에 따라 기계적 연습, 유의적 연습, 의사소통적 연습으로 구분하고 이들은 자유로운 의사소통(free communication)이라는 영어교육 목표 달성에 필요한 단계임을 지적한 바 있다. 쓰기에서도 이와 비슷하게 통제작문(controlled composition or notation / writing practice), 중간 통제작문(semicontrolled composition or guided writing), 그리고 자유작문(free composition or expressive writing)으로 구분하기도 하고(Paulston & Bruder, 1976; Rivers, 1981), 전시작문(display writing)과 실제 작문(real writing)으로 구분하기도 한다(Raimes, 1991).

이들 각각을 간단히 정의해 보면 다음과 같다.

1) 통제작문(Controlled composition)

내용과 사용되는 어휘 및 구조가 교사에 의해 통제된다. 교실 수업에서 영어교사들이 거의 주로 사용해 온 쓰기 연습방법이다.

2) 중간 통제작문(Semicontrolled composition)

내용은 통제되지만 어휘나 구조의 통제는 표면상으로는 거의 없다. 그러나 학생은 자신들이 익힌 것들을 거의 정해진 테두리 안에서 사용하게 된다. 통제작문에서 자유작문으로 진행해가는 과정에서 중간 단계의 역할을 한다.

3) 자유작문(Free composition)

자신의 개인적 생각(personal meaning)을 표현하기 위하여 교사의 통제를 받지 않고 자유롭게 쓰는 작문이다. 쓰기지도의 궁극적 목표가 된다.

4) 전시작문(Display writing)

독자에게 새로운 정보를 제공하기 위해서가 아니고 단순히 자신의 지식을 보여주기 위하여 작문을 하는 것이다. 교실수업에서 학생들은 단순히 자신이 학습한 것을 교사에게 보여주기 위하여 작문을 하고 교사는 학생이 쓴 작문을 통해서 그들의 이해도를 측정한다. 따라서 이는 대부분 전시작문에 속할 것이다. 통제작문과 중간 통제작문을 포함한다.

5) 실제작문(Real writing)

독자에게 진정으로 정보를 줄 목적으로 작문을 하는 것이다. 교실 수업에서는 자유작문이 이에 속할 것이다. 구체적으로 어떤 문학작품이나 신문, 잡지기사 등을 읽고 자신의 생각을 글로 표현한다든지 편지작성, 이력서 작성, 자기소개서 작성 등이 포함된다.

8.2 학습활동

통제의 정도에 따른 작문의 종류에 따라 통제작문, 중간통제작문, 자유작문으로 구분하여 토론해 보겠다.

8.2.1 통제작문(Controlled composition)

정확하게 쓰는 훈련(accuracy)을 목적으로 한다.

8.2.1.1 베껴 쓰기(Copying)

한국어와 영어는 서로 전혀 다른 철자를 사용하기 때문에 기초단계에서 정확하게 베껴 쓰는 연습이 필요하다. 이 때 베껴 쓰는 내용은 이미 구두 연습이 된 것이어야 하고 쓰면서 동시에 발음을 해 보게 함으로써 철자와 발음의 관계를 익히게 한다. 아울러 구두점, 대문자 사용 등에 유의하도록 한다. 단어들을 순서 없이 배열한 후 이를 다시 배열하여 올바른 문장이나 글을 써 보게 하는 연습 또한 베껴 쓰기에 속한다.

student　is　there　a　classroom　the　in

교과서에서 많이 다루어지는 문장 통합 연습(sentence combining exercise)중에서 다음과 같은 것 역시 베껴 쓰기이다.

Combine the two sentences using the word given.
a. Mary went to school. (and)
b. Joan went shopping.

문법지도에서 다룬 주어진 빈도부사, 형용사 등을 적절한 위치에 삽입하는 확대연습(expansion drill)이 글을 통해서 될 때도 단순한 베껴 쓰기이다.

8.2.1.2 암기하여 쓰기(Reproduction)

교과서에서 이미 익힌 문장을 그대로 암기하여 써 보게 하는 것이다. 대화체의 글 중간 중간을 빈칸으로 만들어 앞 뒤 연결에 유의하여 외워서 채워 넣게 하거나 그림을 주고 암기한 것을 쓰게 하거나 글 전체를 암기하여 써 보게 하기 등 여러 가지다. 교과서에서 많이 다루는 번역

(한국어→영어)문제가 또한 거의 이에 속한다. 이 밖에 글의 이해를 측정하기 위한 문제 중에서 내용 중 일부를 그대로 암기하여 글로서 답하는 것 역시 여기에 포함된다. 단어와 마찬가지로 문장 전체를 암기하는 습관은 외국어 학습에서 매우 중요하다. 비슷한 상황에서 재생될 수 있기 때문이다. 문제는 적절하게 그것들을 재생하여 사용하게 하는(recycling) 기회를 체계적으로 제공해 주지 못하는 데 있다. 교사의 역할이 필요한 부분이다.

8.2.1.3 받아쓰기(Dictation)

교사나 녹음기의 소리를 듣고 받아쓰는 것으로 듣기와 쓰기를 동시에 연습하게 된다. 받아쓰기에서 대체로 사용되는 절차는 첫 번째, 우선 정상적인 속도로 듣고 나서 두 번째, 의미 있는 단어군에서 끊어질 때마다 받아쓰고 마지막으로, 다시 정상적인 속도로 들으면서 쓴 것을 확인하는 순서로 진행한다. 필요하면 읽어주는 회수를 늘이되 속도는 정상을 유지하도록 해야 하는데 왜냐하면 부정확한 발음을 익힐 수 있기 때문이다.

8.2.1.4 재조합하여 쓰기(Recombination)

구두로 그리고 읽기로 배워서 아는 내용을 글로 재조합하는 연습이다. 문법지도에서 다룬 문장 단위에서의 대치연습, 완결연습, 변형연습, 확대연습, 통합연습들이 단순한 베껴 쓰기나 암기하여 쓰기에 그치지 않고 배워서 알고 있는 내용을 이용하면서 재조합하여 쓰는 연습일 때 재조합하여 쓰기가 될 것이다. 이는 더 나아가 글 전체를 지시에 따라 재조합하는 것이 되기도 한다. 몇 가지 예를 나열해 보겠다. 우선 다음의 세 가지 종류의 전환연습(conversions)이 있다(Paulston & Bruder, 1976, pp. 215-223).

대치 전환 연습(Substitution conversions)

Model: from Clarence Day, *Life* with *Father*

Father had the same character as a boy, I suppose, that he had as a man, and he was too independent to care if people thought his name fancy. He paid no attention to the prejudices of others, except to disapprove of them. He had plenty of prejudices himself, of course, but they were his own. He was humorous and confident and level-headed, and I imagine that if any boy had tried to make fun of him for being named Clarence, Father would simply have laughed and told him he didn't know what he was talking about.

Assignment:

Rewrite the entire passage, changing the word *Father* to *Mother* each time it appears. Remember to change the pronouns, nouns and names wherever it becomes necessary.

변형 전환 연습(Transformation conversions)

Change the following sentences from passive to active voice.

Note: If there is no agent, you must supply one as the subject in the active voice.

1. First I was directed to my seat by the stewardess.
2. We were told to fasten our seatbelts.
3. A few minutes after take-off, magazines and newspapers were distributed.
4. I was given some gum to chew because my ears hurt.
5. We were given instructions on what to do in case of an emergency.

The student's composition will be something like this:
First the stewardess directed me to my seat. Then she told

us to fasten our seatbelts. A few minutes after takeoff, the stewardess distributed magazines and newspapers. One of them gave me some gum to chew because my ears hurt. The captain gave us instructions on what to do in case of an emergency.

산문을 다시 대화체로 바꾸거나 반대로 대화체의 글을 산문으로 바꾸게 하는 것도 변형 전환 연습이다. 다음은 확대 전환 연습의 예이다.

확대 전환 연습(Modification conversions)

Directions:

Complete the following paragraph of partial statements with time clauses in the simple present tense, underlining the time clauses.

Hing will go to the college cafeteria in a few minutes for another meal. He will take off his cap as soon as.... He will not take off his coat until after.... He will continue to carry his briefcase while....

단순한 문장을 주고 소집단별로 가능한 단어들을 삽입하여 최대한 확대하는 연습도 있다.

The cat likes milk

The big, gray, clever cat that belongs to my wonderful, eighty-two-year-old grandmother, who lives on eighty-second street in New York City on the 5th floor in a large apartment house, really and truly likes only chocolate flavored, slightly heated, evaporated milk in the afternoon.

(Hess, 2002, p. 122)

다음은 적절히 단어나 구를 삽입하여 글을 매끄럽게 연결하는 확대 전환연습의 또 다른 예이다.

Factual Account:

American higher education has a rural tradition. America began as a civilized but rural nation. Its first colleges and universities quite naturally began in the country. Land was cheap in rural areas. It was less expensive to build schools there. Country people thought city life would have a bad influence on their children. They wanted them to go to rural schools.

연결부사(구)를 적절하게 첨가하여 전체를 자연스럽게 연결시키면 다음의 글이 만들어진다.

Unified Report:

American higher education has a rural tradition for three reasons. First, America began as a civilized but rural nation. Therefore, its first colleges and universities quite naturally began in the country. Also, land was cheap in rural areas, so it was less expensive to build schools there. In addition, country people thought city life would have a bad influence on their children: thus they wanted them to go to rural schools.

재조합하여 쓰기에 dicto-comp라는 기법이 또한 포함된다. 받아쓰기(dictation)와 작문(composition)을 합한 것으로 절차는 먼저 하나의 글(a passage)이 읽혀진 후 학생은 개별적으로 또는 다른 학생(들)과 함께 가능한 원문에 근접하게 들은 내용을 다시 써야 한다. 기억을 통해서(흔히 교사가 주요 단어 등을 제시해 줌) 들은 내용을 다시 조합하여 쓰는 것이다. dictogloss 또는 grammar dictation이라고도 한다.

이 밖에도 글의 이해를 측정하기 위한 문제 중에서 개별적인 추론이나 평가 등을 요하는 것이어서 자신의 생각을 알고 있는 단어와 문장 구조를 재조합하여 표현해야 하는 것이 또한 여기에 해당될 것이다. Rivers(1981)는 재조합 받아쓰기 연습(recombination dictation)이라는 용어를 사용하기도 하였는데 이것은 말 그대로 재조합과 받아쓰기를 합한 뜻이다. 예를 들면 대화체 문장들을 재배열하여 받아쓰게 하는 것 등이다.

8.2.2 중간통제작문(Semicontrolled composition)

Rivers(1981)는 'guided writing'이라고 하여 교사의 철저한 감독을 필요로 하는 쓰기 단계에 중간통제 작문을 포함시켰다. 전체적인 개요를 글이나 그림으로 주고 이를 토대로 글을 써 보게 하거나 여러 개의 질문을 주고 이들에 대한 답을 쓰면서 자연스럽게 글을 전개하는 것 등을 예로 들기도 한다. 주제문인 첫 문장을 주고 몇 개의 문장을 더하여 한 문단의 글을 완성시키는 연습은 상급수준의 학생에게 적절할 것이다. 한편 문장 통합 연습(sentence combining exercise)이지만 다음의 예는 중간통제 작문에 해당하는 것이라고 볼 수 있다(Thiede-Gonzo, 1983).

Directions: Combine the following sentences into an effective paragraph.

1. Anteaters are mammals.
2. Anteaters are found in tropical America and Africa.
3. Anteaters have long snouts.
4. Anteaters feed on white ants.
5. White ants are also called termites.
6. The ant bear, the three-toed anteater, and the silky anteater are common types of anteaters.

7. Anteaters are mammals.
8. Anteaters are found in tropical America and Africa.
9. Anteaters have long snouts.
10. Anteaters feed on white ants.
11. White ants are also called termites.
12. The ant bear, the three-toed anteater, and the silky anteater are common types of anteaters.
13. These common types have mouths.
14. The mouths are small.
15. These common anteaters have tongues.
16. These tongues are long.
17. The tongues can be extended to catch insects.
18. Anteaters have claws.
19. The claws are long.
20. The claws are hooked.
21. The hooking is for digging insect nests.
22. The claws are strong.
23. The claws are sharp.
24. The strength and sharpness are for self-defense.
25. The anteater generally sleeps during the day.
26. The anteater is a nocturnal animal.
27. The anteater's tail is curled around him.
28. The tail protects him from the enemies.

It should be obvious that an exercise such as this one has a number of possible solutions, one of which is given below.
Anteaters, found in tropical America and Africa, are mammals which have long snouts with which they feed on white ants, also called termites. The ant bear, the three-toed anteater, and the silky anteater are common types of anteaters which have small mouths and have long tongues which can be extended to catch insects. Anteaters have long, hooked claws for digging insect nests. For self-defense, the claws are long and sharp. The anteater is a

nocturnal animal which generally sleeps during the day with his tail curled around him to protect him from his enemies.

특히 문장 통합연습은 원어민에게나 외국인에게 다 같이 효과적인 영어 교수 기법이라는 연구가 많다(Combs, 1976; Morenberg, et al., 1978; O'Hare, 1973; Vitale, et al., 1971). 이는 구조적 숙달(syntactic fluency)을 통하여 학생들에게 자신감을 가져다 주었으며 상급수준의 학생들에게는 그 자체를 게임이나 퍼즐처럼 인식하게 해 준다는 것이다. 이 단계에서는 구두언어와 문자언어의 차이를 인식하도록 하는 것이 또한 중요하다.

8.2.3 자유작문(Free composition)

주제를 주고 자유롭게 작문을 해보게 하는 연습이다. 자신이 아는 언어적 지식을 동원하여 자신의 생각을 자유롭게 글로써 표현하는 것이기 때문에 이것을 얼마나 할 수 있느냐에 따라 쓰기지도의 목적에 이르는 정도를 가늠할 수 있을 것이다. 중요한 사실은 쓰기 능력 또는 기술 역시 쓰기 연습에 의해서 향상된다는 것이다. 그 뿐만 아니라 통제작문과 중간통제 작문 연습에서 배운 구문과 어휘를 실제 사용해 봄으로써 진정한 쓰기를 하게 되고 이를 통하여 더 유능한 독서가가 될 수 있으며 동시에 구두언어에도 긍정적으로 영향을 주게 된다. 다시 말해서 자유작문을 많이 할수록 작문실력 뿐 아니라 다른 언어기능에도 전이되는 긍정적 효과를 가져올 수 있다는 것이다. 자유작문 도입 시기로는 어느 단계의 학습자라도 가능하다고 하겠다. 또한 Paulston과 Bruder(1976, p. 230)의 다음과 같은 지적에 유의할 필요가 있겠다.

> In addition to the controlled compositions, students on the beginning levels need to write occasional free compositions. Students need to give vent to their feelings, put across their own ideas and get a feeling of independent achievement in the new language.

한 가지 좋은 방법으로 쓰기와 읽기를 통합한 읽기저널 (또는 dialog journal writing)은 어느 단계에서나 사용할 수 있는 자유작문 연습이다. 교사와 학생 간에 교환하는 쓰기 대화로 예를 들어 시 등 텍스트를 읽고 학생이 교사에게 느낌을 영어로 써서 제출하면 교사가 답을 영어로 쓰고 학생이 다시 의견을 제출하면 또 다시 답하는 식으로 끊임없이 대화가 글로 교환 된다.

자유작문에서 특히 고려할 주요 사항은 작문의 주제와 수정방법이다. 이들 각각에 대하여 좀 더 토론해 보기로 하겠다.

8.2.3.1 작문의 주제

표현의 기술인 말하기에서와 마찬가지로 주제는 학생들 대부분에게 흥미나 관심이 있어서 쓸 내용이 있는 것이어야 한다. 대체로 단원에서 다루는 내용과 직, 간접으로 연관되거나 특별한 날(역사적 사건, 민속적 전통, 학교 행사 등)에 관하여 수업 중에 또는 과제로 하게 된다. 영어실력이 낮을수록 그리고 나이가 어릴수록 'My Name,' 'My Best Friend,' 'My Best Teacher'와 같은 친근한 주제를 택하게 된다. 한편 점차 상급단계로 진행하게 되면서 추천도서를 읽고 독후감을 쓰게 하고 신문 기사를 읽고 요약 및 비판을 해 보게 하기도 하며 단독으로 또는 소집단 과제로 주어진 주제에 대한 자료를 수집하여 정리해 보게 할 수 있다.

지속적이고 좀 더 일상적 문체의 글 연습을 위해서는 일기를 영어로 써 보게 하는 것이 좋고 편지글 형식은 펜팔을 소개하여 편지를 주고받게 함으로써 자연스럽게 익혀 갈 수 있을 것이다. 작문의 분량에서도 단계적으로 진행해야 한다. 초보단계에서는 100단어 이하에서 시작하여 점차 단어 수를 늘려 가는 것이다. 한편 작문을 구두 언어지도와 동시에 하기 위하여 자신(들)의 작문을 구두로 발표하게 하는 기회를 주는 것도 효과가 있을 것이다.

8.2.3.2 작문의 오류 수정(Error correction)

학생들의 작문을 수정해 주기 전에 고려해야 할 다음의 네 가지 사항은 매우 중요하다(Hendrickson, 1980). 첫째는 글의 목적이다. 논문 형식의 매우 공식적인 글을 쓰는 것이 목적일 때와 친구간의 간단한 초대나 감사의 글이 목적일 때와는 수정방법이 다를 것이다. 전자에서는 훨씬 더 완벽한 글을 쓰게 하는 훈련이 필요하다. 둘째는 학생들의 실력이다. 실력이 낮을수록 더 직접적인 수정방법이 적당하다. 셋째는 오류의 종류와 빈도수이다. 글의 이해를 왜곡시키거나 방해하는 오류는 즉시 수정을 요하고 아울러 반복해서 생기는 오류일수록 더 세심한 주의가 필요하다. 마지막으로 오류에 대한 학생의 긍정적 태도이다. 언어학습에서 오류는 학습의 한 과정이어서 자연스럽고 불가피하다는 인식으로의 전환이 필요하기 때문에 오류에 대한 영어 교사의 긍정적 태도가 매우 중요하다는 말이다. 한 가지 더 추가하면 교사가 수정에 할애할 수 있는 시간이다. 이와 같은 사항을 염두에 두고 전통적인 오류의 직접수정 또는 오류의 정확한 위치와 종류의 지적으로부터 오류에 대한 표시만을 하고 학생스스로 알아서 고치게 하는 식의 간접적 수정 방법까지 다양하게 사용할 수 있을 것이다. 간단히 글에 대한 교사의 의견만 쓰고 구체적으로 어떤 표시나 지시를 하지 않을 수도 있다. 혹은 모국어 쓰기 지도에서 쓰이는 교사와 학생의 개별 만남(writing conference)을 통해 오류에 대해 함께 토의하는 과정에서 원인을 찾아 개선해 나가는 방법도 있다.

한편 오류 수정에 있어서 교사만이 유일한 독자가 되어서는 안 된다. 독자중심의 쓰기(reader-based writing)가 되게 하려면 적어도 친구들끼리 짝이 되어 서로의 글을 읽고 내용과 문법에서 잘못된 것을 지적하게 한 후(peer correction) 이를 토대로 일단 다시 써보게 하는 절차가 요구된다. 그 후 교사가 두 개를 비교하며 확인해준다면 읽기와 쓰기를 동시에 지도할 수 있고 더욱 비판적으로 자신의 글과 다른 사람의 글을 평가할 수 있는 훈련을 하게 된다. 결국 특히 학생의 자유 작문은 일단 교사의 한 번 수정으로 끝나서는 별 의미가 없다는 말이기도 하다. 다시 말해서 시작에서부터 최종적으로 글이 완성되기까지 여러 번의 수정 과정이 중요하다는 뜻이다. 작문에서 중요한 요소인 내용, 체제, 통일성, 문법, 철자, 구두점 등은 결코 한 두 번의 과정으로 완성될 수 없기 때문이다. 이것은 작문을 의미를 찾아가는 과정으로 인식하게 된 비교적 최근의 이론으로 설명할 수 있다. 다음의 자유 작문의 완성과정을 살펴보면 이러한 필요성을 직접 확인해 볼 수 있을 것이다[2].

Topic: My Name

Free Writing 1

My Name

Actually I don't like my name, because a lot of people have the same name as mine. I want to have a special name that unique in the world. In Korea, there are many people whose name is—.[3]

---

2) 다음의 글은 2000년 가을 학기에 미국의 한 어학연수 기관에서의 수강 과목에서 한국 학생이 작성한 실제 글이다.

3) '—'는 실제 이름을 대신하여 사용하였다.

(The main idea of this paragraph is that your first name is very common in Korea and has caused so much confusion that you'd change it if you could. Write a topic sentence stating this.)[4]

① When I was a middle school student, there were three —s in my classroom including me and the science teacher's name was —. ④ So we made a rule and called each of us like — A, — B, and — C. Also the name was recorded A, B, and C in the roster. ③ While in class, something interesting often happened. For instance, when some teachers appointed — to answer some questions, all three —s stood up at the same time.

② In the beginning of the semester, my classmates often got into trouble to distinguish three of us. ⑤ I was — B in my classroom. It was not good to hear somebody called me B.

The same confusion happened when I enter the high school and university, because there were always a lot of —s. (*Who? Tell what happened!*) Now I have adjusted pretty well getting along with a lot of —s around me.

However, my name has not only disadvantages but also advantages. The name, —, is so familiar that everybody memorizes it easily and they hardly forget it. But it maybe be so only in Korea. If there is a chance, I want to change my name.

(*Do you mean there were 3 students named — "plus" the teacher?*)

Descriptive Response Sheet for Draft #1[5]

1. Read your partner's first draft once just for the meaning.
2. Read the first draft a second time and respond to the following questions:

4) Italic체는 담당교사의 평이다.

5) 앞의 글을 다른 학생이 읽고 평가한 것이다.

3. Read your partner's first draft once just for the meaning.
4. Read the first draft a second time and respond to the following questions:
   a. Who is the audience for this first draft?
      It could be anybody.
   b. Is this first draft about one idea? YES <u>NO</u>
      If "YES," what is that idea?
      If "NO," how many ideas are there? 2 3 4 Other #__
      What are they?
      1) *She doesn't like her name*
      2) *It is name for girls too and very popular*
      3) *She wants to change her name*
   c. Are there specific details in this first draft? <u>YES</u> NO
      If "YES," which details are memorable?
      A lot of girls at school had same name like — and they were called — A, — B, — C
3. Share your responses with your partner.

Draft 3

My Name

My name — <u>has caused</u> people much confusion <u>during my school days in Korea.</u> (*completed action in the past*) (*For example,*) When I was a middle school student, there were three —s in my classroom, including me. Even the science teacher's name was —. So there were four —s all together. In the beginning of the semester, my classmates often got into trouble trying to distinguish the three of us. Even teachers were confused. <u>For instance, when</u>(×) *When* some teachers appointed — to answer some questions, all three —s stood up at the same time. So we made it a rule to call each of us as — A, — B, and — C. Also the names was recorded A, B, C, in the roster. I was — B in my classroom and actually it was not good to hear somebody call me just B.

(*Another example of*) The same confusion happened when I entered university. For instance(×), there were two —s including me in my class. (*which class?*) One day, the other — was absent. When the professor called the roll, I answered for her by mistake and I had to explain about it later.

Wherever I go in Korea(×), some(×) (*the*) troubles like the above(×) (*that*) always happen because of a lot of —s (*in Korea*). (*These are just two examples. Is there a third example of confusion in high school? Three examples are always best!*)

Draft 4

My Name

My name — caused people much confusion during my school days in Korea.

For example, when I was a middle school student, there were three —s in my classroom, including me. Even the science teacher's name was —. So (*Coordinating conjunctions don't begin sentences.*) there were four —s all together. In the beginning of the semester, my classmates often got into trouble (*trying to*) distinguish (*the*) three of us. Even teachers were confused. When some teachers appointed — to answer some questions, all three —s stood up at the same time. So we made it a rule to call each of us as — A, — B, and — C. Also the names was recorded A, B, C in the roster. I was — B in my classroom and actually it was not good to hear somebody call me just 'B'.

Another example of the confusion was when I was a high school student. In my class, we usually wrote down the dates of the classmates' birthday in the back of the classroom in order to celebrate each of them. There were two —s including me this time. When it was the other —'s birthday, some of my classmates thought that it was my birthday. So they gave presents to me and not only I but also the other — were(×) (*We were*) very embarrassed on that day.

Still another example of the same confusion happened when I entered university. There were also two —s including me in my history class. One day, the other — was absent. When the professor called the roll, I answered for her by mistake. So I had to explain about it later.

These are just three examples of the troubles that always happen because of a lot of (*no-no word, look for synonym*) —s in Korea.

Draft 8

My Name

My name — caused people much confusion during my school days in Korea. For example, when I was a middle school student, there were three —s in my classroom, including me. Even the science teacher's name was —, so there were four —s all together. In the beginning of the semester, my classmates would often get into trouble trying to distinguish the three of us. Even teachers were confused. When some teachers appointed — to answer some questions, all three —s would stand up at the same time. We thus made it a rule to call each of us as — A, — B, and — C, and the names were recorded as A, B, C in the roster. I was — B in my classroom and actually it was not good to hear somebody call me just "B."

Another example of the confusion was when I was a high

school student. In my class, we usually wrote down the dates of our classmates' birthday in the back of the classroom in order to celebrate each of them. There were two —s including me this time. When it was the other —'s birthday, some of my classmates thought that it was my birthday. They gave presents to me and also to the other —. We were very embarrassed on that day.

Still another example of the same confusion happened when I entered university. There were also two —s including me in my history class. One day, the other —was absent. When the professor called the roll, I answered for her by mistake and I had to explain about it later.

These are just three examples of the troubles that can happen because of the popularity of my name in Korea.

쓰기지도에서 자유 작문은 잘 사용되기만 한다면 쓰기 실력 향상에 가장 효과적일 것이다. 왜냐하면 이미 여러 번 지적하였듯이 그것이 직접 쓰기를 연습할 수 있는 유일한 기회이기 때문이다. 사실 문법이나 어휘에 초점을 맞추는 초보 단계에서의 쓰기 연습은 이와 같은 자유 작문의 기초 과정일 뿐이다. 그러나 교사의 입장에서 볼 때 너무나 많은 시간적 투자가 요구되기 때문에 한계가 있다. 그렇더라도 전체를 대상으로 model writing sample, student writing sample, peer correction 등의 방법을 활용하면서 자유작문의 기회를 최대한 주어야 한다. 언어의 네 기능과 문화지도까지 통합적으로 할 수 있는 이상적인 지도방법이 될 것이다.

제8장 정 리

쓰기 기능은 학교교육에서 많은 비중을 차지해온 것처럼 보이지만 실질적으로는 가장 소홀한 부분이었다. 그 이유는 거의 대부분의 쓰기연습은 기계적인 베껴쓰기에 그쳤을 뿐 진정한 의미의 작문은 없었기 때문이다. 그러나 자신의 의사를 정확하고 적절히 글로써 전달하기 위해서라는 쓰기지도의 목표를 달성하기 위해 학습의 기초단계부터 미미하더라도 자유작문 연습은 필요하고 다른 기능과도 통합적으로 이용하도록 다양한 기법을 적용해야 한다.

최근의 쓰기지도의 방향은 쓰기의 발달은 단계적으로 되어간다는 새로운 해석과 함께 결과가 아니고 과정을 중시하는 추세이다. 또한 교사만을 유일한 독자로 의식하던 종래의 태도를 바꾸어 시작부터 진정한 독자를 염두에 두고 그에 맞추어 작문을 시켜야 한다는 주장을 하면서 친구들이 서로 독자가 되어 글에 대한 평을 할 것을 추천한다.

대조 수사구조(contrastive rhetoric)이론은 대조분석 이론이 호응을 받던 1960년대에 나왔지만 언어에 따라 각각의 독특한 쓰기양식이 존재한다는 Kaplan의 그 이론은 지금도 선험지식으로써 읽기와 쓰기에 적용한다면 효과를 높일 수 있다.

쓰기 연습의 종류는 통제작문(controlled composition), 중간통제작문(semicontrolled composition), 그리고 자유작문(free composition)으로 구분하기도 하고 전시작문(display writing)과 실제작문(real writing)으로 구분하기도 한다. 이들 각각에 속하는 학습활동들을 적절히 사용하여 지도해야 한다. 특히 자유작문에서는 작문의 주제를 흥미있고 다양하게 대상 학생에 맞게 선정하는 것이 중요하고 오류수정에 있어서 실력에 따른 차별화나 빈도수에 따른 선별에 유의해야 하지만 무엇보다 오류에 대한 학생의 긍정적 태도가 중요하다.

제9장

문화지도

제9장 문화지도

| 토론 |

- 문화의 의미는 무엇인지 이야기하고 영어교육에서 중요한 문화의 내용에 대해 토론해 보시오.
- 외국어 교육의 중요한 목표 중 하나는 외국의 문화를 이해하고 이를 통하여 우리의 문화를 더 잘 이해하게 한다는 것이다. 영어교육에서 이를 실천하기 위한 노력을 어떻게 하는지 이야기해 보시오.
- 효과적인 문화지도 방법에 대해 토의해 보시오.

언어교육에서 일반적으로 가장 중요한 문화 부분은 언어를 모국어로 사용하는 원어민의 일상 생활양식에 해당하는 것으로써 'c' culture 또는 'small C' culture라고 부른다(Chastin, 1976; Hendon, 1980; Lafayett, 1978; Rivers, 1981). 한편 'C' culture 또는 'large C' culture는 정치, 경제, 예술 작품 등 제도적인 것들을 가리킨다. 따라서 전자인 'c' culture 또는 'small c' culture는 쉽게 눈에 띄는 인사법, 식사 습관 같은 일상 생활습관을 포함하여 생활 속에 깊이 내포되어 있는 여러 가지 언어적 그리고 비언어적인 규범(conventions)까지를 가리킨다고 말할 수 있다. 구체적으로 대화를 어떻게 시작하고 끝내는가, 실례가 안 되게 대화에 끼기 위하여 어떤 언어를 사용하는가, 어떻게 감사나 위로의 표현을 하는가, 대화시 눈의 위치는 어디에 두는가, 상대방과의 거리는 어떻게 유지하는가, 어떤 몸짓을 사용하는가 등등이다. 이미 말하기 지도의 이론적 배경에서 언어의 기능과 관련하여 잠시 언급된 부분이기도 한다.

우리는 지금까지 대체로 언어적인 요소가 모두인 것으로 잘못 인식하여 어떤 면에서는 위험한 교육을 해왔다고 할 수 있다. 예를 들어 'How old are you?' 'Are you married?' 'What is your weight?' 'How much are you paid?' 등을 기계적으로 반복시켜 암기하게 하고 뜻을 가르치지만 그것들을 어떠한 상황에서 사용할 수 있는 표현들인지에 대해서는 가르쳐 주지 않음으로써 원어민의 오해를 사게 하는 경우가 많았다. 이렇게 단순한 경우를 통해 알 수 있는 것은 언어적 표현을 잘못 사용하는 것은 아예 표현 자체를 모르는 것보다 훨씬 더 위험하다는 것이다. 후자에 있어서는 외국인이어서 그렇다는 식으로 이해되기도 하지만 전자에 있어서는 그러한 양해가 안 되기 때문이다.

이와 같은 맥락에서 볼 때 영어교육에 있어서 문화지도의 중요한 목표 중 하나는 학생들에게 영어를 상황에 맞게 그리고 오해를 가져오지 않도록 적절하게 사용할 수 있도록 가르치는 것이라고 하겠다. 따라서 언어의 네 기능에 모두 적용되는 것이다. 또 다른 목표는 물론 교육과정에도 명시되어 있듯이 외국의 문화를 통해서 우리 자신의 문화를 제대로 인식하고 그것을 영어를 사용하여 외국인들에게 소개하는 것이다.

9.1 문화지도에 관한 이론

간단히 역사적 배경을 설명하면서 영어사용 규칙과 연계시켜 보겠다.[6]

6) 미국 문화와 미국 영어를 중심으로 한다. 최근에는 영어가 국제어(EIL)가 되

9.1.1 역사적 배경

미국인의 일반적인 사고방식이라는 의미에서의 미국문화는 궁극적으로 미국의 뿌리에서 자연스럽게 찾게 된다. 이를 좀 더 자세히 설명하면 미국인들은 대체로 자유와 민주주의를 절대적으로 신봉한다. 이는 미국이 존재하게 된 근원이며 또한 존재하는 힘이기도 하다. 17세기에 그들의 조상은 종교적 탄압을 벗어나 자유를 찾아 신대륙에 정착하였고 결국 자유와 목숨을 맞바꿀 준비가 되어 있었던 것이다. 18세기 후반에 만들어져(1787년) 지금까지 그대로 사용하는 헌법에서 자유는 기본 철학으로 명시되어 있다. 그 후 빈곤과 정치적 탄압에서 벗어나기 위해 탈출해 온 유럽인들, 계속해서 이어지는 서부 개척의 힘든 원정 역시 자유 즉 독립과 부의 추구가 목적이었다. 따라서 어떤 가정적 배경, 교육의 정도, 그리고 종교적 신봉 등에 관계없이 개인의 능력에 따라 얼마든지 개인이 추구하는 목적을 이룰 수 있다는 신념을 대부분 가지고 있었다. 여기서 나온 것이 평등과 개인 존중의 원칙, 강한 독립심, 근면을 토대로 한 물질의 축적을 높이 평가하는 그들의 성향이라고 말할 수 있겠다. 특히 평등과 개인 존중의 원칙은 민주주의를 뿌리 내리게 함으로써 대화를 중요시하는 사회를 형성하게 되었다. 이러한 대화를 통해 의견의 일치를 가져오는데 익숙한 전통은 강하면서도 직선적이지만 동시에 합리적인 근거에 바탕을 둔 논리적 표현을 강조하게 된 배경이라고 설명할 수 있겠다. 또한 평등의 원칙은 비교적 비격식적(informal) 의사소통 방식을 허용한다. 한편 조국을 등지고 신천지를 찾았듯이 자신의 이상을 찾아 자리를 잡아 온 그들의 전통적인 생활방식은 많은 사람들로 하여금 한 지역에 오래 정착하기보다 자주 생활터

어 어떤 문화를 지도해야 하는가에 대해 논의가 되기도 한다. 그러나 현재 가장 큰 영향력을 행사하는 영어가 미국 영어임을 고려할 때 초·중등 학교 교육에서는 초점을 거기에 맞추고 지도하는 것이 무리가 없어 보인다. 그것이 기본이 될 때 각자 필요한 상황에서의 영어를 구사할 수 있을 것이다.

전을 옮기게 하였다. 자연히 그들은 대체로 사람들을 쉽게 사귀기는 하지만 깊게 또는 오래 사귀지 못한다는 평가를 받고 대신 사생활을 매우 중요시한다고 알려져 있다.

9.1.2 언어 규칙(Rules of speaking)

일상생활 양식에 속하는 몇 가지 규칙을 소개하겠다.

9.1.2.1 침묵(Silence)

대화를 중요시한다는 것은 침묵을 부정적으로 해석한다는 의미이기도 하다. Reisman(1971)은 사교적인 대화(social conversations)에서 지나친 침묵의 시간은 관계를 유지하는데 실패했음을 나타내는 것이라고 하였다. Hall(1966) 역시 미국인들은 혼자 있고 싶으면 문을 닫고 방에 들어가기 때문에 함께 있는 상황에서 말을 안 한다는 것은 불쾌감과 거부감을 표현하는 것이라고 하였다. 많은 경우에 침묵이 무언의 동의를 의미하는 우리의 문화와 다르다는 것을 알 수 있다. 따라서 특히 가부간의 의사를 분명히 전달해야하는 상황에서 자신의 입장을 말로써 정확히 밝히는 것이 필요하다. 이 밖에 별것도 아닌데(옷, 머리 등) 과장해서 칭찬을 한다거나 약간의 호의에도 감사의 표현을 반드시 하는 습관 역시 말로 다하려고 한다는 한국인의 부정적인 시각과는 달리 말이 긍정적으로 받아들여짐을 보여주는 부분이다.

9.1.2.2 상투적 언어(Conventional language)

일련의 단어가 함께 어떤 의미를 표현하기 위하여 일상적으로 사용될 때 이를 상투적 언어라고 부르는데 같은 의미로 'routine,' 'formula,' 'formulaic language(speech),' 'frame,' 'prefabricated language(speech)'

라고도 한다. 미국인들의 상투적 언어에서 몇 가지 특징을 들어보겠다. 우선 한국인에 비해 미국인들은 비격식적이라고는 하지만 그들 역시 대화자 간의 관계에 따라 다른 언어 양식(style)을 사용한다. 예를 들면 'Hey, what's up?'이라는 표현은 친구들 간에 오고 갈 수 있다. 그렇지 않으면 'What's the matter?'가 점잖은 표현이다. 또는 교실에서 학생이 질문할 때 'Teacher?'라는 호칭은 '선생님'을 번역한 것일 뿐 적합한 말이 아니다.[7] 당연히 'Mr.,' 'Ms.,' 'Miss,' 'Ma'am' 등을 사용해야 한다. 특히 초・중등학교에서는 수업 중에는 이들 호칭을 반드시 사용해야 한다고 가르친다. 따라서 수업 중 성을 안 붙이고 교사의 이름만을 부르는 것은 허용되지 않는다.

상투적 표현에 자기주장을 강하게 때로는 과장하여 부각시키기도 한다. 이는 'absolutely,' 'exactly,' 'certainly,' 'incredibly,' 'definitely,' 'actually' 같은 부사 그리고 'great,' 'spectacular,' 'fantastic,' 'wonderful,' 'incredible,' 'marvelous' 같은 형용사를 자주 사용하는 그들의 언어 습관에서 찾을 수 있다. 한편 헤어질 때 많이 쓰는 'Let's get together sometime'이라는 상투적 표현은 별다른 의미가 없다는 것을 알 필요가 있다.

다음으로, 상투적 표현 중 가장 많이 쓰이는 인사말(greetings)의 학습과 사용에 관해 알아보겠다. 학생들은 주로 영어노래를 따라하면서 'Hello, how are you? I'm fine, thank you. And you? I'm fine, too, thank you.'를 기계적으로 암기한다. 그 후 청각구두 교수법의 문제점 중 하나가 그대로 나타나게 되는 경우로써 원어민에게 'Hello, how are you?'라는 인사말을 건넨 후 'Fine, thank you.'라고 하거나 'Ok, how are you?'라고 하고는 그 다음에 더 이상 진행하지 않을 때 당황하게

7) 최근에는 우리나라 영어수업에서 이 호칭이 널리 사용된다.

된다. 또는 이미 아는 관계가 아닌데도 아무에게나 인사말을 건네는 미국인들을 이해하는 데는 사전 지식이 없을 때 시간이 걸린다. 이 밖에도 상투적인 표현에 불과할 뿐 그 이상의 의미는 없다는 것을 모르고 'I don't feel good'이라고 답하는 것도 상대방을 의아해하게 만든다.

9.1.2.3 대화자간의 거리

대체로 비격식적이면서도 미국인들은 대화시 남아메리카 민족이나 중동지역의 사람들과 달리 특히 가까운 관계가 아닐 때는 서로간에 일정한 거리(3-4피트)를 유지한다. 따라서 상대방이 이보다 더 가까이 다가올 때 그만큼 뒤로 물러나게 되고 복잡한 시장이나 관광지라도 서로 부딪치게 되는 경우에는 반드시 'Excuse me'라는 상투적 말로 사과를 하게 된다. 따라서 붐비는 전철이 아니더라도 어딘가를 급히 가기 위해 누군가를 부딪치고도 사과를 하거나 받을 생각을 하지 않는 한국인과는 다르다. 한국을 방문하는 미국인들이 가장 당황하는 경우 중 하나이다.

9.1.2.4 의사전달 방법

한 마디로 미국인들의 표현 방법은 솔직하고 직접적이다[8]. 이는 말하기와 쓰기에 다 같이 적용된다. 'Don't beat around the bush,' 'Get to the point,' 'Come down to brass tacks' 등은 간접적인 표현이나 접근을 경계하는 말들이다. 이는 가능하면 빙빙 돌려서 말함으로써 상대방을 당황하지 않게 하면서 자신의 의사를 간접적으로 전달하는 우

8) 그렇다고 하여 모든 면에서 자신의 감정을(부정적) 표현할 때 직접적으로 한다는 것은 아니다. 예를 들면 식당에서 waiter의 잘못으로 옷을 더럽히게 되었을 때 지배인에게 화를 내면서 'You should do something for my suit'라고 곧바로 요구해서는 안 된다(박상옥, 2002). 'I enjoyed your food tonight, but as you see, ...'식으로 접근해 가야 하는데 그렇지 않으면 'rude'한 표현 방법이 되어 상대방 잘못이기는 해도 마음을 상하게 한다.

리의 전통적인 말하기 규칙과는 반대이다. 한편 이러한 간접적 의사전달 방법에 익숙한 우리에게 'What can I do for you?' 'What do you want?'와 같은 직접적 표현으로 상대방이 대할 때 우리는 당황하게 된다. 자기소개에서도 직접적인 방법이 그대로 나타난다. 즉 우리의 경우에는 다른 사람을 통해 간접적으로 소개되는 경우가 많은데 반해, 미국인들은 장소를 가리지 않고, 직접 자신을 소개하는 것이 자연스럽다. 이 때 주로 주제가 되는 대화 내용은 'small talk'라 하여 날씨, 운동경기 등이고 앞에서 지적하였듯이 나이, 종교, 가족 등 사적인 것은 피해야 한다.

이들 일상생활에서 적절하게 사용하는 언어규칙들이 얼마나 중요한가를 몇 가지 예를 통하여 살펴보았다. 영어 교사의 역할이 단지 말을 가르치는데서 끝나지 않고 훨씬 더 근본적인 부분까지 미치고 있음을 보여준다. 즉 말하기 지도에서도 강조하였듯이 영어교사는 언어의 사회적 규칙을 알고 학생들이 이를 자연스럽게 적용할 수 있도록 도와주어야 한다.

9.2 학습활동

일곱 가지 기본적인 교수기법들을 소개해 보겠다(박상옥, 2000).

9.2.1 Culture aside or culture tip

간단히 그 때 그 때 적절한 문화적 내용을 가르쳐 주는 것이다. 예를 들면 수업에 관련된 주제를 다루는 중 'It is generally a rule to raise your hand when you want to ask a question'이라고 말해준다든지

식사에 관한 단원에서 초대를 누가 먼저 했던 'go dutch'하는 것이 보통이라는 것 등을 알려주는 것이다. 체계적인 지도가 어렵지만 그 때그 때 상황에 맞는 문화지식을 쉽게 전달해 줄 수 있다는 장점이 있다.

9.2.2 Culture capsule

최초로 이 방법을 고안한 두 사람은 Darrel Taylor와 John Sorenson이다. 자국 문화와 차이가 나는 외국문화를 간단히 외국어로 설명하는 것으로써 사진이나 실물체를 동반하는 경우가 대부분이다. 교사는 여기서 끝내지 않고 학습자의 이해를 측정하기 위한 질문을 하고 마지막으로 자국의 문화와 비교할 기회를 줌으로써 이를 통하여 자신의 문화의 특징을 측정해 보도록 해야 한다. 미국인의 아침 식사에 대한 다음의 culture capsule은 한 가지 예이다(Tiersky & Tiersky, 1975, pp. 130-131).

American Breakfast

A complete American breakfast begins with fruit or fruit juice(usually orange juice). The main course generally consists of cereal or eggs. The cereal can be either hot or cold. The eggs are accompanied by toast and perhaps bacon, ham, or sausages. For adults, coffee is the usual breakfast drink. Other popular breakfast dishes are waffles, French toast(bread soaked in eggs and milk, then fried), and pancakes--all of which are served with butter and maple syrup. However, many American adults begin the day with just a small breakfast of juice, toast and coffee.

이러한 culture capsule을 제시하는 방법은 여러 가지다:

- 교사나 tape에서 읽어주고 학습자는 듣는다.

- 교사나 tape에서 읽어주고 학습자는 프린트된 용지를 눈으로 따라간다.
- 한 학생이 대표로 소리 내어 읽고 나머지는 프린트된 용지를 눈으로 따라간다.
- 모든 학생이 프린트된 용지를 조용히 읽는다.

제시한 후에는 이해측정 질문을 통하여 읽기와 말하기 또는 쓰기와 연관을 시키도록 하고 학습자의 실력 정도에 따라 소집단 과제로 주어 culture capsule을 준비하게 할 수도 있다.

한편 관련된 일련의 culture capsule들을 몇 개 종합하여 30-40분 정도의 시간을 배정하여 다룰 수 있는 자료를 culture cluster라 부르는데 일련의 학습내용을 정리하기에 적합하다. 예를 들면 미국인의 아침식사와 관련하여 식탁 차리는 법과 식사하는 법을 각각 소개한 다음 학습자로 하여금 연극을 통하여 이들을 보여주게 한다.

9.2.3 Culture assimilator

Fiedler, Mitchell, 그리고 Traindis 같은 미국의 사회 심리학자들이 문화의 차이에서 오는 오해를 이해시켜 외국문화에 잘 적응하게 할 목적으로 고안해 낸 방법이다. 하나의 에피소드가 소개되고 학생은 그것을 읽고 왜 문제가 야기되게 되었는지 생각해 본 후 옳다고 판단되는 답을 고르게 되는데, 각각의 그럴듯한 해답에는 설명이 자세히 되어 있어 개별학습이나 소집단학습으로 이용하면 효과적이다. 다음에 예를 들어보겠다:

In the American Restaurant

Chulsoo arrived at a small town of the U. S. from Seoul. He was so hungry that he went to a nearby restaurant. Upon entering, he was shown to a table by a hostess. It was very crowded and many people were having dinner there. Soon a waitress brought him a menu. She was very pretty and kind when she asked him with smile what he wanted to order. Because he was not familiar with American food, he ordered fried shrimp, salad, and a glass of milk. After he finished the meal, the waitress again politely and kindly asked him the kind of dessert he wanted to order. He was so full that he said he did not want any. In a minute, the waitress put the bill on the table and said, "I hope you enjoyed the dinner." Chulsoo replied, "Yes, I enjoyed it very much. Thank you." He soon paid the amount of money the bill indicated and left the restaurant in a good feeling. Next evening, Chulsoo visited the restaurant again for dinner. It was less crowded than yesterday. He waited for the waitress to take him to a table for a while. At last she came to him after she showed the other two customers who came after Chulsoo. Chulsoo looked at her and smiled. Surprisingly, the waitress did not respond with the same polite attitude as yesterday. She asked him to order bluntly and she did not even say, "I hope you enjoyed the dinner." Chulsoo was very upset when he paid money.

Which of the following explains most accurately the waitress' changed attitude?

A. Chulsoo did not order the dessert yesterday.
B. Chulsoo did not leave a tip yesterday.
C. The waitress did not feel good that day.
D. The waitress worried about the decreased number of customers.

Your choice A. This is not the right answer. Though Americans generally enjoy dessert after the main dish, they are not necessarily required to have one at every dinner. Moreover, if that had been the problem, she would have changed her attitude right after the incident. Reread the passage and choose another answer.

Your choice B. This is the correct answer. In America, you are generally expected to leave about 15 percent of the bill in small change on the table as a tip for the person who has served you in a restaurant. So Chulsoo should have left the tip to show her thanks for her service.

Your choice C. This answer is incorrect. What the waitress has to do is serve the customers well. The way she feels is not likely to affect her responsibility to the customers, unless the customer really did something wrong to her directly. Reread the passage and make another choice.

Your choice D. This answer is incorrect. Worrying about the number of customers is the manager's concern, not the waitress. Her job is to serve the customers in a pleasant manner and to attract them to come back. If she does not give good service, there will be ever fewer customers. Reread the passage and choose another answer.

이 방법은 문화교육을 읽기교육과 병행할 수 있어서 효과적이다. 자료준비에 많은 시간이 소요된다는 단점이 있으나 학습자는 틀린 답에 대한 이유를 읽으면서 문화의 다양성을 인식하고 이해하게 된다. 문제지와 답안지를 별도로 작성하여 충분한 사고의 시간을 주는 것이 좋다.

9.2.4 Mini-drama

Raymond L. Gordon이라는 사회학자가 처음으로 소개했는데, 연극이 3막에서 5막 정도의 길이로 각각은 짧고 의사소통의 문제점을 포함하면서 점차적으로 원인이 드러나지만 마지막에 가서야 비로소 문제의 원인을 명확하게 알게 된다. 토론은 막이 끝날 때마다 한다.

At the American Shoestore

Act I

Narrator: Changho and Yunhi as a couple came to America to study in a university a few days ago. They are staying at the home of their host family. Today they decided to walk to a nearby shoestore by themselves. They are now outside a shoestore and watch various kinds of shoes through the window.

Changho: (pointing to a pair of shoes) Honey, look at that one over there. I like it.

Yunhi: You mean the blue one?

Changho: Yeh, but it's too expensive. The price tag indicates it's $30, which means about 36,000 won in Korean currency.

Yunhi: The price won't mean anything in this type of store. Let's ask the manager how much we can discount. Let's try from half of that original price.

Narrator: The couple enter the store.

Store woman: Can I help you?

Yunhi: Yes, please. Could you tell us how much we have to pay for this pair of shoes?

Store woman: (nervously) As you see, it costs $30.

Yunhi: (whispers to Changho) I don't understand why she is so upset. (class discussion)

Act II

Narrator: Changho and Yunhi came out of the store and looked around.

Changho: Look, there's a department store. Let's go there and buy one. It'll be the best way, since we don't have to discount.

Narrator: Chnagho and Yunhi enter the department store and look around.

Yunhi: This is too large to find out the location of shoes. Let's ask the woman over there who wears a kind of uniform.

Changho: Why don't you ask her over there?

Yunhi: Excuse me. Could you tell me where the sports shoes are?

Woman: Sure. Aisle 4 to your left.

Yunhi: Thank you.

Woman: You're welcome.

Yunhi: Let's go to aisle 4.

Changho: Look, there's the same shoes as we saw in the shoestore. Let's see. It's only $27. I'm going to buy this one. (class discussion)

Act III

Cashier: (at the checkout counter) Hello.

Changho and Yunhi: Hi.

Cashier: It comes to $28, please.

Yunhi: (looking at Changho) How strange it is! (to cashier) You see this price tag? I think you made a mistake.

Cashier: How do you think this machine made such a stupid mistake?

Changho: (whispers to Yunhi) What a bad day it is! (class discussion)

Act IV

Narrator: After dinner Changho and Yunhi are in the living room with Mrs. Brown talking about what happened during the day.

Changho: I still don't know why the store woman got mad when Yunhi asked her how much we must pay for the pair of shoes.
Yunhi: There's one more curious thing. I definitely think we paid $1 more than we had to.
Mrs. Brown: Well, it seems to me that today's miscommunication occurred because of some cultural differences between your country and ours. First, I can understand that in your country price may be discounted at the owner's will in some small privately-run stores. On the other hand, in America, prices of products are fairly reasonably tagged by the employer and they cannot be discounted. Besides, the price of a product varies depending on where it is placed. Second, the extra money, $1.00 was a tax. While in your country it seems that tax is imposed only on total personal income, in America we have to pay tax for almost everything in our daily life, things we buy in the store(there is no tax for grocery items in some states), foods we eat in the restaurant, and so on. Therefore we must expect extra 4 to 10 percent of the tagged price as tax depending on which state you live in.

한편 Gordon은 토론을 하는 동안 비판적인 분위기를 조성하지 않고 학습자 스스로 문제점을 발견해 가도록 하기 위하여 교사에게 다음과 같이 질문내용과 방법에 유의해야 할 것을 충고한다.

- '어떤 인상을 받았는가?' '무엇이 일어나고 있는가?' '어떻게 생각하는가?' '주인공이 감정을 어떻게 표현하겠는가?' '만약 그 상황에 있다면 어떻게 하겠는가?' 등과 같이 일반적이고 포괄적인 질문을 한다.
- '음,' '그래서,' '흥미있는데,' '계속하시오.' 등의 말을 함으로써 중립적인 자세를 취하고 자유로운 분위기를 조성하여 유도해 간다.
- 토론이 끝날 때마다 간략하게 요약한다.

9.2.5 Revised mini-drama

Gordon의 mini-drama와는 달리 외국인이 직접 어려운 상황에서 곤란을 겪는 것이 아니고 그 사람들의 행동을 가까이에서 지켜보며 고민을 함께 토의해 보는 것이다. 흔히 지나쳐 버리기 쉬운 중요한 문화적인 면을 깊이 생각해 보고 자국의 문화와 비교하는 기회가 될 것이다. Levine과 Adelman(1982, pp. 102-103)은 다음의 예를 회화 연습용으로 소개하고 있는데 좋은 문화교육 자료가 될 수 있을 것이다.

Media, a foreign student, has been invited to the Turner's home for dinner. She is sitting at the table and enjoying dinner and conversation with the rest of the family. During dinner the phone rings and Carol's younger brother answers it.

Carol's brother: Carol. It's Bill.
Mrs. Turner: (surprised) Bill? I thought you weren't seeing him any more, Carol.

Without replying, Carol leaves the room to answer the phone. When she returns, she silently continues her dinner.

Dr. Turner: Carol, was it Bill?
Carol: Yes.
Dr. Turner: Are you still seeing him even though we told you we didn't approve?
Carol: (angrily) Do I have to tell you everything? Listen, Dad, I know Bill doesn't have a college education but he is working for his brother in a construction company. He's trying to earn enough money to return to school. You always say that you respect hard-working people. Why shouldn't I see him any more?
Dr. Turner: (softly but seriously) I hope you're not serious about

Bill, Carol. He promised to stay in college but he dropped out two times. Do you want to marry someone whose personality you'll have to change?

Mrs. Turner: Carol, Bill is different from us. We're only saying this because we love you. Bill just isn't your kind.

Carol: (furious) What do you mean, "my kind?" He's a human being! Just because he comes from a family that has less money than we do? What kind of democracy do you believe in? Everyone is supposed to be equal. He and his family are just as good as we are (By now, Carol is shouting loudly).

Media is feeling embarrassed and stares at her plate.

Carol's brother: Come on, Mom and Dad. Bill's a nice guy.

Carol: Just because his parents are farmers who work with their hands and you are a professor who works with your head. What difference does that make?

Mrs. Turner: Carol, we're very disappointed in you. After all, we know what is best for you.

Suddenly Carol gets up, takes Media's arm, and pulls her to the door.

Carol: Come on, Media. Let's go to my room and study.

Carol과 부모와의 문제는 무엇이고 궁극적으로 Carol과 Bill의 사이는 어떻게 예상되고 자신의 상황에서와 비교를 할 수 있는지 등에 관하여 토론을 하게 될 것이다. 이 때 교사는 미국의 경우 일반적으로 결혼 결정은 당사자들 간의 상호 합의하에 되는 것이 보통이며 18세가 넘으면 부모의 승인이 큰 의미를 지니지는 않는다는 문화지식을 지니고 있어야 하겠다.

9.2.6 신문과 잡지

비교적 쉽게 구할 수 있고 값도 저렴하며 가장 최근의 문화정보를 제공하는 자료이기 때문에 효과적으로 이용할 수 있다. 물론 지방 신문들은 구하기가 어려워 아쉽지만 Time, Newsweek, Korea Herald 혹은 Korea Times에 실려 있는 관련기사를 학습자의 실력 정도에 따라 그대로 또는 부분적인 수정을 하여 culture capsule이나 culture aside의 자료로 사용할 수 있을 것이다. 다음은 잡지에서 발췌한 내용이다.[9)]

Bye-Bye, American Pie

Next to Mom, there was nothing as American as apple pie. Alas, that most national of desserts is in decline. According to a survey by "Restaurants and Institutions" magazine, apple pie now appears on the menu at 64% of the nation's restaurants, hotels, schools and other food-serving institutions, down from 88% in 1971. Among those chefs who still dish it out, apple pie is called a "good seller" by only 57%, vs. 84% a decade ago. It is still the nation's most popular dessert, but as Editor in chief Jane Young Wallace points out, "There is a trend toward healthy, low-cal foods. People seem to prefer fruit these days." Next time, make it apple pie, but hold the pie.

9.2.7 노래

학습자의 어학실력 향상을 위해서 뿐만 아니라 문화이해 증진을 위하여 노래를 이용할 것을 추천한 Taylor(1980, p. 466)는 특히 초급과정을 지난 단계에서 자주 사용할 것을 제안하는데 다음과 같은 이유이다.

9) Time 기사에서 나온 것인데 날짜에 대한 기록은 찾을 수 없었다.

1) 단어나 문법실력이 향상된다.

2) 듣기향상에 도움이 된다.

3) 지루한 문형연습에 변화를 준다.

4) 문화이해에 도움이 된다.

사실 음악과 노래는 그 나라 그 시대의 여러 면을 반영하는 거울이 된다. 이제 과거 미국에서의 노예제도를 배경으로 하고 있는 가사 하나를 소개하겠다.

1.
There's a low green valley on the old Kentucky shore.
There I've whiled many happy hours away,
Sitting and singing by the little cottage door,
Where lived my darling Nelly Gray.
Oh, my poor Nelly Gray, they have taken you away.
And I'll never see my darling any more.
I'm sitting by the river and I'm weeping all the day.
For you've gone from the old Kentucky shore.

2.
One night I went to see her but "she's gone," the neighbors say.
The white man bound her with his chain.
They have taken her to Georgia to wear her life away.
As she toils in the cotton, and the cane.

Chorus.

그 당시 백인과 흑인의 관계가 잘 나타나 있으며 동사의 시제(과거, 현재, 미래, 현재완료)를 정리해 볼 수 있을 것이다.

9.2.8 문학작품

잘 선택된 문학작품은 특히 학생들의 흥미를 자극하고 문화이해에 효과적인데 McKay(1982)가 Robert Laxalt의 1957년 작품 'Sweet Promised Land'에서 발췌하여 문화지도에 이용한 다음 부분은 흥미있다.

> The following passage describes his father at the age of sixty-three in an exclusive New York restaurant on the way back to his homeland for the first time since he came to America.
>
> We made it through the soup and the salad without incident. It began when the waiter came to take away our salad plates and put on others for the main course. He collected John's and mine, and then reached for my father's. But he could not lift it, because my father was holding it to the table with both hands.
>
> "I'm sorry," said the waiter. "I thought you were finished."
>
> "I am finished," said my father.
>
> "Oh," said the waiter, and again reached for the salad plate. My father held on.
>
> "May I take your plate, sir?" said the waiter.
>
> "No," said my father mildly.
>
> The waiter stood in confused silence for a moment. "But I have to put another plate there, sir."
>
> My father shook his head. "It's all right," he said. "Don't go to any bother."
>
> The waiter blinked and then smiled weakly. "Oh, it's no bother at all," he said, and again reached for the plate.
>
> This time, my father put his hands over the plate to protect it. The waiter stopped short and straightened up. He looked at us in something akin to frenzy, and John gestured with his head.
>
> The waiter retreated to the back of the room and stood there watching us from long distance. He was pale and he still had a plate in his hands.

"Pop," said John, "Why don't you give him your plate?"

My father shrugged. "It's clean enough," he said.

This time John blinked. "I don't understand what you mean."

"They shouldn't waste a plate." said my father. "This one's fine." John regarded my father for a long moment. "It's really no bother," he said. "They've got a washer back there that does all the work."

"Well, they might run short," my father said.

"I'm telling you, Pop," said John. "There's no danger." He took a deep drag of his cigarette and leaned forward again. "Pop," he said. "You're going to get that waiter in trouble."

"What?" said my father concernedly.

"It's this way," said John. "They're supposed to put a new plate on for each course. That's the way the management wants it. If the waiter doesn't do it and one of the managers sees him, he gets fired on the spot."

"I never heard of such a thing." my father said.

"It's true," said John. "That waiter's probably worried plenty by now."

"Well, hell," said my father."Tell him to take it then."

* Please indicate if the following items are typical(T) or unusual(U) in exclusive American restaurants.

____1. The number of dishes is kept to a minimum so as to reduce costs.

____2. Each course is brought on a separate plate.

____3. It is appropriate for a waiter to insist that he do his job even if the customer is unhappy.

____4. It is appropriate for a customer to insist that a restaurant alter its standard and procedures to meet his wishes.

____5. Any conflict between waiter and customer is resolved in as quiet a manner as possible.

이 밖에 영화, 외국인 초대, 민속담, 학습자 과제, 게시판, 속담 등을 이용하는 방법이 있을 수 있는데, 효과면에서 어떤 것이 더 우수하다고 할 수는 없고 영어교사 각자가 상황에 따라 택하여 지도하는 것이 가장 바람직할 것이다.

마지막으로 문화교육을 위하여 시급한 것은 각 학교마다 필요한 만큼의 영어교실을 만들어 모든 영어수업을 거기에서 하도록 하는 것이다. 그 교실은 영어교육의 목적을 달성하는데 기여하도록 꾸며져야 한다. 아울러 문화교육을 염두에 두고 수업을 진행할 때 한국어와 영어의 사용 비율을 정하는 사람은 교사 자신이어야 하는데, 이 때 교사가 반드시 알아야 할 사항은 학습목표이다. 이것은 문화지도가 우선 일 때 언어요소를 희생해야 한다는 의미이다. 학습자의 언어능력의 향상에 따라 점차 목표어인 영어의 사용을 증대시켜야 할 것이다.

제9장 정 리

문화지도를 하기 위해서 외국어 교사는 무엇보다도 그 언어가 사용되는 나라의 역사적 배경을 이해하는 것이 중요하다. 그런 의미에서 영어 교사는 적어도 미국이라는 신대륙이 어떻게 형성되었는지를 알 필요가 있다. 또한 'small c' culture에 속하는 사항들로써 영어지도에 도움이 될 만한 언어규칙인 침묵, 상투적 표현(conventional language), 대화자간의 거리, 의사전달 방법 영역 등에서 차이점을 아는 것이 중요하다. 문화지도를 위한 대표적인 학습활동으로는 culture aside or culture tip, culture capsule, culture assimilator, mini-drama, revised mini-drama, 신문과 잡지, 노래, 문학작품 등을 이용하는 방법들이 있다.

제10장

언어능력 평가

제10장 언어능력 평가

| 토론 |

- 최근에 국가에서 권장하는 영어과목 수행평가의 실시와 관련하여 각자의 의견을 이야기해 보시오.
- 학교에서 사용하는 영어 시험 문항을 검토하고 문제점을 찾아보시오.
- 대학 수학능력 시험이 중등학교 영어교육에 미치는 영향에 관해 토론해 보시오.

언어 능력 평가는 전통적으로 문법적 능력을 평가하는 것으로 인식되어 왔었으나 의사소통 능력이 언어교육의 궁극적인 목표가 되어야 하고 이는 문장수준에서 어휘, 통사에 관련된 문법적 능력 뿐 아니라 문장과 문장의 연결을 포함하는 담화 능력, 그것들을 상황에 맞게 즉 적절하게 쓸 수 있는가 하는 사회언어적 능력, 그리고 대화의 단절을 피한다거나 화제를 바꾼다거나 등을 무리없이 할 수 있는 전략적 능력까지를 포함해야 하기 때문에 이들이 모두 평가에 포함되어야 한다고 주장되면서 평가방법에서 커다란 변화가 일어났다. 이러한 언어 능력 평가에 대한 인식의 변화를 표로 비교해 보면 다음과 같다.

▮표 2▮ 언어 능력 평가에 관한 인식의 변화

전통적 인식	변화된 인식
간접 평가(indirect test)	직접 평가(direct test)
분리 평가(discrete-point test)	통합 평가(integrative test)
기준참조 평가 (norm-referenced test)	표준참조 평가 (criterion-referenced test)

위의 평가방법 중 전통적 인식에서 나온 것들에 대해 잠시 살펴보면 우선 간접평가 방식으로 대학 수학능력 시험과 같은 지필검사가 있다. 물론 수업에서의 중간고사, 기말고사 같은 지필식 평가방법 또한 대부분 여기에 속한다. 분리평가 역시 이들 간접 평가 방식 특히 학교 시험에서 많이 사용되는 것으로 대체로 문장 이하의 단위에서 학생들의 암기 능력을 평가하게 된다. 마지막으로 기준참조 평가 방식은 상대평가라고도 불리는데 학생을 다른 학생과 비교할 목적으로 사용되기 때문에 진정한 개인 능력의 평가를 무시한다. 결론적으로 진정한 의사소통 능력을 평가하기 위해서는 새로운 인식에 기초한 평가 방식인 직접 평가, 통합평가, 그리고 표준참조 평가, 즉 절대평가 방식을 도입해야 한다는 것이다.

이러한 새로운 평가 방식은 실제와 가장 유사한 상황에서 실시되어야 하는데 이러한 상황에서 사용되는 언어의 특징은 다음의 다섯 가지로 정리된다(Morrow, 1979).

1) 말하기의 경우 상호적이어서 둘 이상의 대화자가 존재한다(interaction-based).
2) 예측이 안 된다(unpredictable).

3) 사용목적이 있다(purposive).

4) 원어민들이 실제로 사용하는 것이다(authentic).

5) 비언어적, 즉 상황적 요소를 포함한다(situational).

이와 같은 언어 능력 평가에 대한 인식의 변화와 상관없이 학교에서 사용하는 평가의 종류는 다음과 같이 분류된다.

10.1 평가의 종류

목적에 따라 진단 평가(diagnostic test)와 성취도 평가(test of attainment)로 크게 분류할 수 있다. 학생들의 성취도를 예상하는 전자는 다시 적성검사(aptitude test)와 배치고사(placement test)로 나눠지고 현재의 학생 수준을 평가하는 후자는 일반적인 언어능력 평가(proficiency test)와 과목 성취도 평가(achievement test)로 분류되는데 후자는 다시 형성평가(formative test)와 종합평가(summative test)로 나뉜다.

여기서 적성검사는 실제 언어 능력을 평가하지 않고 다만 언어를 배울 수 있는 능력이 어느 정도인가를 예측해 준다. 그리고 이러한 능력은 흔히 언어를 배우기 시작하기 전에 평가된다. 한편 배치고사와 언어능력 평가는 다른 학생과 비교를 하기 위한 기준 참조 평가가 대부분이고 과목 성취도 평가에서 형성평가는 목표달성 여부를 알아보는 표준참조 평가가 대부분이며 종합평가는 기준 참조 평가가 대부분이다. 이를 표로 나타내면 아래와 같다(Celce-Murcia & McIntosh, 1979, p. 332).

▌표 3▌ 평가의 종류

<table>
<tr><th rowspan="3">평가</th><th colspan="2">진단 평가</th><th colspan="3">성취도 평가</th></tr>
<tr><th rowspan="2">적성검사</th><th rowspan="2">배치고사</th><th rowspan="2">언어능력평가</th><th colspan="2">과목 성취도 평가</th></tr>
<tr><th>형성평가</th><th>종합평가</th></tr>
<tr><td>기준참조 평가</td><td rowspan="2"></td><td>○</td><td>○</td><td></td><td>○</td></tr>
<tr><td>표준참조 평가</td><td>(○)</td><td></td><td>○</td><td>(○)</td></tr>
</table>

10.2 평가도구의 평가기준

흔히 평가가 잘 되었는지를 알아보는 기준은 세 가지이다.

10.2.1 신뢰도(Reliability)

평가가 수험자 즉 평가받는 사람의 실력을 올바르게 평가하는지를 (true score) 평가자 또는 수험자 성적의 일관성을 통하여 알아보기 위하여 사용하는 척도이다. 일반적으로 0.75이상이면 신뢰도가 높다고 본다[1]. 신뢰도에 영향을 주는 요인에는 평가지 요인(test factors), 상황적 요인(situational factors) 그리고 개인적 요인(individual factors)이 있을 수 있다. 평가지 요인에는 지시문의 명확성, 문항들의 모호한 정도, 시험지의 질 등이 있고 상황적 요인으로는 평가감독자가 시험장에서 지시하는 방법, 교실환경(밝기, 소음, 안락한 정도 등)등이 있겠다. 마지막으로 개인적 요인은 수험자의 신체적, 심리적 건강 상태, 실력,

1) 말하기 평가는 듣기나 읽기 평가보다 신뢰도가 낮은 것이 보통이다.

시험 경험 등이다(Cohen, 2001). 맞힌 문항과 틀린 문항의 관계, C문항 신뢰도[2]), 일정한 시간 간격을 두어 같은 문제지로 평가했을 때의 성적의 일관성(시험-재시험 신뢰도), 채점자들의 주관적 점수의 일관성(채점자 간 신뢰도 <interrater reliability>) 등을 가지고 신뢰도를 측정한다.

10.2.2 타당도(Validity)

평가가 측정하고자 하는 목적을 실질적으로 얼마나 잘 평가하는지를 나타내는 척도로 여러 가지 종류가 있다. 신뢰도와 타당도의 우선순위에 관해서는 우선 평가의 타당도를 말할 수 있기 전에 신뢰할 수 있어야 한다(Celce-Murcia, 1991).

10.2.2.1 안면 타당도(Face validity)

평가방법이나 평가지 명칭 등으로 판단할 때 실질적으로 측정하고자 하는 능력을 측정할 수 있는 것처럼 보이는가를 본다. 그러므로 그렇게 보이지 않을 때 타당하지 않게 여겨진다. 예를 들면 발음을 잘 할 수 있는가를 평가하기 위하여 듣기를 측정하는 것은 안면 타당도에 있어 타당도가 없거나 낮다고 보아야 한다. 마찬 가지 이유로 전통적인 TOEFL성적은 말하기 능력을 측정하기 위해서는 타당하지 않다고 보여 진다. 그러나 안면 타당도는 시험 결과를 설명할 수 있는 타당한 근거가 되지 않기 때문에 수험자에게는 중요하지만 시험 타당도 평가에서는 별로 중요시 되지 않는다(배두본, 1997).

10.2.2.2 내용 타당도(Content validity)

평가가 가르친 내용을 얼마나 잘 반영하는가를 보여준다. 따라서 학

---

2) 수험자의 문항별 점수 결과와 전체 문항의 점수 결과 간의 상관관계.

습하지 않은 내용을 포함하는 시험은 내용 타당도가 낮다.

10.2.2.3 기준 관련 타당도(Criterion-related validity)

어떠한 평가가 또 다른 유사한 목표를 가지는 평가와 상호 연관성을 어느 정도 가지는가를 통하여 평가하고자 하는 것을 제대로 평가하는지를 판단함으로써 타당도를 측정하는 것이다. 두 가지 종류가 있다.

1) **동시 타당도(Concurrent validity):** 두 가지 평가를 거의 동시에 실시한 후 상호 관련성을 본다. 예를 들면 교사 자신이 제작한 시험의 타당도를 측정하기 위하여 상품화된 다른 시험을 거의 같은 시기에 실시하여 성적을 비교해 본다.
2) **예측 타당도(Predictive validity):** 한 가지 평가방법의 타당도를 측정하기 위하여 그것으로 평가한 후 일정시간 교수를 하고 나서 다른 평가를 실시하여 처음의 것이 나중의 것을 얼마나 정확히 예측한 것인지를 알아보는 것이다. 예를 들면 미국내 대학원 입학사정에서 중요한 기준이 되는 GRE는 입학 후 학교 성적을 비교적 정확히 예측해 준다는 의미에서 타당도가 높은 것으로 검증이 되었기 때문에 보편화 되었다.

10.2.2.4 구인 타당도(Construct validity)

평가가 측정하고자 하는 능력의 이론적인 기본 특성(underlying traits)을 얼마나 실질적으로 잘 반영하는지를 통해 측정한다. 예를 들면 오늘날 언어를 안다는 것은 언어형식을 아는 것에서 끝나지 않고 언어를 적절하게 사용할 수 있는가 하는 의사소통 능력을 의미하는데 평가 문항들이 그러한 것을 얼마나 반영하는가를 판단해야 한다는 것이다. 즉 측정하려는 의사소통 능력을 위해 문항을 구성하는 경우의 타당도이다.

따라서 이것은 시험 결과가 의미하는 것이 무엇인가, 측정하려는 특성이 무엇인가와 관련이 있다. 그러므로 평가를 하기 전에 평가결과를 해석하는데 사용할 이론을 개발해야 한다(배두본, 1997).

10.2.2.5 수렴 타당도(Convergent validity)

한 가지 능력을 평가하기 위하여 여러 가지 평가 방법을 이용할 수 있는데 수험자들이 이들 모든 평가에서 비슷한 성적을 기록하였을 때 수렴 타당도가 높다고 말한다. 동일한 기능을 여러 가지 방법으로 측정할 수 있도록 문항이 구성되어 있는지의 여부를 가리킨다.

10.2.3 실용도(Feasibility 또는 Practicality)

평가의 제작과 실시 및 점수 산출에 있어서 어느 특정 평가 방식이 얼마만큼 용이한가를 측정한다. 예를 들어 객관식 평가는 제작이 힘들지만 실시와 점수 산출이 쉬운 반면 주관식 평가는 제작은 쉽지만 실시나 점수 산출이 어렵다. 특히 대부분의 의사소통 능력 평가방법(10.4 참조)들은 실용도에서 많은 문제점을 안고 있다.

이들 세 가지 평가 기준은 전국적으로 실시하는 상업적 평가지에 따라오는 안내책자(manual)에는 언급이 되어 있으므로 평가지 선정시 세심하게 검토할 필요가 있다. 물론 일반 영어 교사들의 시험지 제작시에도 주의 깊게 고려되어야 한다.

10.3 의사소통 능력 평가방법

전통적인 것과 혁신적인 것 몇 가지를 소개하겠다(Haggstrom, 1994).

10.3.1 ACTFL-Style 면접 (ACTFL-Style Interviews)

면접을 통한 구두 능력 평가 방법으로써 일반적인 언어 능력을 알아내어 학생을 적절한 수준의 단계에 배치하거나 외국어 교육 프로그램의 장단점을 평가할 목적으로 사용되었으나 몇 가지 어려운 문제점들이 있다.

1) 훈련된 평가자만이 평가할 수 있다.
2) 평가의 범위가 방대하여 학생들의 향상을 제대로 알아내기 어렵다.
3) 평가를 위해 너무 많은 시간이 소요된다.
4) 공정하게 평가하기 어렵다.
5) 면접자가 교사이기 때문에 자연스러운 상황조성이 어렵다.

10.3.2 역할극

역시 구두 능력 평가 방법으로써 교사와 함께 하거나 둘씩 혹은 소집단에서 행해질 수 있고 청중이 교사 또는 학급친구들이 되기도 한다. 그리고 목표에 따라 문법능력, 어휘능력, 언어기능 사용능력 등을 다양하게 평가한다. 말하기 지도의 학습활동의 하나로 이미 언급된 바 상황설정 역시 주어진 문장들을 그대로 사용하기만 하면 되는 완전 통제된 상황에서부터 'You're in a shoe store. Make conversation with a clerk.'과 같은 거의 통제되지 않은 상황까지 여러 가지가 있을 수 있다. 그러나 이 방법 역시 몇 가지 문제점을 가진다.

1) 신뢰성 있는 평가가 어렵다. (채점자 간 신뢰도)
2) 많은 학생을 평가할 경우 시간적 소모가 너무 많다.

3) 교사가 역할을 담당할 경우 자연스러운 대화의 흐름을 방해한다.
4) 긴장된 상황이므로 실제 영어사용 능력을 평가하기 어렵다.
5) 완전 통제된 상황에서는 단순한 기억력 평가로 끝나기 쉽다.

10.3.3 어학실 구두 평가

반 직접식(semi-direct) 구두 평가 방법으로써 지문이나 그림 등을 보면서 문제에 대한 답을 녹음하게 하고 이를 녹음 도중에 직접 평가하거나 녹음된 테이프를 이용하여 나중에 평가하기도 한다. 비교적 평가에 드는 시간이 적고 실시 방법이 통일되어 있어서 신뢰도가 높지만 다음의 단점이 있다.

1) 대답이 문장 단위에서 끝나는 경우가 많다.
2) 녹음하는 것 자체가 불안을 가중시켜 실제능력 평가가 어려운 경우가 많다.
3) 직접 상호작용식(interactive) 대화가 아니기 때문에 한계가 있다(Raffaldini, 1988). 물론 둘씩 짝을 지어 말하게 하고 이를 녹음시킬 수 있지만 기존의 시설을 바꾸는데 드는 비용과 사용방법을 익히기가 쉽지 않은 것 등 문제점들이 있어서 용이하지 않다.

10.3.4 기능평가(Function test)

지필식 간접평가 방식으로 ESL 학생들의 의사소통 능력을 평가하기 위해 UCLA에서 개발된 것인데 van Ek(1975a)의 분류를 기초로 하였다. 한 예를 들어보기로 하자(Wesche, 1983).

You were applying to a university and needed a letter of recommendation. You went to a professor, who was also your friend, and said:

1. "I'd appreciate it if you could write a letter of recommendation for me."(functional response)
2. "I want to ask you to write a letter of recommendation for me."(linguistic response)
3. "I wonder if you could write a letter recommending to me."(social response)
4. "Hey, give me a recommendation letter."(distracter)

위의 네 가지 답 중에서 2번은 문법적으로는 정확하지만 상황적으로는 적합하지 않고 3번은 상황적으로는 적합하지만 문법적으로 정확하지 않으며 4번은 문법적으로 그리고 상황적으로 잘못된 것이다. 사지선다형문제이기 때문에 채점자 간의 신뢰도와 평가 실시에 따르는 어려움에 관련된 실용도에서 문제는 없지만 의사소통 능력의 중요 요소인 비예측성이나 상호작용이 빠져있다.

10.3.5 과업 중심 활동의 비디오 평가

면접, 역할극, 어학실 녹음 등의 평가 방식에 따르는 단점들을 대부분 극복함으로써 평가에 들이는 시간을 줄이고 학생들의 불안감을 줄일 수 있으며 신뢰도, 타당도, 실용도의 면에서 우수한 평가조건을 충족시키는 구두 의사소통 능력 평가 방법으로써 절차는 다음과 같다.

1) 우선 자동으로 녹화를 할 수 있고 교실 내 어디서나 말소리가 선명하게 녹음될 수 있는 질 좋은 캠코더를 준비한다. 평상시에도 녹화하여 그 자료를 수시로 교수목적 또는 평가목적으로 사용하는 것

을 습관화함으로써 녹화시 학생들이 긴장하지 않도록 한다.

2) 주어지는 과업은 서로에게서 모르는 정보를 알아내게 하는 정보 차 활동이면서 초대하고 거절하는 등의 특정한 언어 기능 평가 목적을 가져야 한다. 평가 과정에서 실제 상황이 되게 하기 위하여 교사는 녹화에만 관심을 두고 학습활동에는 참여하지 않는 것이 좋다. 아울러 신뢰도를 높이기 위하여 50분 수업 중 각 학생마다 세 번 정도의 녹화기회가 주어지도록 한다.

결국 평가에 할애되는 시간이 다시 재생하여 보면서 평가 하더라도 3시간을 넘지 않았으며 긴장되지 않은 실제 상황에서 정확하고 공정하게 구두 언어 능력을 평가할 수 있는 방법이었다고 보고된다(Wesche, 1983).

지필식 평가방식인 기능평가를 제외하고 나머지는 모두 직접평가식 평가방식으로 포트폴리오(portfolio)와 함께 학생들의 실제 언어수행 능력을 평가하기 위하여 전통적 평가의 대안으로 도입된 수행평가(performance assessment) 점수로 활용할 수 있다. 포트폴리오는 학기 중 학생들이 수행한 과제들 모음이다.

한편 의사소통 능력의 평가는 이러한 방식의 구두 언어 능력에 국한되지 않고 읽기와 쓰기에서도 가능하다. 예를 들면 내용이 학생들의 지적 수준에 맞고 흥미를 줄 수 있는 진본의 이야기책을 읽고 토론을 한다든가 요약하여 쓰거나 독후감을 쓰게 할 수 있으며 수준에 따라 주제를 주어 작문을 하게 할 수 있을 것이다.

10.4 의사소통 능력 평가기준

이 장의 첫 부분에서 언어 능력 평가시 최근의 변화된 인식을 간단히 언급하면서 의사소통 능력을 평가하는 방법으로 변화하고 있다고 하였다. 평가 방법과 평가 기준을 알아보기로 한다.

위의 기능평가(10.3.4)에서와 같은 사지 선다형 객관식 평가는 실제 상황이 아니라는 점에서 한계가 있기 때문에 실제 평가하려는 능력을 평가하는가 하는 타당도의 문제가 있다. 한편 직접 평가 방식인 주관식 평가는 앞에서도 언급했듯이 평가자의 일관성에 관련된 신뢰도 문제가 따른다. 특히 신뢰도를 높이기 위해 사용하는 의사소통 능력 평가 기준의 예를 소개해 보겠다.

10.4.1 Speak(ETS, 1988)[3)]

외국인의 말하기 능력을 평가하기 위하여 과업을 주고 기능을 제대로 수행하는가를 본다. 녹음된 테이프를 들으면서 12문항 각각에 대해 훈련된 두 명의 평가자가 아래의 기준에 의해 20-60점까지 점수를 주고 둘 사이의 점수 차이가 10점 이하일 경우 평균점수로 최종 성적을 기록한다. 그러나 만약 차이가 10점을 넘을 경우 제 3의 평가자가 평가한 후 3개의 점수 중 가장 근사한 두 사람의 평가 점수를 사용한다.

SPEAK RATING SCALE

60 Communication almost always effective: task performed very competently

Functions performed clearly and effectively
Appropriate response to audience/situation
Coherent, with effective use of cohesive devices
Use of linguistic features almost always effective:
communication not affected by minor errors

3) 미국의 한 대학 어학 연수원에서 사용한 기준으로 ETS에서 제작한 것이다.

50 Communication generally effective: task performed competently
Functions generally performed clearly and effectively
Generally appropriate response to audience/situation
Coherent, with some effective use of cohesive devices
Use of linguistic features generally effective: communication not affected by errors

40 Communication somewhat effective: task performed somewhat competently
Functions performed somewhat clearly and effectively
Somewhat appropriate response to audience/situation
Somewhat coherent, with some use of cohesive devices
Use of linguistic features somewhat effective: communication sometimes affected by errors

30 Communication generally not effective: task generally performed poorly
Functions generally performed unclearly and ineffectively
Generally inappropriate response to audience/situation
Generally incoherent, with little use of cohesive devices
Use of linguistic features generally poor: communication often impeded by major errors

20 Not effective communication: no evidence of ability to perform task
No evidence that functions were performed
No evidence of ability to respond appropriately to audience / situation
Incoherent, with no use of cohesive devices
Use of linguistic features poor; communication ineffective due to major errors

10.4.2 비디오 테이프

앞의 과업 중심 활동의 비디오 평가(10.3.5)에서 사용된 평가 기준은 다음과 같다.

Sample Testing Score Sheets

First Year

1. STRUCTURES	1	2	3	4	5	× 5 =	25
2. VOCABULARY (Including thematic and functional items)	1	2	3	4	5	× 5 =	25
3. STRATEGIC BEHAVIOR (For example, circumlocution, asking for repetition, miming, risk taking, etc.)	1	2	3	4	5	× 3 =	15
4. SOCIAL AND INTERPERSONAL (Using appropriate nonverbal gestures, forms of address and register, etc.)	1	2	3	4	5	× 3 =	15
5. ACCOMPLISHING TASK (Ability to communicate and be understood sufficiently to accomplish task)	1	2	3	4	5	×4 =	20

TEST SCORE = 100

Second Year Advanced

1. STRUCTURES	1	2	3	4	5	× 4 =	20
2. VOCABULARY (Including thematic and functional items)	1	2	3	4	5	× 4 =	20
3. STRATEGIC BEHAVIOR	1	2	3	4	5	× 4 =	20

(For example, circumlocution, asking for repetition, miming, risk taking, etc.)

4. SOCIAL AND INTERPERSONAL 1 2 3 4 5 × 4 = |20

(Using appropriate nonverbal gestures, forms of address and register, etc.)

5. FLUENCY 1 2 3 4 5 × 4 = |20

(Halting speech/natural speech)

TEST SCORE = |100

10.4.3 TWE(ETS, 1992)[4)]

주어진 지시(prompt)에 대해 어떻게 자신의 생각을 영어로 쓸 수 있는가를 평가하기 위한 작문 평가 방법(Test of Written English)이다. 주제는 일반적인 것이지만 관심을 끄는 것이어야 하며 30분의 시간이 주어진다. 2명이상의 훈련된 평가자는 각각의 글을 읽고 다음의 기준에 의해 각자 평가한 후 평균점으로 최종 점수를 주게 되는데 평가자간 점수 차이가 1점 이상인 경우는 제 3의 평가자의 점수로 한다.

TEST OF WRITTEN ENGLISH(TWE) SCORING GUIDE

Readers will assign scores based on the following scoring guide. Though examinees are asked to write on a specific topic, parts of the topic may be treated by implication. Readers should focus on what

4) SPEAK와 함께 미국의 한 대학의 어학 연수원에서 사용한 기준으로 ETS에서 제작한 것이다.

the examinee does well.

6 Demonstrates clear competence in writing on both the rhetorical and syntactic levels, though it may have occasional errors.

A paper in this category

—effectively addresses the writing task

—is well organized and well developed

—uses clearly appropriate details to support a thesis or illustrate ideas

—demonstrates syntactic variety and appropriate word choice

5 Demonstrates competence in writing on both the rhetorical and syntactic levels, though it will probably have occasional errors.

A paper in this category

—may address some parts of the task more effectively than others

—is generally well organized and developed

—uses details to support a thesis or illustrate an idea

—demonstrates some syntactic variety and range of vocabulary

4 Demonstrates minimal competence in writing on both the rhetorical and syntactic levels.

A paper in this category

—addresses the writing topic adequately but may slight parts of the task

—is adequately organized and developed

—uses some details to support a thesis or illustrate an idea

—demonstrates adequate but possibly inconsistent facility with syntax and usage

—may contain some errors that occasionally obscure meaning

3 Demonstrates some developing competence in writing but it remains flawed on either the rhetorical and syntactic level or both.

A paper in this category may reveal one or more of the following weaknesses:

—inadequate organization or development

—inappropriate or insufficient details to support or illustrate generalizations

—a noticeably inappropriate choice of words or word forms
—an accumulation of errors in sentence structure and/or usage

2 Demonstrates incompetence in writing.

A paper in this category is seriously flawed by one or more of the following weaknesses:
—serious disorganization or underdevelopment
—little or no detail, or irrelevant specifics
—serious and frequent errors in sentence structure or usage
—serious problems with focus

1 Demonstrates incompetence in writing.

A paper in this category
—may be incoherent
—may be undeveloped
—may contain severe and persistent writing errors

10.5 교실영어 시험 제작시 유의사항

앞에서 의사소통 능력을 평가하기 위한 최근의 이론을 정리하였지만 일선에서 영어를 지도하는 교사들이 영어시험을 제작할 때 유의해야 하는 다음의 사항들은 숙지할 필요가 있다(Henning, 1982).

10.5.1 일반적 유의사항

1) 교수목표를 평가한다. 타당도를 의미한다.
2) 가르친 것을 중심으로 평가한다. 타당도와 관련된다.
3) 가능하면 한 문항에서 한 가지를 평가한다.
4) 쉬운 문항부터 어려운 문항으로 진행하도록 문항을 배열한다.
5) 유의사항 및 지시는 분명히 해준다.

6) 문항은 미리 충분한 분량을 준비하여 대체할 수 있도록 한다.
7) 새로운 평가방법을 도입할 때는 사전에 당황하지 않도록 충분히 연습시킨다.
8) 한 문제를 놓치면 다음 문제를 자연히 놓치게 되는 연속적 문제(sequential items)는 피한다. 받아쓰기를 하게 하고 그것에 대해 묻는 문항이나 빈 칸을 채우게 하고 묻는 문항 등이 이에 속한다.
9) 충분한 시간을 준다.
10) 가능하면 평가하기 쉽게 제작하고 시험 직 후 답을 알려 준다.
11) 평가가 학습으로 이어지도록(washback)하고 필요하면 재교수한다.
12) 부분 점수를 허용함으로써 수험자가 알고 있는 만큼 인정해 주려고 노력한다.
13) 문제가 전체적으로 너무 쉽거나 어려워 점수 분포가 한 곳으로 치우치지 않도록 한다(boundary effects 방지).
14) 좌석배치와 감독을 철저히 한다(cheating 방지).

10.5.2 문항 관련 유의사항

1) 가능하면 문맥에서 평가한다(contextualization).
2) 한 가지를 평가하는 분리식 문항(discrete-point items)과 여러 가지를 동시에 평가하는 통합식 문항(global items)을 구별한다.
3) 부적절한 어휘나 문법 구조는 평가에서 사용하지 않음으로써 평가의 부정적 영향(negative washback)을 피한다.

You ____________ here three days ago.

ⓐ. were b. have been
c. would be d. should are

여기서 'd'는 실제 사용할 수 없으므로 다른 것, 예를 들면 'should be' 등으로 대체해야 한다.

4) 필요이상으로 혼란을 야기하는 질문은 (trick questions) 피한다. 가령 'I did not notice him not to ....'와 같은 이중 이상의 부정문은 피한다.

5) 언어의 반복 사용은 피한다.

she didn't go to school ______________.

a. because she was sick
b. because she was hungry
c. because she did her homework
d. because she got up early

여기서 'because she'는 반복 사용할 필요가 없는 부분이다.

6) 시험요령(educated guess)이 정답의 선택을 결정하지 않도록 한다.

ⓐ. crawl b. creep
c. brawl d. trudge

이 때 지시문 없이도 발음상 비슷한 'a'나 'c'중 답이 될 수 있음을 우선 고르고 다시 'd'의 의미를 모르고도 'a'와 'b'의 유사성을 본 후 양쪽에 적용되는 하나의 답으로 'a'를 고를 수 있게 되기도 한다.

7) 평가하고자 하는 것을 평가한다. 타당성을 의미한다.

She __________ her friend yesterday.
ⓐ. met b. will meet
c. is meeting d. meet

시제를 평가하는 문항에서 'd'는 주어와 동사의 일치(subject-verb agreement)를 평가하기 때문에 타당도를 떨어뜨린다.

8) 상식적인 것을 평가함으로써 주어진 내용을 모르더라도 답을 맞추게 하지 않는다.

According to the story, American Civil War broke out in ________.
a. 1961 ⓑ. 1821 c. 1721 d. 1621

10.6 문항분석(Item analysis)

문항 분석은 수험자들이 각각의 문항에서 어떻게 답을 하였는지를 분석함으로써 그것들이 신뢰도와 타당도에서 잘 만들어졌는지를 판단하기 위해 수행된다. 따라서 평가의 목적에 따라 적용하는 기준이 달라질 수밖에 없는데 예를 들어 교실 내에서의 형성 평가(formative test)에서는 모든 학생들이 교수목표를 달성할 것으로 기대하므로 난이도(item difficulty)가 90% 이상이어야 한다. 이때는 잘 하는 학생과 못하는 학생을 구별할 필요가 없기 때문이다. 따라서 표준 참조 평가 즉 절대평가를 하게 된다. 한편 수험자들의 순위를 매겨야 하는 종합평가(summative test), 배치고사 등에서는 난이도에 있어서 쉬운 문제와 어려운 문제가 적절하게 섞여 있어서 잘하는 학생과 못하는 학생을 구별할 수 있어야 한다. 즉 기준참조평가 또는 상대평가를 하게 된다. 문항 분석에서는 보통 난이도 계수와 문항 구별 상관계수를 이용한다.

10.6.1 난이도 계수(Item difficulty coefficient, DF)

$$DF = \frac{C}{N} \times 100$$

N: 전체 학생수, C: 정답자 수

예를 들어 40명의 학생 중 20명이 맞는 답을 골랐을 때 DF는 50%가 된다. 난이도가 100%일 때는 모든 학생이 다 맞추었을 경우이고 모두 틀렸을 때는 0%이다. 일반적으로 난이도 계수가 40%~60%일때 좋은 문항으로 간주한다(Celce-Murcia, 1991).

10.6.2 문항구별 상관계수(Item discrimination index. DC)

$$DC = \frac{H-L}{N}$$

N: 전체 학생의 25%에 해당하는 학생수
H: 전체 학생의 25%에 해당하는 상위권 학생 중 정답을 고른 학생수
L: 전체 학생의 25%에 해당하는 하위권 학생 중 정답을 고른 학생수

예를 들어 전체가 40명이라면 10명의 상위권에 속하는 학생과 10명의 하위권에 속하는 학생으로 분류한 후 문항별로 맞춘 학생과 틀린 학생의 숫자를 센다. 상위 10명 중 7명이 맞고 하위 학생 중 2명이 맞았다면 문항 구별 상관계수가 (7-2)/10=0.50이 된다. 일반적으로 .30이상

이면 좋은 문항으로 간주하게 되는데 문항구별 상관계수가 0.00일 때는 상위권 학생과 하위권 학생이 모두 맞았거나 모두 틀렸을 때이므로 전혀 두 집단을 구별하지 못한 경우이고 반대로 1.00일 때는 상위권은 다 맞고 하위권은 다 틀린 가장 이상적인 문항이며 -1.00일 때는 상위권은 다 틀리고 하위권은 다 맞춘 잘못된 문항이라고 판단해야 한다.

따라서 예를 들어 사지선다형 또는 오지 선다형의 객관식 문항에서 대다수가 특정 오답(distractors)을 정답으로 처리했거나 아무도 정답으로 표시하지 않은 문항은 다른 것으로 대체해야 한다.

제10장 정 리

언어 능력 평가에 관한 전통적 인식은 간접 평가, 분리 평가, 그리고 기준 참조 평가였으나 최근에는 가능한 한 진정한 의사소통 능력을 평가해야 한다며 직접 평가, 통합 평가, 그리고 표준 참조 평가에 대한 관심이 높아졌다.

일반적으로 영어 평가는 크게 진단평가와 성취도 평가로 나누어지고 진단평가는 다시 적성검사와 배치고사, 그리고 성취도 평가는 언어능력 평가와 과목 성취도 평가인 형성평가와 종합평가로 분류되는데 적성평가와 형성평가를 제외하고는 대체로 기준 참조 평가 방법이다.

평가 도구를 평가하는 세 가지 기준은 신뢰도(reliability)인 수험자 성적의 일관성 여부, 타당도(validity)인 평가의 실제목표 측정정도, 그리고 실용도(feasibility)인 채점이나 실시의 용이성이다. 의사소통 능력을 평가하는 도구의 개발이 시급하지만 용이하지 않았음은 ACTFL Style 면접, 역할극, 어학실 구두평가, 그리고 기능평가 등의 문제점을 통해 알 수 있다. 그런 의미에서 마지막 방법으로 소개한 과업중심 활동의 비디오 평가방식은 위의 세 가지 평가기준에 비추어볼 때 가장 바람직한데 특히 평가에 소요되는 시간이 합리적이고 자연스러운 평가환경이라는 측면에서 그러하다. 그리고 의사소통 능력의 평가기준으로 제시된 실례는 평가에 참조할 수 있겠다.

마지막으로 영어 교사들이 평상시 영어 시험제작에 이용할 수 있는 여러 가지 일반적이거나 문항과 관련한 유의사항들과 시험실시 후 평가문항들을 분석하는데 사용하는 난이도 계수(item difficulty coefficient)와 문항 구별 상관계수(item discrimination index)는 활용하면 유익할 것이다.

제11장

영어학습 지도안

제11장 영어학습 지도안

| 토론 |

- 영어교과서는 일반적으로 어떠한 내용과 순서로 전개되어 있는지 검토하고 서로 토론해 보시오.
- 영어교사에게 학습지도안(lesson plan)은 얼마나 중요한 것인지에 대해 이야기해 보시오.
- 과정중심 교수요목이 현실적으로 가능하다고 생각하는지를 이야기해 보시오.

학습지도안은 교수를 위한 구체적인 계획으로 다음의 일반적인 원칙과 체제를 따르는 것이 필요하다.

11.1 일반 원칙

학습지도안 작성에 앞서 고려해야 하는 일반적인 원칙과 학습지도안이 갖추어야 하는 중요한 요소들은 다음과 같다(Rivers, 1981).

1) 교사는 교과서의 노예가 아니다. 즉 교사는 교과서에 포함된 내용을 모두 가르치려고 하지 말고 교수목표에 맞게 선별하여 조합하고 보충할 수 있어야 한다.

2) 각각의 단원에는 분명한 교수-학습 목표가 있어야 한다. 이는 학습 지도안에서 가장 먼저 고려해야 할 부분인데 왜냐하면 모든 학습 활동들은 궁극적으로 목표를 달성하기 위한 수단이기 때문이다.

3) 수업은 전체적으로 무리 없이 진행되도록 한다. 이를 위해서는 다양한 학습활동들이 서로 유기적으로 연관되면서 자연스럽게 진행되도록 계획할 필요가 있다. 지루한 반복연습이나, 과제물로 각자가 해결할 수 있는 것들은 수업에서는 제외해야 한다.

4) 수업이 흥미 있게 계획되어야 한다. 흔히 볼 수 있는 것으로 매 시간 수업 내용만 다를 뿐 유사한 학습 활동들이 같은 순서로 진행되는 경우가 있다. 그러나 아무리 재미있는 활동이라도 연속하여 사용하게 되면 흥미 없게 된다. 따라서 제한된 학습 활동의 범주 내에서라도 사용에 있어서 예측의 여지를 주지 않음으로써 긴장과 기대를 유지시켜 주도록 해야 할 것이다. 한편 게임이나 노래 등은 일반적으로 수업을 흥미 있게 해 준다.

5) 학습지도안은 단순한 계획이기 때문에 상황에 따라 변화를 줄 수 있어야 한다. 흔히 한 학급이상을 지도할 때 같은 지도안을 사용하게 되는데 학생의 구성에 따라 전혀 다른 반응을 보이기도 한다. 따라서 가능하면 여분의 활동을 준비하여 대체할 수 있도록 하여야 한다.

6) 예상치 않은 일로 인하여 대리 교사(**substitute teacher**)가 수업을 하는 경우라도 학습지도안에 따라 수업을 진행할 수 있도록 상세하게 계획해야 한다.

11.2 학습지도안의 체제

다양한 체제가 사용되겠지만 대체로 기본적으로 다음의 요소들을 포함한다[1].

---

1) 학습지도안은 영어로 작성하기 때문에 우리말을 사용하지 않았다.

11.2.1 단원 수업계획 (Master Plan)[2]

단원전체에 관한 수업계획으로써 대체로 다음과 같은 요소들이 포함된다.

Instructor
Date & time
School & grade
Number of students
Textbook/syllabus
Unit objectives
Teaching points
Main activities
Time allotment
Teaching aids

11.2.2 차시 수업계획 (Sub-plan)

차시별 구체적인 수업계획이다. 따라서 대단원 수업계획인 master plan은 몇 개의 sub-plan들로 구성되며 매 sub-plan마다 단원 목표(unit objectives) 대신 해당 차시의 수업목표(lesson objectives)가 포함되게 된다.

수업절차(procedure)는 도입단계(introduction or warm-up), 전개단계(development), 그리고 총괄 및 정리단계(consolidation)로 나뉘게 되고 각각에 예상되는 시간이나 교수자료에 대한 언급이 있게 된다. 수업절차는 진행되는 순서대로 가능한 한 상세히 쓰여지게 되는데 대체로 도입단계에서는 학생들을 영어의 분위기로 끌어들이기 위한 가볍고 흥미 있는 활동들이 학생의 수준, 연령에 맞게 포함된다. 날씨, 주말의 사건, 특별한 국내외 소식, 전시학습의 복습 등 여러 가지 내용을 다룰 수 있다. 그러나 이러한 부담 없는 활동에서도 가능한 한 이어

2) sample lesson plan(2) 참조

지는 본시학습과 연관이 되도록 계획할 필요가 있다.

전개단계인 본시 학습에서는 그 시간의 수업 목표를 달성할 수 있도록 다양한 학습활동을 계획하게 된다. Rivers,(1994)이 말한 다양성(variety), 일련성(sequencing), 진행속도(pacing), 시간(timing)을 잘 고려해야 하는데 이미 학습지도안 작성에 있어서의 일반적 원칙에서도 지적된 사항들이다.

마지막으로 정리 단계에서는 그 날의 수업을 전체적으로 정리하고 과제물을 주게 된다. 여기서 중요한 한 가지 원칙은 수업이 흥미있고 편안하게 끝남으로써 대부분의 학습자들에게 다음 영어 시간을 기대하도록 하라는 것이다(Rivers, 1981). 교사의 열의와 창의성이 요구되는 이유가 될 것이다.

11.3 학습 목표 설정

학습지도안에 포함되는 차시별 수업목표는 단원목표에 직접 연결되어야 하고 각각의 단원목표는 전체 학년 목표에 이르는 과정으로써 이들은 모두 유기적 상관 관계를 가지고 있다. 이것은 목표를 기술하는데 있어서 사용하는 언어자체에 차이가 있다는 것을 의미하는데 목표가 단기적일수록 더 구체적일 것이다. 예를 들어 보겠다.

- The student will be able to present a role play in English in a group of four or five, which represents one or combination of the topics learned.
- When asked personal questions associated with "My Family," the student will be able to respond to it correctly using vocabulary items and sentence structures learned.

- The student will be able to ask and answer personal yes/no questions orally about their family, with 80% accuracy.

학년목표, 단원목표, 수업목표 순으로 구별해 낼 수 있을 것이다. 대부분의 일선 학교에서 사용하는 학습지도안은 목표 기술에 있어서 'to develop,' 'to understand,' 'to know'등의 어휘를 사용하여 매우 추상적이다. 그러나 수업 목표는 교사만이 이해하는 언어가 아닌 학습자들이 이해할 수 있는 언어로 매 수업시간 도입 단계의 마지막 부분 즉, 전개단계의 첫 부분에서 자신들이 그 시간에 무엇을 배워야 하는지를 알게 해 주어야 할 것이다(Mager, 1975). 목표를 알고 함께 참여할 경우는 그렇지 못한 경우와 비교할 때 학습 효과에서 큰 차이가 있을 것이기 때문이다.

Nunan(1988b, p. 11)은 다음의 다섯 가지를 이점으로 나열한다.

1) Learners come to have a more realistic idea of what can be achieved in a given course.
2) Learning comes to be seen as the gradual accretion of achievable goals.
3) Students develop greater sensitivity to their role as language learners and their rather vague notions of what it is to be a learner become much sharper.
4) Self-evaluation becomes more feasible.
5) Classroom activities can be seen to relate to learners' real life needs.
6) The development of skills can be seen as a gradual rather than an all-or-nothing process.

결국 목표에 대해 현실감을 가지고 그것들의 점진적인 달성을 위해 적극적으로 노력하게 되고 자기 평가를 할 수 있게 될 것이다.

Mager(1975)는 구체적인 수업목표를 행동목표(behavioral objectives, 또는 performance objectives)라 부르고 잘 쓰여진 행동목표의 세 가지 요소를 다음과 같이 제시한다.

1) 행위(performance): 학습 후에 학생이 무엇을 할 수 있을지를 행동적 용어(behavioral term)를 사용하여 표현한다. 예를 들면 'draw,' 'pronounce,' 'discriminate,' 'list,' 'write,' 'demonstrate' 등이다. 한편 'understand,' 'realize,' 'develop,' 'appreciate'등은 추상적인 의미를 내포하기 때문에 목표를 기술하는데 적합하지 않다는 것이다. 행동적 용어의 사용은 학습자에게 책임감을 가지고 나름대로의 노력을 기울이게 하기에도 충분하다. 예를 들면 'To know when to use passive sentences'가 아니고 'To be able to demonstrate their understanding of when to use passive sentences by crossing out the wrong use of 'be + pp' in a passage'이어야 한다는 것을 뜻한다.
2) 조건(condition): 행위가 일어나게 되는 상황이다. 예를 들면 'using the dictionary,' 'without the text,' 'given a passage' 등이다. 그러나 조건이 분명한 경우에는 반드시 명시할 필요가 없다.
3) 기준(criterion): 학습 목표를 달성한 것으로 간주할 수 있는 정도를 의미한다. 'All the students should be correct,' 'At least eight out of ten will be correct'등이 여기에 속한다. 기준이 목표에 포함이 안 되면 대부분 도달해야 하는 것으로 이해할 수 있을 것이다.

결국 교수목표는 교사나 학습자간에 분명히 이해되어 상호 함께 도달하려는 노력을 하도록 쓰여져야 하는 것이고 학습지도안에서 목표

달성 여부가 측정되는지 확인할 수 있어야 한다. 그리고 만족스럽지 못한 결과가 나왔을 때 재교수를 할 준비를 해 두는 것도 중요하다.

11.4 학습지도안의 예

네 가지 예를 소개하겠다.

11.4.1 SAMPLE COVER SHEET AND LESSON PLAN (1)[3)]

COVER SHEET

Student Teacher:
Regular Teacher:
Supervising/Coordinating Teacher:
School:
Class: 9th grade
Learning Stage of Class: Intermediate
Age Level of Class: 14-17 years
Size of Class: 29 Students
Linguistic/Ethnic Composition of Class: Chicano and Mexican
Other Relevant Factors: Negative attitude toward English, low motivation

LESSON PLAN

Student teacher's name:
Date of presentation:
Estimated Time of Lesson: 30 minutes

---

3) Celce-Murcia & McIntosh(1979). pp. 299-301.

Teaching Point: Vowel length differences before voiced and voiceless final stops

Pre-entry Performance: Students have had a lesson on voiced and voiceless stops in initial position with focus on aspiration of voiceless ones.

Performance Objectives:

a. To distinguish aurally and orally between the two members in the following word-level minimal pairs using vowel length as the main factor(i. e., stops not fully released):

rope	*beat*	*wick*
robe	*bead*	*wig*

b. To distinguish aurally and orally between the two members in the following sentence-level minimal pairs using vowel length as the main factor(i. e., stops not fully released):

Where is the cab/cap?
Look at my back/bag.
I hid/hit the dog.

Criterion Level: 80% of the students will perform as specified at least 80% of the time.

Materials: Blackboard, objects, pictures

PROCEDURES(Student Activities)

Step 1 - Introduction
(1 minute)

on board:	(1)	(2)
	rope	*robe*
	beet	*bead*
	wick	*wig*

a. Students listen to teacher read words.
b. Students describe differences between words in (1) and (2): voiceless, short vowel—voiced, long vowel.

c. Teacher notes that such words have been a problem and erases words on the board.

Step 2 - Students are shown a *rope* and a *robe*.
(3 minutes)

a. Teacher pronounces the words and puts the *rope* on one side of the blackboard, the *robe* on the other. Teacher says words at random and the students(class, then individuals) point to the appropriate object.
b. Students listen and repeat each word several times after teacher—emphasis on vowel length.
c. Teacher points to the objects at random and the students(class, then individuals) say the word.
d. A students comes up and points to the object and calls on classmates to respond.

Step 3 - Present a picture of a man with a cap on his head and another one of a taxi on a highway. Attach them to opposite ends of the blackboard.
(6 minutes)

a. Teacher: *Where is the cap?* *On his head.*
Where is the cab? *On the highway.*
(Several times while pointing to appropriate pictures)
b. Students(class, then individuals) respond with either *On his head* or *On the highway* depending on teacher's question.
c. Students(class, then individuals) respond with either the cap or the cab, depending on whether teacher says, *What's on his head?* or *What's on the highway?*
d. One students comes to the front and teacher goes to the back(others look only at student in front). If teacher taps her head, students says, *Where is the cap?* If teacher pretends to drive, students says, *Where is the cab?* Several other students do this.

Step 4 - Show a beet(a picture or a real vegetable) and a large bead (from a necklace) to the class. Repeat procedure used for rope and robe in Step 2.

(3 minutes)

Step 5 - Show class a stuffed toy dog. Hide him behind the desk and then hit him on the nose. Follow procedures of Step 3 using the following phrases and rejoinders:

(6 minutes)

I hit the dog. (on the nose)
I hid the dog. (behind the desk)

Step 6 - Show a candle with a large wick and a wig to the class. Repeat procedure used with rope and robe in Step 2.

(3 minutes)

Step 7 - Arrange in advance for a student to come up to the front (he has a broad back and a bag full of books, papers, pencils, etc.). Follow procedures of Step 3 using the following phrases and rejoinders.

(6 minutes)

Look at Juan's bag. (It's full.)
Look at Juan's back. (It's broad.)

Step 8 - Students take a short listening quiz utilizing all words practiced to see if they all hear the distinctions. (Skill in production can be judged informally from individual class performances.)

(2 minutes)

Assignment: None

Contingency plans: Let students make up their own question and answer sequences to present to the class using the words or sentences the teacher has prepared.

Comment/ Self-evaluation: The lesson took longer than expected. One more pair of words and sentences needed for each contrast. Some students dominated—others got unruly. A fairly good though not brilliant lesson. Contingency plan should have been the final part of the lesson.

11.4.2 SAMPLE LESSON PLAN (2)

(1) Master Plan

Ⅰ. Instructor:

Ⅱ. Date:

Ⅲ. Grade: 3rd Grade, Middle School

Ⅳ. Text: Middle School English Ⅲ

Ⅴ. Unit: Lesson 10, American and Korean Holidays

Ⅵ. Unit objectives

A. The student will be able to converse with each other in pairs about major holidays in Korea appropriately.

B. The student will be able to demonstrate understanding of the reading material in the unit by answering Yes-No and Wh-questions about it.

C. The student will be able to construct his/her own paragraph on *Chusok* using *just as, holiday.*

Ⅶ. Teaching Points

A. Pronunciation: sound of *e* in such words as *American remember, meter*

B. Words: *holiday, independence, declare*

C. Useful Expressions: *Let me see, Beg your pardon?*

D. Structures:

1. What are the biggest holidays other than Christmas?
2. We eat turkeys just as the pilgrims did.

Ⅷ. Time Allotments

Time Allotment	Materials	Main Activities	Teaching Aids
1st Period	◦ Warming-up ◦ Prestudy	◦ Conversation practice ◦ Chain drill	◦ Tape/Recorder ◦ Chart
2nd Period	◦ Listen & Speak ◦ Communication Activity ◦ Pronunciation	◦ Pair work ◦ Repetition ◦ Q-A drill	◦ Tape/Recorder ◦ Chart ◦ Picture Cards
3rd Period	◦ Reading Material ◦ Comprehension Check-up	◦ Spot dictation ◦ Reading comprehension check ◦ Small group discussion	◦ Tape/Recorder ◦ Chart ◦ PPT
4th Period	◦ Writing ◦ Singing	◦ Integration drill ◦ Modification conversion ◦ Dictation	◦ Chart ◦ PPT

(2) Sub-plan 1

Ⅰ. Instructor:

Ⅱ. Date:

Ⅲ. Period: 2nd Period

Ⅳ. Unit: Lesson 10, American and Korean Holidays

Ⅴ. Materials: 'Listen and Speak,' 'Communication Activity' 'Pronunciation'

Ⅵ. Teaching aids: Tape recorder, Chart, Picture cards

Ⅶ. Time: 50 minutes

Ⅷ. Lesson objectives

A. To have the students ask and answer Yes-No, Wh-questions about *Listen and Speak part.*

B. To have the students have conversation with each other using the pattern of *When is -? It's -.*

C. To have them pronounce the sound /e/ in the words such as *American, remember, meter* correctly.

Ⅸ. Teaching Procedures

Procedure	Teacher-Students activities	Time (m)
Intro- duction	❋ Greeting T: (asks one of the students what he/she did last night.) ❋ Roll-calling T: (calls the roll by calling the students' first names.) ❋ Review and checking assignment T: (has the class listen to the tape of prestudy part learned last time carefully.) Ss: (listen.) T: (has one or two students answer the following question concerned with prestudy part.) I think that Seoul is the biggest city in Korea. What is the next biggest city? S1: (answers.) T: (pretends that he doesn't understand what S1 said.) T: pardon? S1: (answers again.) T: (shows S2 the picture below and asks him/her the following question.)  Do just as the man in the picture does. S2: (acts the man in the picture.) ❋ Presentation of lessen objectives	12
Devel- opment	❋ Presentation of the new material T: (has the class listen to the tape of *Listen and Speak* part carefully.) Ss: (listen twice.) T: (has the students answer the following Yes-No and Wh-questions.) T: Did America declare its independence from England? Ss: (Yes, it did.) T: When did America declare its dependence from England?	25

Devel- opment	Ss: (It declared it on July 4th in 1776.) T: Do we have our Independence Movement Day on March 1st? Ss: (Yes, we do.) T: When did our Independence Movement start? Ss: (It started on March 1st in 1919.) T: When did the Second World War end? Ss: (It ended in 1945.) T: (chooses one or two students of the class to have them ask and answer the above questions with the teacher's help, and then has all the class have a conversation with their partner using the above questions and answers.) ✻ Teaching the sound *e* T: (has the students listen to the tape of the pronunciation part of the text with their books open.) [e] America / remember / independence better / second / celebrate [i] remember/independence/declare/republic [i:] meter / evening / even T: (has the students listen and repeat.) Ss: (listen and repeat.) ✻ Communication Activities ▪ Substitution Drill T: (has the class do the drill following the model below.) A: When is New Year's Day? B: It's the first of January. 1. Children's Day 2. Ch'usŏk 3. Christmas T: (has the students in pairs have conversation with each other.) T: Children's day. S1: When is Children's Day? S2: It's the fifth of May. T: Ch'usŏk. S2: When is Ch'usŏk? S1: It's the 15th day of the 8th lunar month. T: Children's day.	25

	S1: When is Children's Day? S2: It's the fifth of May. T: Ch'usŏk. S2: When is Ch'usŏk? S1: It's the 15th day of the 8th lunar month. S2: (When is April Fool's Day?) S1: T: (has the class continue to converse in pairs using this pattern)	
Consol-idation	T: (has the class listen to and repeat Listen and Speak' part.) Ss: (listen and repeat.) T: (writes on the blackboard *remember, meter, declare,* and has one of the students pronounce them, which is followed by teacher's correction if necessary.) ✽ Translation 어린이날은 언제입니까? 5월 5일입니다. T: (has one or two of the class translate the above Korean sentences into English, which is followed by the teacher's correction if necessary.) ✽ Assignment ◦ Reading the *reading* part. ◦ Practicing the dialogues and the pronunciation learned today enough to recite and pronounce them with their books closed. ✽ Greeting	13

11.4.3 Sample Lesson Plan(3)

Sub-plan

Ⅰ. Instructor:
Ⅱ. Grade: 1st Grade, Middle School
Ⅲ. Class Size: 30 to 35 students
Ⅳ. Text: Middle School English 1
Ⅴ. Class Period: 45 minutes
Ⅵ. Unit: Lesson 6, *What's the matter with you?*
Ⅶ. Period: 2nd period
Ⅷ. Materials: text, transparencies
Ⅸ. Equipment: Overhead Projector
Ⅹ. Previous Lesson:
The class has completed Unit 5 which contains various adjectives which express feelings.
Ⅺ. Lesson Objectives:
-To express feelings or conditions using appropriate verbs with ninety percent accuracy.
-To make suggestions using 'Let's ~' with ninety percent accuracy.
Ⅻ. Activities:
1. Warm up
2. Presentation of the types of the emotional expressions on an overhead transparency
3. Oral pattern drill
4. Presentation of the forms of the suggestions using *Let's* ~ on an overhead transparency
5. Pair work - communicative practice

Ⅷ. Teaching Procedures

Procedure	Teacher-student Activities	Time (m)
Warm-up & Review	✽ Greeting (Briefly with short greetings such as 'Good morning, How are you today?') ✽ Roll-calling ✽ Vocabulary review of the previously learned adjectives which express feelings	8

<table>
<tr><td>Warm-up & Review</td><td>T: displays pictures which show various gestures and facial expressions using the overhead projector and asks the class to describe them.
Ss: She is hungry.
She is angry.
She is lonely.
She is sad.
She is happy, etc.
T: asks the class how they feel today or if they saw anyone feeling good or bad this morning.
S: may say their feeling at the moment or refer to other people they saw on their way to school this morning using the adjectives of feelings learned last time.
✱ Presentation of lesson objectives</td><td>8</td></tr>
<tr><td>New Mate-rial</td><td>T: shows transparency with drawings to teach verbs which express feelings or conditions.
✱ Pattern drill
<u>Teacher</u> / <u>Class</u>
feel/happy — Tom feels happy.
feel/tired
feel/sleepy
feel/hot
look/pretty — Jane looks pretty.
look/cold
look/angry
look/bored
T: shows the following transparency for generalization.
Tom is happy. (I am sure that he is happy)
Tom feels happy. (He himself thinks so)
Tom looks happy. (He seems to me or to others)
T: asks several questions to derive appropriate feelings from students.
T: shows transparency with sentence builder for teaching suggestions using Let's ~.</td><td>30</td></tr>
</table>

	Let's go swimming. Let's take a taxi. Let's go to bed. Let's buy a pencil. Let's watch TV. ✽ Teacher's questions for inductive grammar teaching. - When you suggest doing something to others, what must you put at the start of the sentence? - When you use the expression starting with *Let's* ~, what verb form do you use? T: shows transparency with previously shown drawings with guiding sentences below. I feel hot. *Let's* *go* swimming. It's far from here. ______ ______ a taxi. I feel hungry. _____ ______ something.	
Pair Work	✽ Communicative practice T: lets the students talk to the persons right next to them. S: One student is to say how she/he feels now and the other student may offer an appropriate suggestion and vice versa. S1: I feel cold. S2: Let's go inside. S2: I feel bored. S1: Let's play computer game.	5
Home-work	The teacher hands out dittoed sheets with drawings and incomplete sentences, and students are to fill in the incomplete sentences starting with *Let's* ~, referring to the drawings beside the sentences. * Greeting	2

11.4.4 Sample Lesson Plan(4)

Sub-plan

Ⅰ. Student Teacher:
Ⅱ. Regular Teacher:
Ⅲ. School: ______________ High School
Ⅳ. Class: 2nd grade
Ⅴ. Text: English Ⅱ, Jihaksa
Ⅵ. Unit: Lesson 5, The Clay House Mystery
Ⅶ. Period: The 7th Period
Ⅷ. Time: 50 minutes
Ⅸ. Teaching Aids: Power-point, A newspaper article.
Ⅹ. Specific Aims
(1) When given a newspaper article, the student will be able to identify the six basic elements of the lead.
(2) When the main text with missing words are given, the student in groups will be able to fill in the blanks and then reorder the sentences
Ⅺ. Procedures

	Teacher-Student Activities	Teachi-ng Aids	Time (min)
Introduc-tion	◈ Greeting & Checking Attendance T: (Good morning, class.) Ss: (Good morning.) T: How are you today? Ss: Fine! T: How's the weather? Ss: (It's sunny.) T: (Do you like sunny weather?) Ss: (Yes.) T: Let me check your attendance first. Who is not here today? Is everyone here? Ss: (Yes.)		2

	T: Good. ◈ Presentation of Lesson Objectives T: Today, we're going to learn the structure of a news article and do activities related to this. Sound interesting? We'll review the vocabulary first, and then, look at some news headlines.		
	◈ Review (Reviews the vocabulary learned.) T: Do you remember what we learned last time? Ss: (We read The Clay House Mystery.) T: That's correct! We finished reading the text. Let's check with some vocabulary. Look at the screen. (On the screen, the words *bury, dig, absolutely, murder, dusk, wreck, shovel, blurt, muster, properly* appear with Korean translation.)	Power–point	3
Devel–opment	◈ Presentation of the New Material T: (Showing the English newspaper) What is this? Ss: (Newspaper.) T: Right. English newspaper. It's The Korea Herald. How do you call these stories in a newspaper? Ss: ( ) T: A story in the newspaper is called an 'article.' (Writes 'article' on the whiteboard.) Then, who writes the article? Ss: ( ) T: Well, reporters write articles. (Writes 'reporters' on the whiteboard.) Some of you are student reporters and others may be interested in journalism. If you are a reporter, you should be very careful in writing a story especially when it's about a crime. T: (Shows the students the picture of World Trade Center terror on the screen so that they can guess the story before showing them the news article.) T: This photo is from a news article. Can you guess	English News–paper, White–board	5

	what this picture is about? Ss: (Terror.) T: September 11th terror. What is this building? Ss: ( ) T: Yes. It's the World Trade Center. What happened to the people inside the World Trade Center? Ss: (They died.)		
	T: Right. They were killed by the airplane crash. This is the part of the news. There are two paragraphs. The first one and the second one. Please read them first. Ss: (Read silently.) T: Let's read them together. Ss: (Read together.) T: Which paragraph is more important? Ss: (The first one.) T: That's right! In a newspaper, the first paragraph is called the 'Lead.' (Writes 'Lead' on the whiteboard.) You can find out the most important information in the lead. Usually, there are six important facts in the lead. Let's look at the screen. T: It basically has six elements in the lead. Five begin with 'Wh' and one with 'H.' Do you know what they are? Ss: (Who, When, Where, What, Why, and How.) T: That's correct. Very good. Let's look at the first paragraph of the article about 9/11 terror, then. What is the first paragraph called? Ss: (Lead.) T: Excellent! And, there are six important elements in the lead. Let's work in groups of five (Gives out the handout). Find the six elements in this article. ◆ **Student Presentation** T: (After two minutes) Are you done? Let's check the answer together.		10

<table>
<tr><td></td><td>Can you answer 'Who'?
Ss: (U. S. State Department.)
T: When?
Ss: (On Tuesday.)
T: What?
Ss: (Thousands of people.)
T: How?
Ss: (They were killed.)
T: Where?
Ss: (In the World Trade Center.)
T: Why?
Ss: (By terror attack.)
T: Right. Because they were attacked by the terriorists, right? Good job!</td><td>English News-paper, White-board, Handout #1</td><td></td></tr>
<tr><td></td><td>◈ Fill-in-the-blank Activity & Re-ordering the Text
T: Now, let's move on. I made the story The Clay House Mystery into a news article. So, there is a headline and lead. But, I changed the sentence order with some missing words. So, I'd like you to do two things. Firstly, fill in the blank with the proper words. Secondly, reorder the article. Keep in mind the lead, especially, O. K? First of all, what should you do?
Ss: (Fill in the blank.)
T: Good. And then?
Ss: (Change the order.)
T: Right. Work in groups of four. Each group takes one, and pass these around. (Gives out a handout.) I'll give you 10 minutes. Alright. Let's start.

❃ Checking the missing words.
T: What is a word for the first blank?
Ss: (Bury.)
T: Yes, but, he's doing the action. So, the answer would be 'burying,' right? The next answer?
Ss: (Shovel.)
T: That's right. We bury something with shovel.
O. K. What's the answer for the next blank?
Ss: (Dusk.)</td><td>Power-point Presenta-tion, News article, Handout #2</td><td></td></tr>
</table>

	T: Right. And the next one? It's similar to 'completely.' Ss: (Absolutely.) T: Good. What is the right word for the next one? Ss: (Murder.) T: Correct. The next one? Ss: (Argument.) T: Can you spell it? Ss: (A-r-g-u-m-e-n-t.) T: Right. How about the last one? Ss: (Deliver.) T: Very good. Good job! ✽ Checks the sentence order.* Lets check with the sentence order, then. What comes first? Ss: ⓓ Police said Friday that a body was buried in Mr. Clay's backyard in Los Angeles. T: Great. How about the next one? Ss: ⓐ Susan, 16-year-old girl said she heard an argument when she went to the house to deliever milk. T: Good. And the next one? Ss: ⓒ Susan and her friend Kevein insisted they were absolutely sure that there had been a murder in the Clay house. T: Excellent. Finally, the last one is... Ss: ⓑ They saw Mr. Clay was burying a body with his shovel at dusk. T: Right.	Power-point Presenta-tion	15
	◈ NIE (English In Action) T: O.K. Open your books to p. 109. If you look at it, you'll find some missing words, right? Firstly, I'll give you some key words. And then, with your partner, guess the words missing. Work in groups of four. Did everyone understand? Let's start. (Shows the key words *sensational, burial, suspect, reward, whereabouts, get in touch with* on the screen.) T: Now, fill in the blanks with your partners.	Power point	13

	◈ Small Group Presentation T: Could you get the answer? Let me check. Who wants to volunteer? (One group volunteers.) Good. What's the answer. Ss: (Murder.) T: Good. How about the next one? Ss: (Buried.) T: Good. What about the next one? Ss: (House.) T: Good. It's possible. The answer is yard, but your answer is right. And the next one? Ss: (Got.) T: Possible. How about the other group? Does anyone have different answer? No? O.K. Can you see the 'stolen car' on the 5th line? You usually *drove* your car away. How about the next blank? Ss: (Not.) T: Very good. Not *yet* is used when you haven't done something. What about the next one? Ss: (I don't know.) T: It's okay. It was difficult. But, we previewed the vocabulary. The answer is *reward*. Did you get the answer for the next one, then? Ss: (Murderers.) T: You can say that. Also, *suspects* is possible. Could you answer the last one? Ss: (Touch.) T: Perfect!		
Consoli -dation	◈ Consolidation T: Did you have fun learning news English? I hope you all did. The 80% of information is in English nowadays. So, it's very important to know the structure of news articles. I hope it helped a lot. I'd like to give you homework. Firstly, please find one article in an English newspaper. Find the lead and check the six important elements in it. Then on p. 109, finish number B. You all have a nice day!		2

제11장 정 리

실제 수업계획인 학습지도안 작성시에 교사가 알고 지켜야 하는 일반원칙과 기본요소가 있다. 그리고 차시별 교수목표를 설정하는데 있어서 포함해야 하는 세 가지 요소(행위, 조건, 기준)는 교사들이 학습지도안을 작성하는데 중요한 사항들이다. 마지막으로 예로 제시한 단원 수업계획(master plan)과 차시수업 계획(sub-plan)은 (예비) 영어교사들이 수업계획 작성 시 참고로 할 수 있을 것이다.

제12장

교사의 역할

제12장 교사의 역할

| 토론 |

- 한 영어교사(과거 또는 현재)를 선정하여 전반적인 교수 행위를 분석하고 좋은 점과 개선할 점에 대해 함께 이야기해 보시오.
- 영어교과서는 어떤 교수요목에 따라 제작되었는지 조사해 보시오.
- 성찰적 교사교육이 영어 교사들에게 시사하는 점이 무엇인지에 대해 토론해 보시오.

영어의 각 기능별 지도 및 평가, 그리고 학습지도안 작성에 대해 이론과 실제를 살펴보았지만 어떤 영어교사가 되어야 하는지 교사에 초점을 맞추어 논의하지는 않았다. 이제 마지막으로 교사를 중심으로, 수업을 이끌어가는 교수기술(classroom skills), 교사의 자질과 관련된 성찰교수(reflective teaching) 그리고 결과 중심 교수요목에 따라 교과서를 따라가는 수동적인 교사가 아니고 과업 중심 수업을 계획하고 실행하는 능동적인 교사, 즉 후 방법론 시대의 교사에 대해 생각해 볼 필요가 있겠다.

12.1 수업기술

교사의 수업 기술을 크게 네 영역으로 나누어 토론해 보겠다(Bailey & Celce-Murcia, 1979)[1].

12.1.1 학습 분위기(Social climate)

언어 교수와 관련하여 무엇보다도 전체적인 학습 분위기를 편안하게 해 주는 것이 중요하다는데 이견은 없을 것이다. 그리고 이는 교사의 따뜻한 태도와 열정에서 자연스럽게 나오게 된다. 그러면 구체적으로 교사의 어떤 행동들을 가리키는 것인가? 가장 중요한 것은 학생의 이름을 기억하여 불러주는 것이다. 한 교사가 여러 반, 여러 학년을 담당하는 우리의 실정에서 어려움이 있겠지만 새 학년 첫 영어시간에 서로의 이름을 기억하게 할 수 있는 방법으로 많이 소개되는 것이 있다. 즉 학생들에게 카드에 자신의 이름을 적어내게 한 후 이를 섞어 나누어 준다. 이 때 자기의 이름을 가지지 않도록 한다. 각자는 카드에 적힌 다른 학생을 찾아내어 개인적인 질문을 하게 되고 정해진 시간 후에는 한 사람씩 자신이 면담한 학생을 영어로 소개해야 한다. 말하기 연습과 동시에 딱딱한 교실분위기를 부드럽게 바꾸는 효과가 있기 때문에 좋은 방법일 것이다.

공과 같은 장난감을 이용하는 방법으로 그것을 가진 학생이 'My name is ....' 라고 하고 던져주면 받은 학생이 다시 'My name is ....' 라고 하면서 계속 돌아가는 것이다. 어느 정도 이름이 익숙해지면 공을

---

1) 이들 기준들은 자신 뿐 아니라 동료 교사들의 수업기술 또는 교수 행동들을 평가해 주는 기준으로 이용할 수 있으며 따라서 현장실습의 일부인 참관학습의 기준으로 활용할 수 있을 것이다.

던진 학생이 받은 학생에게 'Your name is ....'라고 하면서 게임처럼 흥미롭게 이름을 기억하게 될 것이다.

듣기지도에서 소개한 순서 맞추기, 읽기지도에서 소개한 strip story 등 여러 가지 소집단 활동들은 대부분 집단 구성원간의 협조를 요하는 활동으로 역시 원만한 의사소통 협력 관계 유지에 중요한 역할을 할 수 있다.

이처럼 학습 활동에서 교사가 부드러운 분위기 유지를 위해 할 수 있는 이외에 책상 및 걸상의 배치를 자주 바꾼다든가 교실을 깨끗이 한다든가 영어 게시판을 일정한 간격을 두고 바꾼다든가 하는 물리적인 변화 역시 학습 분위기를 바꾸는데 도움이 될 것이다. 한편 학생을 시킬 때 일정한 순서(앉은 자리, 번호 등)로만 한다든지 몇 몇 학생에게만 집중적으로 질문을 던진다든지 하는 등은 편안한 학습 분위기 조성에 방해가 되는 것들이다. 그러나 학생 개개인에 관심을 가지고 있음을 보여주는 개인적인 질문 ('How is your cold now?' 'You made a big improvement in the last exam.' 등)과 유모어의 사용은 매우 중요하다. 학생들에게 가장 훌륭한 교사로 평가받은 교사는 특히 학생들과의 초기 접촉 단계에서 유모어가 많은 교사다(Moskowitz & Hayman, 1974). 유모어 뿐만이 아니고 상냥한 미소 역시 훌륭한 교사의 요건이다(Moskowitz, 1978).

단지 교사가 수업 중에 학생들에게 어떻게 비치는가 뿐 아니라 수업 외의 시간에 어떻게 학생들을 대하느냐 역시 교실에서의 학습 분위기 조성에 영향을 준다. 따라서 학생들이 자신들의 개인적 문제까지 상의할 수 있도록 가까이 있어 주는 것이 또한 중요하다.

이와 같이 영어를 학습하기에 효과적인 분위기는 교사, 교실 배치 등이 모두 직접 영향을 주게 되는 것이다. Brown(1994, p. 421)은 바람직한 교실분위기는 교사와 학생간의 관계가 신뢰와 존경을 바탕으로 이루어질 때 만들어지는데(establishment of rapport) 다음과 같은 교사의 따뜻한 태도에서 나오는 것이라고 한다.

1) showing interest in each student as a person,
2) giving feedback on each person's progress,
3) openly soliciting students' ideas and feelings,
4) valuing and respecting what students think and say,
5) laughing with them and not at them,
6) working with them as a team, and not against them,
7) developing a genuine sense of vicarious joy when they learn something or otherwise succeed.

12.1.2 다양한 학습활동(Variety in learning activities)

여기서 다양하다는 것은 양적인 의미만이 아니다. 아무리 여러 가지의 학습활동을 준비하였다 하여도 그들이 모두 학습목표 달성에 한 몫을 하지 못한다면 전혀 의미가 없을 것이다. 학습지도안 작성에서도 보았듯이 이들 다양한 학습활동은 상호 연계되어 진행하면서 최종적 학습목표에 접근할 수 있어야 한다. 여기서 각종 시청각 보조자료나 인터넷 자료이용은 학습활동을 다양화하는데 필수적이다.

우선 듣기 훈련을 위하여 비디오 테이프와 같은 녹음 테이프 사용은 실제 부딪치게 될 여러 종류의 원어민 발음을 이해하는데 도움을 줄 것이다. 또한 가능하다면 원어민을 초대하여 정해진 주제에 대해 이야기를 듣고 의문사항을 질문하는 것은 듣기 뿐 아니라 말하기와 문화를 배우는 좋은 기회이다.

말하기 지도를 하는데 있어서도 자신들의 말을 녹화하거나 녹음하여 보고 듣게 한다면 잘못된 발음습관은 물론이고 제스쳐 같은 비언어 행위 습관까지 고칠 수 있을 것이다. 책을 읽고 나서 이야기를 만들고 구두 보고를 하고 역할극을 보여주는 것 등이 두루 녹음되거나 녹화될 수 있다. 그리고 이들은 다시 나중에 듣기 자료로 이용되면 좋을 것이다. 물론 이들은 모두 학생들의 흥미와 능력의 범위 내에서 활용되어야 한다.

읽기 활동 역시 교과서 이외에 신문, 잡지, 관광안내서, 지도, 요람, 편지, 이야기책 등의 자료들이 이용되어야 한다. 또한 다른 친구들이 쓴 작문을 읽고 평가를 하는 활동 등도 포함된다.

쓰기 활동에서도 문법이나 어휘 연습과 같은 통제된 기초 연습활동에서 끝나지 않고 중간 통제 작문, 자유 작문으로 진행하면서 시, 광고, 역할극, 일기 또는 편지글 쓰기 연습을 통하여 다양성이 흥미롭게 첨가된다면 매우 효과적일 것이다.

이 밖에 문화지도를 위한 활동 등 앞 장에서 각 기능별로 다루어진 활동들이 상황에 따라 다양하게 활용될 수 있을 것이다. 아울러 인터넷을 이용한 새로운 자료들은 자신을 직업적으로 재교육시키는 가장 확실한 방법의 하나로써 역시 적절하게 이용되어야 한다.

12.1.3 학생 참여 기회 (Opportunity for student participation)

언어를 배우기 위해서는 그 언어를 사용하는 연습량이 가장 확실한 방법이다. 따라서 교사는 가능한 한 말을 적게 하고 대신 학생들에게 최대한의 언어 사용 기회를 제공해 주어야 한다. 전통적으로 그리고 지금도 여전히 교과서처럼 교사들이 따르는 전체 반복 연습(choral repetition)은 앞에서도 언급하였듯이 완전 통제된 연습일 뿐 진정한 언어 사용과 연계되지 않기 때문에 효과적인 방법이 되지 못한다. 사실 편안하고 흥미로운 학습분위기 조성이나 다양한 학습활동에서 제시된 여러 가지 방법들이 결국 진정한 학생참여를 위한 활동들이기 때문에 중복은 피하면서 연결선상에서 토론해 보겠다.

출석을 부른다거나 과제물을 돌려주고 교구를 조작하는 것 또는 게시판을 만드는 것 등 영어와 직접 관련이 없어 보이거나 있어도 미미한 정도에 불과한 교실 운영(classroom management)에 학생을 참여시키는 것이 필요하다. 또한 많이 수줍어하는 학생들을 의도적으로 참여하게 하고 가능한 한 모든 학생이 고르게 기회를 가지게 하기 위하여 지명을 한다든가 말잇기 연습(chain drill)을 이용하기도 하고 짝 활동을 한 후 보고하게 할 수도 있다. 나아가서 역할극, 문제 해결 과제 등 소집단 활동과제를 주는 것도 효과가 많다. 이때는 소집단 구성원을 어떻게 할 것인가를 결정하는 것이 매우 중요하다. 예를 들면 성격이나 언어 능력에서 비슷한 아이들을 같은 집단으로 할 것인가 아니면 각 집단에 골고루 분산되도록 할 것인가 또는 한 학기 동안 같은 구성원이 되도록 할 것인가 아니면 매 시간 또는 일정한 간격으로 변화를 줄 것인가 등이다. 때때로 학생이 교사 역할을 하도록 기회를 주어 자기들끼리 수업을 진행하게 할 수도 있다. 특히 적절한 시기에 소집단끼리의 경쟁이 될 수 있는 여러 가지 게임을 도입하는 것은 수업에 활기를 더할 수 있어서 효과적인 경우가 많다.

영어를 사용할 수 있는 기회가 수업시간에 제한된 경우가 대부분인 우리의 상황에서 특히 교사의 학생참여 기회를 최대화하려는 의도적인 노력은 매우 중요하다.

12.1.4 오류 수정(Feedback and correction)

언어의 오류수정에서 일반적인 원칙은 초보단계를 지나서는 의사소통에 방해가 되는 발음, 어휘, 문법사용은 어떻게 해서라도 수정되어야 하지만 그렇지 않은 경우에는 학생 스스로 찾아 교정하도록 방법을 찾으라는 것이다. 그리고 가능하면 스스로 수정을 하게 하거나(self-correction), 다른 학생을 통해 수정이 되게 하는 것이(peer correction) 교사가 직접 수정을 해 주는 것보다 효과적이라는 것이다. 덧붙여서 직접적인 수정보다는 간접적 수정이 언어능력 발달에 긍정적으로 작용한다는 것이다. 앞장에서 논의하였듯이 peer correction은 특히 쓰기지도에서 효과적인 것으로, 제출하기 전에 돌려보게 하거나 제출된 것 중에서 대표적인 것을 전체 학생과 함께 수정하게 해 보거나 하는 것이 있을 수 있다.

이 밖에 영어 교사로서 갖추어야 하는 교수 행동에는 다음의 6가지가 추가된다.

1) 목소리 크기가 적당하다.
2) 지시가 분명하다.
3) 학생과 대화할 때 눈을 마주 친다.
4) 교수자료나 판서가 명확하다.
5) 질문 후 대답을 하기까지 기다려주는 시간이 적당하다.
6) 교실에서 적당히 움직인다.
7) 복장이 단정하다.

여기서 잠시 생각해 볼 문제는 다섯 번째와 관련된 것으로 교사가 질문을 하기 전에 대답할 학생을 지명하는 것과 질문을 하고 나서 지명을 하는 것에는 어떤 차이가 있는가 하는 것이다.[2] 대체로 전자의 경우에는 다른 학생들은 질문이 무엇인지조차 알지 못하게 된다는 단점이 있다. 그러므로 일반적으로 학생 수가 적지 않을 때는 질문은 전체를 대상으로 하고 그들이 생각해 볼 시간적 여유를 준 후 지명을 하는 것이 바람직할 것이다. 또 한 가지 재미있는 사실은 교사들이 흔히 본능적으로 우수한 학생에게 질문을 던진 후에는 더 오래 기다려 주고 그렇지 못한 학생에게는 기다리는 시간이 짧다는 것이다(Rowe, 1969). 어느 경우든 적당하게 기다려 주는 참을성이 매우 중요할 것이다.

12.2 성찰교수

성찰교수에서는 '나는 어떤 교사인가(What kind of teacher am I)?' '교수 학습에 대한 나의 신념은 무엇이고 이것이 나의 교수에 어떤 영향을 주는가(What are my beliefs about teaching and learning, and how do these beliefs influence my teaching)?' '교수-학습에 대한 학생들의 신념은 무엇인가(What beliefs do my learners hold about learning and teaching)?' 등 교사로서 자신에 대해 문제를 제기하는 것에서 출발한다(Richards & Lockhard, 1994). 이러한 문제를 제기하고 해결하는 과정에서 교사는 자신의 교수를 최대한 객관적으로 그리고 비판적으로 성찰하게 되는데 그런 의미에서 교수에 대한 비판적 자기 평가와 자기인식이라고 말할 수 있다. 이러한 자기 성찰은 계속해서 변화를 필요로 하고 그 후의 평가로 이어지게 되는데 이러한 성찰교수 모델은 다음의 표로 나타낼 수 있다.

2) 미국 학교 교실에서는 질문 후에 자원한 학생이(volunteers) 대답을 하는 경우가 대부분이어서 이것이 거의 문제되지 않는다.

❙ 그림 6 ❙ The Reflective Model of Teacher Education

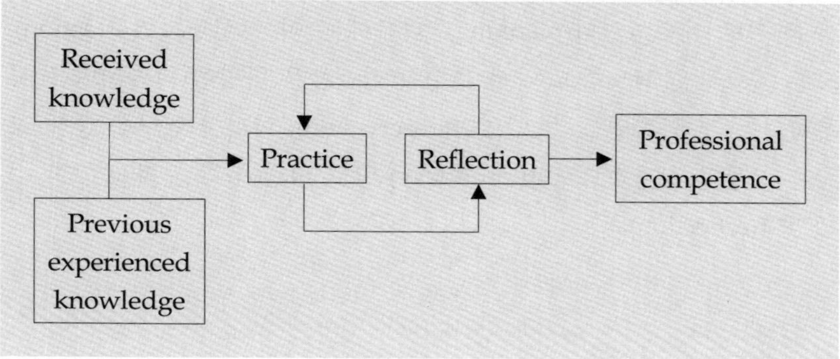

(Wallace, 1991, p.15)

이는 교사 자신의 선험적 지식이 어떻게 교수 행동들과 합해지는 성찰적 교수를 통해 교사의 직업적 능력의 완성을 가져다주는지를 보여준다. 즉 교사의 지식이 성찰을 통해서 학습으로 이어지는 과정을 밟게 되는데 이것은 계속되는 것이다. 따라서 과거의 하향식 지식전달 방식의 교사 교육(top-down approach to teacher education)에서 벗어나 상향식 비판적 성찰에 기초를 둔 교사 교육(bottom-up approach to teacher education)으로의 전환이 필요하다는 것이다. 이는 교수와 관련하여 발전과 변화의 책임을 교사에게 돌린다. 교사는 연구의 책임자가 되어야 한다는 말이다. 한편 이러한 견해는 이론과 실제와는 다르다며 불평을 제기하는 경우를 없애게 됨으로써 그들 관계가 상호 긴밀하게 연결 지속될 수 있도록 해준다. 왜냐하면 교사 자신이 이론을 수행하는 과정에서 이를 수정 보완할 수도 있고 새로운 이론을 정립하게 되기도 할 것이기 때문이다.

성찰 교수의 과정을 보여주는 한 예로(Richards & Lockhart, 1994) 교사는 학생들의 어떠한 학습 전략들(learning strategies)이 영어학습에 성공적으로 작용하는지를 알아내고자 하였다(initial reflection). 그래서 두 명의 우수한 학생을 선발하여 한 학기동안 직접 관찰하고 면담을 하기로 계획하였다(planning). 다음에는 이를 실행하였다(action). 모든 자료들을 검토하고 나서 우수한 학생들은 다양한 학습전략을 사용한다는 것을 확인할 수 있었다(observation). 이러한 연구를 통해 교사는 그동안 직관적으로만(intuitively) 알고 있던 생각을 확실히 할 수 있었다(reflection).[3)]

12.3 교수요목

교육 과정(curriculum)이란 교수목적, 내용, 방법 그리고 평가를 두루 포함하는데 교수요목(syllabus)은 주로 내용을 다루는 부분이다. 좀 더 구체적으로 표현하면 어떤 내용을 어떤 순서로 진행할 것인지를 나타낸다(Breen, 1983, p. 58).

> ...a particular specification of the content upon which teaching and learning would act. Typically, a syllabus further specifies the pedagogic organization of such content in terms of its sequencing, subdivision and continuity.

이제 이들 교수요목의 종류에 대해 정리해 보기로 하겠다.

12.3.1 문법(구조) 교수요목(Grammatical / Structural syllabus)

언어는 일정한 규칙에 의해 만들어지므로 이들 명확한 언어 규칙들을 익히는 것이 중요하다는 가정하에 단순한 언어규칙부터 순서대로 교수

3) 실행연구(action research)라고 하여 교사가 연구자가 되어 자신들의 수업을 이해하고 개선할 목적으로 직접 연구하는 것을 말한다.

내용을 배열한다. 이러한 견해는 구조주의 언어학자들의 주장이었는데 그들은 단어들이 어떻게 배합되어 구 또는 문장을 형성하는가에 관심을 가졌었다. 따라서 누구나 순서대로 언어규칙을 암기하면 자동적으로 언어를 의사소통 상황에서 사용하게 된다는 것이다. 1987년 제5차 영어 교육과정기 시작 이전까지 우리나라에서 주로 사용해온 교수요목이다. 그러나 이러한 기본적 사고는 학생의 차이를 부정하고 의사소통 도구로서의 언어의 기능을 무시한다 하여 많은 비판을 받아왔다. 그런데도 아직 일선 영어교사들은 문법 교수요목을 따르는 경향이 짙다.

12.3.2 기능(개념) 교수요목 (Functional / Notional syllabus)

의사소통 능력의 중요성이 높아지면서 어떤 기능을 수행하기 위하여 어떤 언어 형식을 사용할 것인가를 중시하게 되었고 따라서 기능별로 교수 내용을 선정해야 한다는 주장이 큰 호응을 얻게 되었다(Munby, 1978; van Ek, 1975b; Wilkins, 1976). van Ek은 교수요목에는 필수적으로 상황(situations in which the foreign language will be used), 학습활동(language activities in which the learner will engage), 언어기능(language functions which the learner will fulfill), 개념(general notions which the learner will be able to handle) 등이 포함되어야 한다고 주장하였다. 그리고 각 기능의 배열은 학생들의 일반적인 필요를 기준으로 정해야 한다고 하였다(Wilkins, 1976). 문법 교수요목과 달리 의사소통 상황에서 적합한 언어를 사용하도록 내용을 선정한다는 것은 일상생활에 필요한 언어를 가르침으로써 이를 곧 바로 실제 이용하게 할 수 있다는 가정에서이다.

제5차 교육과정이 시행된 1987년 이후 문법 교수요목과 기능 교수요목이 혼합된 영어교육이 권장되었고 1992년에 시작된 제6차 교육과정에서는 기능 교수요목의 비중이 더 커졌다. 그러나 의사소통 능력을 갖추게 교육하고자 하였던 기능 교수요목의 채택은 실제로는 결국 언어를 가르치기 편리하도록 세분화하여 배열함으로써 종래의 문법 교수요목과 차이가 없다는 비판을 받았다. 사실 요청하는 기능을 수행하기 위하여 사용할 수 있는 언어 형식은 구조가 단순한 'Please lend me a pen.'부터 상대가 말하는 이와 어떤 관계이냐에 따라 'Will you lend me a pen?' 'Would you please lend me a pen?' 'Would you be kind enough to lend me a pen?' 등 복잡한 구조까지 다양하고 이들을 어떤 순서로 가르칠 것인가 하는 문제는 단순하지 않다. 또한 이렇게 기능별로 분류된 언어 형식들을 교실에서 학습한 후 그것들이 실제 생활에 어떻게 적용될지에 대해서도 확실하지 않다. 그렇지만 현실적으로 결과 중심 교수요목에 속하는 이들 문법 교수요목과 기능 교수요목이 우리나라 영어 교사의 일반적인 자질과 표준화된 대학입시 제도에서는 가장 안전한 방법이라고 여겨지기 때문에 어쩔 수 없이 채택되고 있다고 할 수 있다.

12.3.3 과정중심 교수요목 (Process-oriented syllabus)

비교적 최근에 등장한 교수요목으로 언어를 일련의 분리된(discrete) 항목들이라거나(구조주의 언어학) 또는 일련의 유한한 규칙체계(인지주의 언어학)로 보지 않고 수많은 중간언어(interlanguage) 단계를 거쳐 완성되는 최종적 산물로 보는 시각에서 출발한다. 이러한 사고는 기능 교수요목이 유행한 시기 이후 나온 것으로 역시 의사소통 중심 교수법의 새로운 방향을 제시해 주었다. 즉 실제 언어 사용 능력을 키우기 위해서는 목적에 부합할 수 있는 내용을 미리 선정하여 그대로 가르칠 수 없는데 그 이유는 의사소통은 그 자체의 의미가 과정이어서 참여자, 상황, 목적에 따라 사용하는 언어가 달라지기 때문이라는 것이다. 즉 항상 역동적(dynamic)이고 예측이 불가능(unpredictable)하다는 것이다(Breen, 1983).

결국 학습자들에게 과업(task)이 주어지고 그들은 그 과업을 수행하기 위해 언어를 사용하게 되는데 이 때 교사는 중요한 언어 형식을 찾아내어 필요한 만큼 연습을 시켜야 한다. 그래서 전통적인 'presentation - practice - production'순서를 따르지 않고 'production - presentation - practice'의 순서를 따르게 된다. 이는 과업 중심학습(task-based learning)에서 사용하는 pre-task - task cycle - language focus의 순서(Willis, 1996)와도 같은 의미이다. 즉 가르칠 내용과 순서가 처음부터 정해지지 않고 학습자들이 과업을 수행하는 동안 선정되어 필요한 언어항목을 연습시키게 된다는 것이다. 그런 의미에서 이것은 학습자 중심의 교수요목이라고 하기도 하는데 '절차적 교수요목'(procedural syllabus)이라고 부르기도 한다(Prabhu, 1987).

우리나라에서는 부분적으로 국가적 차원에서 정한 결과중심 교수요목을 따르면서 과정중심 교수요목을 나름대로 고안하여 적용하는 영어교사가 있기는 하겠지만 대부분의 교사들은 정해진 교수요목을 순서대로 따른다. 이와 관련해서도 영어교사 교육기관에서 창의적인 능력을 갖춘 유능한 교사배출을 위한 노력을 해야 할 것이다(Lee, 1994).

제12장 정 리

교사의 수업기술은 크게 학습 분위기, 다양한 학습활동, 학생참여 기회, 그리고 오류 수정의 네 영역에서 분석, 평가될 수 있을 것이다. 또한 최근에 논의되고 있는 성찰교수(reflective teaching) 또는 실행연구(action research)는 교사는 자신이 배운 것을 실행하는 것에서 그치는 수동적인 사람이 아니고 자신의 교수 행위에 대해 스스로 반성하고 비판하면서 독자적으로 새로운 이론을 정립해 나가야 한다고 강조한다. 이렇게 볼 때 영어교사는 국가적으로 채택하고 있는 결과 중심 교수요목(product-oriented syllabus)에 과정 중심 교수요목(process-oriented syllabus)를 접목하여 과업 중심 교수 방법(task-based language teaching)을 효과적으로 활용할 수 있어야 하겠다.

참고문헌 (References)

금용환. (2008, 4.22), <영어과 교육과정 및 교과용 도서의 변천과 변화 방향>, 한국 영어영문학회 심포지움 발표논문.

교육부. (1996). <중학교 교육과정 해설>. 서울: 대한 교과서.

교육부. (1997). <국민공통 기본 교육과정>. 서울: 대한 교과서.

문교부. (1988). <중학교 교육과정 해설>. 서울: 대한 교과서.

박명석. (1969). 문화적 차이에 기인한 의사소통의 차이--한국과 미국의 경우를 중심으로. <영어영문학>, 59, 91-107.

박상옥. (1980). 대학 교양영어 독해력 시간의 효율적 활용. <홍대논총>, 12, 97-111.

박상옥. (1985a). 영어교육에 있어서 문화지도. <홍익대학교 논총(인문, 사회과학편)>, 17, 487-511.

박상옥. (1985b). 효율적인 조기 영어교육방안에 관한 연구. <영어교육>, 29 & 30, 321-346.

박상옥. (1989). 대학 교양영어교육의 개선을 위한 연구. <홍대논총>, 21, 263-287.

박상옥. (1996). 영어교육에 있어서 교실 영어 사용의 효과. <영어교육>, 51(1), 3-22.

박상옥. 편저. (2000). <영어교수기법>. 서울: 신아사

박형기. (1982). 영어교육의 입장에서 비교한 한국문화와 미국문화의 특성. <영어교육>, 23, 9-30.

배두본. (1990). <영어교육학>. 서울: 한신문화사.

배두본. (1997). <초등학교 영어교육>. <이론과 적용>. 서울: 한국문화사.

배두본. (2002) <영어교육학 총론>. 서울: 한국문화사.

신용진. (1985). <영어교육공학 I>. 서울: 예지각.

조세경. (2001). 구성주의와 문제중심 학습법. <영어교육>, 56(4), 311-327.

Abercrombie, D. (1968). Paralanguage. *British Journal of Disorders of Communication, 3,* 55-59.

Action, W. (1984). Changing fossilized pronunciation. *TESOL Quarterly, 18*, 71-85.

Akbari, R. (2008). Postmethod discourse and practice. *TESOL Quarterly, 42*(4), 641-652.

Anderson, J. (1971). Selecting a suitable 'reader': procedures for teachers to assess language difficulty. *RELS Journal, 2*(2), 35-42.

Asher, J. (1977). *Learning another language through actions: The complete teacher's guidebook*. Los Gatos, CA: Sky Oaks Productions.

Asher, J., Kusudo, J. & Torre, R. (1974). Learning a second language through commands: The second field test. *The Modern Language Journal, 58*, 24-32.

Ausubel, D. A. (1968). *Educational psychology: A cognitive view*. NY: Holt, Rinehart & Winston.

Baily, K. M., & Celce-Murcia, M. (1979). Classroom skills for EFL teachers. In Celce-Murcia, M. & McIntosh, L. (Eds.), *Teaching English as a second or foreign language*(pp. 315-330). MA: Newbury House Publishers, Inc.

Barlett, L. (1990). Teacher development through reflective teaching. In Richards, J. C., &

Nunan, D. (Eds.), *Second language teacher education*(pp. 202-214). Cambridge: Cambridge University Press.

Bassano, S. K. & Cristison, M. A. (1987). Developing successful conversation groups. In Long, M. H. & Richards, J. C. (Eds.), *Methodology in TESOL*(pp. 201-207). Rowley, MA: Newbury House Publisher.

Betts, E. A. (1957). *Foundations of reading instruction*. NY: American Book Company.

Birdwhistill, R. L. (1970). *Kinesics and context*. Philadelphia: University of Philadelphia Press.

Bledsoe, P. (1992). Performance and evaluation of communicative tasks: The video camera in the L2 classroom. *Hispania, 75*, 437-440.

Boud, D., Keogh, R., & Walker, D. (1985). Promoting reflection in learning: A model. In Boud, D., Keogh, R., & Walkter, D. (Eds.), *Reflection: Turning experience into learning*. London: Kogan Page.

Bowen, J. D. (1979). Contextualizing pronunciation practice in the ESOL classroom. In Celce-Murcia, M. & McIntosh, L.(Eds.), *Teaching English as a second or foreign language*(pp. 101-110). Rowley, MA: Newbury House Publishers, Inc.

Bowers, R. (1987). Developing perceptions of the classroom. In Bowers, R. (Ed.), *Language teacher education: An integrated programme for ELT teacher training*(pp. 138-179). ELT Documents 125. Oxford: Modern English Publications/ British Council.

Braddock, R. et al. (1963). *Research in written composition.* Champaign, IL: National Council of Teachers of English.

Braddock, R. et al. (1983). Prepared comments on syllabus design: possible future trends. In Johnson, K., & Porter, D. (Eds.), *Perspectives in communicative language teaching*. Academic Press.

Breen, M. (1983). Prepared comments on *Syllabus design: Possible future trends presented* by Johnson, K.& Porter, D.

Breen, M., & Candlin, C. N. (1980). The essentials of a communicative curriculum in language teaching. *Applied Linguistics, 1*, 89-112.

Britten, D. (1985). State of the art: Teacher training in ELT 1. *Language Teaching, 18,* 112-128.

Brooks, N. (1964). *Language and language learning*. NY: Harcourt, Brace, and World, Inc.

Brooks, N. (1968). Teaching culture in the foreign language classroom. *Foreign Language Annals, 1*, 204-217.

Brown, J. D. (1994). *Principles of language learning and teaching*. Eaglewood Cliffs, NJ: Prentice Hall Regents.

Brown, G., & Yule, G. (1983a). *Discourse analysis*. Cambridge: Cambridge University Press.

Brown, G., & Yule, G. (1983b). *Teaching the spoken language.* Cambridge: Cambridge University Press.

Brumfit, C. J. (1979). Integrating theory and practice. In Holden, S. (Ed.), *Teacher training*. London: Modern English Publications.

Brumfit, C. J. (1984). *Communicative methodology in language teaching: The roles of fluency and accuracy*. Cambridge: Cambridge University Press.

Brumfit, C. J., & Johnson, K. (Eds). (1979). *The communicative approach to language teaching*. Oxford University Press.

Bulter, J. (1980). Review of writing and combining standard English sentences. *TESOL Newsletter, 14*, 25-26.

Burbidge, G. (1986). Looking at volcanoes and listening comprehension. *TESOL Newsletter, 20*, 7-10.

Busch, D. (1982). Introversion-extroversion and EFL proficiency of Japanese students. *Language Learning, 32*, 109-132.

Canale, M., & Swain, M. (1980). Theoretical bases of communicative approaches to second language teaching and testing. *Applied Linguistics, 1*(1), 1-47.

Candlin, C. N. (1976). Communicative language teaching and the debt to pragmatics. In Rameh, C. (Ed.), *Semantics: Theory and application*. Washington: Georgetown University Press.

Candlin, C. N., & Murphy, M. (Eds). *Language learning tasks*. Prentice Hall.

Carrell, P. L., & Eisterhold, J. C. (1983). Schema theory and ESL reading pedagogy. *TESOL Quarterly, 17*(4), 553-574.

Carroll, B. J. (1978). *The assessment of communicative performance*. London: Royal Society of Arts.

Carroll, B. J. (1980). *Testing communicative performance*. Oxford: Pergamon.

Carroll, C. M., & Mordaunt, G. O. (1991). The frontier method of vocabulary practice. *TESOL Journal, 2*, 23-25.

Carter, R. & Long, M. N. (1991). *Teaching literature*. NY: Longman.

Celce-Murcia, M. (1985). Making informed decisions about the role of grammar in language teaching. *TESOL Newsletter, 19*(1), 4-5.

Celce-Murcia, M. (Ed.). (1991). *Teaching English as a second or foreign language*(2nd ed.). Boston, MA: Heinle & Heinle Publishers.

Celce-Murcia, M. (Ed.). (2001). *Teaching English as a second or foreign language*(3rd ed.). Boston, MA: Heinle & Heinle Publishers.

Celce-Murcia, M., & Goodwin, J. M. (1991). Teaching pronunciation. In Celce-Murcia, M. (Ed.), *Teaching English as a second or foreign language*(2nd ed.)(pp. 136-153). Boston, MA: Heinle & Heinle Publishers.

Celce-Murcia, M., & Hilles, S. (1988). *Techniques and resources in teaching grammar*. NY: Oxford Univ. Press.

Celce-Murcia, M., & Larsen-Freeman, D. (1983). *The grammar book: An ESL/EFL teacher's course*. NY: Newbury House.

Celce-Murcia, M., & McIntosh, L. (Eds.) (1979). *Teaching English as a second or foreign language*. Rowley, MA: Newbury House Publishers, Inc.

Chamot, A. U., & Kupper, L. (1989). Learning strategies in foreign language instruction. *Foreign Language Annals, 22*, 13-24.

Chastin, K. (1976). *Developing second-language skills: Theory to practice*. Chicago: Rand McNally College Publishing Company.

Chomsky, N. (1966). *Aspects of the theory of syntax*. Cambridge: MIT.

Christison, M. A., & Bassano, S. (1981). Drawing out: using art experience in ESL. *TESOL Talk, 13*, 35-40.

Cicogna, C., Danesi, M, & Mollica, A. (1992). *Problem solving in second-language teaching*. Lewiston, NY: éditions Soleil.

Clark, J. (1978). Interview testing research at educational testing service. In Clark, J. (Ed.), *Direct testing of speaking proficiency: Theory and application*. Princeton: Educational Testing Service.

Cohen, A. (2001). Second language assessment. In Celce-Murcia, M.(Ed.), *Teaching English as a Second or Foreign Language*. (3rd ed.). (pp. 515-534). Heinle & Heinle.

Combs, W. (1976). Further effects of sentence-combining practice on writing ability. *Research in the Teaching of English, 10*, 137-149.

Cray, E., & Wesche, M. (1984). The Ontario test of English as a second language: A progress report. *TESL Talk, 15*, 3.

Cruickshank, D. R., & Applegate, J. H. (1981). Reflective teaching as a strategy for teacher growth. *Educational Leadership, 38,* 553-554.

Crymes, R. (1971). The relation of study about language to language performance: With special reference to nominalization. *TESOL Quarterly, 5*, 217-230.

Curran, C. (1976). *Councelling-learning in second language*. Apple River Press.

de Bot, K., & Mailfert, K. (1982). The teaching of intonation: Fundamental research and classroom applications. *TESOL Quarterly, 16*, 71-77.

Decarrico, J. S. (2001). Vocabulary learning and teaching, In Celce-Murcia, M. (Ed.), *Teaching English as a Second or Foreign Language*. (3rd, ed.). (pp. 285-298). Heinle & Heinle.

DesBrisay, M. (1982). A feasibility study of large-scale communicative testing. *Journal of Applied Language Study, 1*, 77-86.

Desforges, C. (1989). Understanding learning for teaching. *Westminster Studies in Education, 12*, 17-19.

Dewey, J. (1933). *How we think: A restatement of the relation of reflective thinking to the educative process*. Chicago: Henry Regnery.

Di Pietro, R. (1987). *Strategic interaction: Learning languages through scenarios.* Cambridge: Cambridge University Press.

Dickerson, W. B. (1976). The psycholinguistic unity of language learning and language change. *Language Learning, 26*, 215-232.

Diller, K. C. (1971). *Generative grammar, structural linguistics and language teaching.* Harvard Univ. Press.

Donelson, K., & Nilson, A. (1980). *Literature for today's young adults*. Glenview, IL: Scott, Foresman and Company.

Ediger, A. (2001). Teacning children literacy skills in a second language. In Celce-Murcia, M. (Ed.), *Teaching English as a Second or Foreign Language*. (3rd ed.). (pp. 153-169). Heinle & Heinle.

Elbaz, F. (1988). Critical reflection on teaching: Insights from Freire. *Journal of Education for Teaching, 14*, 171-181.

Elliott, J. (1986). How do teachers learn. In Hopkins, D. (Ed.), *Inservice training and educational development: An international survey*. London: Croom Helm.

Elliott, J. (1991a). *Action research for educational change*. Milton Keynes: Open University Press.

Elliott, J. (1991b). A model of professionalism and its implications for teacher education. *British Educational Research Journal, 17*, 309-318.

Ellis, R. (1986). *Understanding second language acquisition*. Oxford University Press.

Ellis, R. (2000). Task-based research and language pedagogy, *Language teaching research, 4* (3), pp.193-220.

Ellis, R. (2002). Grammar teaching—Practice or consciousness-raising? In Rechards, J., & Renandya, W. (Eds), *Methodology in Language teaching*. (pp. 167-174). Rowley, MA: Newbury House Publisher.

Ellis, R. (2006). Current issues in the teaching of grammar: An SLA perspective. *TESOL Quarterly, 40* (1), 83-107.

Esling, J. H., & Wong, R. F. (1983). Voice quality setting and the teaching of pronunciation. *TESOL Quarterly, 17*, 89-95.

ETS. (1988). *Speak*.

ETS. (1992). *Toefl, Test of written English guide*.

Evans, C., Gaudin, J., & Raveau, F. (1987). Testing advanced communicative competence through role-play. *The British Journal of Language Teaching, 25*, 104-108.

Farhady, H. (1979). *New directions for ESL proficiency testing*. Manuscript. TESOL program. LA: University of Southern California.

Finocchiaro, M. (1979). The functional-notional syllabus: Promise, problems, practice. *English Teaching Forum, 17*(2), 11-20.

Finocchiaro, M., & Brumfit, C. J. (1983). *The notional/functional approach: From theory to practice to practice.* Oxford University Press.

Flower, L. (1979). Writer-based prose: A cognitive basis for problems in writing. *College English, 41*, 19-37.

Freeman, D. (1989). Teacher training, development, and decision making: A model of teaching and relative strategies for language teacher education. *TESOL Quarterly*, 23, 27-45.

Freeman, D. (1993). *New ways in teacher education*. Alexandria, VA: TESOL.

Gaderer, H. K. (1983). Learning by doing: Multiplier systems in the training of EFL teachers in Austria. In Alatis, J. E., Stern, H. H., & Strevens, P. (Eds.), *Applied linguistics and the preparation of second language teachers: Toward a rationale*. Georgetown University Round Table on Language and Linguistics. Washington, DC: Georgetown University Press.

Gardner, R. C., & Lambert, W. E. (1972). *Attitude and motivation in second language learning*. Rowley, MA: Newbury House.

Gattegno, C. (1972). *Teaching foreign language in schools: The silent way*. NY: Educational solutions, Inc.

Gattegno, C. (1978). *The common sense of teaching foreign language*. NY: Educational solutions, Inc.

Gebhard, J. G. (1982). Some suggestions for the EFL conversation class. *English Teaching Forum, 20*(2), 14-16.

Genzel, R. B., & Cummings, M. G. (1994). *Culturally Speaking* (2nd ed). Boston, MA: Heinle & Heinle Publishers.

Gilbert, J. B. (1984). *Clear speech*. NY: Cambridge University Press.

Goodman, K. S. (1970). Reading: a psycholinguistic guessing game. In Singer, H., & Ruddel, R. B. (Eds.), *Theoretical modes and processes of reading*. Newark, DE: International Reading Association.

Goodwin, J. (2001). Teaching pronunciation. In Celce-Murcia, M. (Ed.). *Teaching English as a second or foreign language* (3rd ed.), (pp.117-133). Heinle & Heinle.

Grobe, W., & Stoller, F. L. (2001). Reading for academic purposes: Guidelines for the ESL/EFL teaching. In Celce-Murcia, M. (Ed.). *Teaching English as a second or foreign language* (3rd ed.), (pp.187-2003). Heinle & Heinle.

Graham, C. (1978). *Jazz chants*. NY: Oxford University Press.

Graham, C. (1979). *Jazz chants for children.* NY: Oxford University Press.

Graham, C. (1986). *Small talk*. NY: Oxford University Press.

Graham, C. (1988). *Jazz chant fairy tales*. NY: Oxford University Press.

Graham, C. (1993). *Grammar chants: More jazz chants*. NY: Oxford University Press.

Graham, C. (1994). *Mother Goose jazz chants.* NY: Oxford University Press.

Grant, L. (2001). *Well Said* (2nd ed). Boston, MA: Heinle & Heinle.

Grumperz, J. J. (1982). *Discourse strategies*. Cambridge: Cambridge University Press.

Guiora, A. Z,. Brannon, R. C., & Dull, C. Y. (1972). Empathy and second language learning. *Language Learning, 24*, 287-297.

Haggstrom, M. (1994). Using a videocamera and task-based activities to make classroom oral testing a more realistic communicative experience. *Foreign Language Annals, 27*(2), 161-175.

Hahn, L. D. (2004) Primary stress and intelligibility: Research to motivate the teaching of surprasegmentals, *TESOL Quarterly, 38* (2), 201-223.

Hall, E. T. (1966). *The hidden dimension*. Doubleday, NY: Anchor Books.

Hall, E. T. (1973). The silent language. Doubleday, NY: Anchor Books.

Halliday, M. (1993). *Explorations in the functions of language*. London: Edward Arnold.

Harmer, J. (2007), *How to teach English.* Pearson.

Hatch, E. M. (Ed.) (1978). *Second language acquisition: A book of reading*. Newbury House.

Haycraft, B. (1971). *The teaching of pronunciation: A classroom guide*. London: Longman.

Henderson, I. (1983). Cultural strategies in elementary college language courses. *The Modern Language Journal, 67*, 191-196.

Hendon, U. (1980). Introducing culture in the high school foreign language class. *Foreign Language Annals, 13*, 191-199.

Hendrickson, M. J. (1980). The treatment of error in written work. *The Modern Language Journal, 64*, 216-220.

Henning, G. (1975). Measuring foreign language reading comprehension. *Language Learning, 25*,

Henning, G. (1982). Twenty common testing mistakes for EFL teachers to avoid. *English Teaching Forum, 20*, 33-37.

Hess, N. (2001). *Teaching large multilevel classes*. Cambridge: Cambridge University.

Hill, D. A. (1990). *Visual impact. Creative learning through pictures*. Essex, England: Longman.

Hill, W. F. (1971). *Learning a survey of psychological interpretations*. Scranton: Chandler Publishing Co.

Hodgson, J., & Richands, E. (1966). *Improvision*. NY: Grove Press.

Honeyfield, J. (1977). Simplification. *TESOL Quarterly, 11*, 431-440.

Hoover, J. (1974). *Role play: Buying a house*. mimeographed. Pittsburgh: English Language Institute.

Horwitz, E. K., Horwitz, M. B., & Cope, J. A. (1986). Foreign language classroom anxiety. *The Modern Language Journal, 70*, 125-132.

Hymes, D. H. (1972). On communicative competence. In Pride, J. B., & Holmes, J. (Eds.), *Sociolinguistics, selected readings*. (pp. 269-293). Harmondsworth, England: Penguin Books.

Ide, J. H. (1982). Teaching culturally appropriate English. *English Teaching, 23*, 61-76.

Ingram, D. (1991). *First language acquisition, method, description and explanation*. Cambridge: Cambridge University Press.

Ingram, E. (1978). The psycholinguistic basis. In Spolsky, B. (Ed.), *Approaches to language testing*. Arlington, VA: Center for Applied Linguistics.

Jeon, In-Jae. (2008). Korean EFL teachers' beliefs of English-only instruction. *English Teaching, 63*(3), 205-229.

Johnson, K., & Porter, D. (Eds.). (1983). *Perspectives in communicative language teaching*. Academic Press.

Johnson, P. (1981). Effects on reading comprehension of language complexity and cultural background of a text. *TESOL Quarterly, 15*, 168-181.

Jones, L. & Baeyer, C. (1989). *Functions of American English*. Cambridge: Cambridge University Press.

Joos, M. (1967). *The five clocks*. NY: Harcourt, Brace & World.

Judd, E. L. (1987). Language policy, curriculum development, and TESOL instruction: A search for compatibility. In Long, M. H., & Richards, J. C. (Eds.), *Methodology in TESOL*(pp. 3-9). NY: Newbury House Publishers.

Kalnitz, J., & Judd, R. K. (1981). An approach to teaching E.S.L. Reading to literate adults. *TESOL Newsletter, 15*, 15-19.

Kameen, P. T. (1978). A mechanical, meaningful, and communicative framework for ESL sentence combining exercises. *TESOL Quarterly, 12*, 395-401.

Kaplan, R. B. (1966). Cultural thought patterns in intercultural education. *Language Learning, 16*, 1-20.

Kaplan, R. B. (1967). Contrastive rhetoric and the teaching of composition. *TESOL*

Quarterly, 1, 10-16.

Kenworthy, J. (1987). *Teaching English Pronunciation.* NY: Longman.

Kim, D. K. (1979). Some postulates for establishing EFL goals. *English Teaching, 18*, 103-115.

Kintsche, W., & VanDijk, T. A. (1978). Toward a model of text comprehension and production. *Psychological Review, 85*(5), 363-394.

Kippel, F. (1992). *Keep talking: Communicative fluency activities for language teaching*. Cambridge: Cambridge University Press.

Kirn, E., & Hartmann, P. (1996). *Interactions II, A Reading Skills Book*. McGraw Hill.

Klassen, B. (1977). *Sentence combining exercise as an aid to expediting syntactic fluency in learning English as a second language*. Ph. D. dissertation, University of Minnesota.

Knowles, L. (1982). *Teaching and reading*. London: National Council on Industrial Language Training.

Koch, C., & Brazil, J. M. (1978). *Strategies for teaching the composition process.* Urbana, IL: National Council of Teachers of English.

Krashen, S. (1982). *Principles and practice in second language acquisition.* Oxford: Pergamon Press.

Krashen, S. (1988). *Second language acquisition and second language learning*. Prentice Hall. Int'l (UK) Ltd.

Krashen, S., & Terrell, T. (1983). *The natural approach: language acquisition in the classroom.* Hayward, CA: The Alemany Press.

Krowitz, M. J., & Garcia-Zamor, M. (1978). Towards measuring functional language proficiency. In Nickel, G. (Ed.), *Applied Linguistics: Language Testing*. Stuttgart: Hochschulverlaag.

Kumaravadivelu, B. (1994). The postmethod condition: (E)merging strategies for second/foreign language teaching. *TESOL Quarterly, 28*(1), 27-48.

Labov, W. (1972). *Sociolinguistic patterns*. Philadelphia: University of Philadelphia Press.

Lafayette, R. C. (1978). *Teaching culture: Strategies and techniques*. Center for Applied Linguistics.

Lam, W. Y. K. (2002). Raising students'awareness of the feature of real-world listening input. In Richards, J. C. & Renandya, W. A. (Eds.). *Methodology in Language Teaching.* (pp. 248-253). Cambridge: Cambridge University Press.

Lambert, W. E. (1972). *Language. Psychology and culture: Essays by Wallace E. Lambert.* Palo Alto, CA: Stanford University Press.

Larsen-Freeman, D. (2001). Teaching grammar. In Celce- Murcia. M. (Ed.), *Teaching English as a second or foreign language* (3rd ed.). (pp.251-266). Heinle & Heinle.

Larson, J. W. (1984). Testing speaking ability in the classroom: The semi-direct alternative. *Foreign Language Annals, 17*, 499-507.

Lauer, J. M. (1980). The rhetorical approach: Stages of writing and strategies for writers. In Donovan, T. R., & McClelland, B. W. (Eds.), *Eight Approaches to Teaching Composition.* Urbana, IL: National Council of Teachers of English.

Leather, J. (1983). Second-language pronunciation learning and teaching. *Language*

Teaching, 16, 198-219.

Lee. G. (2008). A paradigm shift in writing research and instruction, *Kate Forum*, 32, 6-8.

Lee, W. (1994). Approaches to language syllabus design and some implications for English language teaching in Korea. *Journal of the Applied Linguistics Association of Korea, 7*, 73-93.

Lee, W. K. (1992). An Evaluation of the 6th revised edition of the middle school English curriculum. *Educational Development*, 14-6.

Levine, D. R., & Adelman, M. B. (1982). *Beyond language*. Eaglewood Cliffs, NJ: Prentice Hall, Regent.

Levis, J. M. (2005). Changing context and shifting paradigms in pronunciation teaching. *TESOL Quarterly*, 29 (3), 369-377.

Littlewood, W. (2004). The task-based approach some questions and suggestions. *ELT Journal*, 58(4), 319-326.

Lodo, R. (1957). *Linguistics and across cultures: Applied linguistics for language teachers*. University of Michigan Press.

MacIntyre, P. D., & Gardner, R. C. (1989). Anxiety and second-language learning: Toward a theoretical clarification. *Language Learning, 39*, 251-275.

MacIntyre, P. D., & Gardner, R. C. (1991). Investigating language class anxiety using the focused essay technique. *The Modern Language Journal, 75*, 296-304.

Macken, M. A., & Ferguson, C. A. (1981). Phonological universals in language acquisition. *Annals of the New York Academy of Sciences, 379*, 110-129.

Maley, A., & Duff, A. (1979). *Drama Techniques in Language Learning*. Cambridge: Cambridge University Press.

Mager, R. F. (1975). *Preparing instructional objectives*(2nd ed). Belmont, CA: Foeron Publishers, Inc.

Marshall, M. (1979). Love and death in Eden: Teaching English literature to ESL students. *TESOL Quarterly, 13*, 331-340.

Mcdonough, J. & Shaw, C. (1993). *Materials and Methods in ELT*. Cambridge, MA: Blackwell.

Mckay, S. (1982). Literature in ESL classroom. *TESOL Quarterly, 16*, 529-536.

Melendes, J. E., & Pritchard, H. R. (1985). Applying schema theory to foreign language reading. *Foreign Language Annals, 17*, 399-403.

Menyuk, P. (1978). *Language and maturation*. Cambridge, MA: The MIT Press.

Mitchell, R. (1985). The use of role play tasks in assessing FL communicative performance. *British Journal of Language Teaching, 23*, 169-172.

Morenberg, M., Daiker, D. & Karek, A. (1978). Sentence combining at the college level: an experimental study. *Research in the Teaching of English, 12*, 245-256.

Morley, J. (1972). *Improving aural comprehension--student's workbook*. Ann Arbor: The University of Michigan Press.

Morley, J. (1991). Listening comprehension in second/foreign language instruction. In Celce-Murcia, M. (Ed.), *Teaching English as a second or foreign language(*2nd ed.*)*. Boston, MA: Heinle & Heinle Publishers.

Morrow, K. R. (1979). Communicative language testing: Revolution or evolution? In Brumfit, C., & Johnson, K. (Eds.), *The communicative approach to language teaching.* London: Oxford University Press.

Moskowitz, G. (1978). *Caring and sharing in the foreign language class*. NY: Newbury House.

Moskowitz, G., & Hayman, J. L. (1974). International patterns of first year, typical, and "best" teachers in inner-city schools. *Journal of Educational Research, 67*(5), 224-230.

Moulton, W. G. (1961). Linguistics and language teaching in the United States: 1940-1960. In Mohrmann, C., Sommerfelt, A., & Whatmough, J. (Eds.), *Trends in European and American Linguistics, 1930-1960.* (pp. 82-109). Utrecht: Spectrum.

Munby, J. (1978). *Communicative syllabus design.* Cambridge: Cambridge University Press.

Murray, D. M. (1978). Internal revision: a process of discovery. In Cooper, C., & Odell, L. (Eds.), *Research on Composing*. Urbana, IL: National Council of Teachers of English.

Murray, D. M. (1980). Writing as process: How writing finds its own meaning. In Donovan, T. R., & McClelland, B. W. (Eds.), *Eight Approaches to Teaching Composition.* Urbana, IL: National Council of Teachers of English.

Neufeld, G. (1977). Language learning ability in adults: A study on the acquisition of prosodic and articulatory features. *Working Papers in Bilingualism, 12*, 45-60.

Neufeld, G., & Schneiderman, E. (1980). Prosodic and articulatory features in adult language learning. In Scarcella, R. C., & Krashen, S. D. (Eds.), *Research in second language acquisition.* (pp. 105-109). Rowley, MA: Newbury House.

Newmark, L. D. (1971). A minimal language teaching program. In Pimsleur, P., & Quinn, A. (Eds.), *The psychology of second language learning*. Cambridge: Cambridge University Press.

Newsham, G. S. (1989). Communicative testing and classroom teaching. *The Canadian Modern Language Review, 45*, 339-344.

Nunan, D. (1988a). *The learner-centered curriculum.* Cambridge: Cambridge University Press.

Nunan, D. (1988b). *Syllabus design.* Oxford University Press.

Nunan, D. (1989). *Designing tasks for the communicative classroom.* Cambridge: Cambridge University Press.

O'Hare, F. (1973). Sentence combining: Improving student writing without formal grammar instruction. *National Council of Teachers of English, Research Paper*, *15*. Urbana, Ⅲ.

Okabe, R. (1983). Cultural assumptions of East and West. In Gudykunst, W. B. (Ed.), *Intercultural communication theory.* (pp. 21-44). Sage Publication.

Oller, J. (1973). Pragmatic language testing. *Language Science, 28*, 7-12.

Oller, J. W. Jr., & Richard-Amato, P. A. (Eds.). (1983). *Methods that work: A smorgasbord of ideas for language teachers*. Rowley, MA: Newbury House.

Olsen, L. L., & Samuels, S. J. (1973). The relationship between age and accuracy of pronunciation. *Journal of Educational Research, 66*, 263-268.

Olshtain, E. & Cohen, A. D. (1991). Teaching speech act behavior to nonnative speakers. In Celce-Murcia, M. (Ed.), *Teaching English as a second or foreign language*. Boston, MA: Heinle & Heinle Publishers.

Omaggio, A. C. (1986). *Teaching language in context*. Boston: Heinle and Heinle.

Orban, C., & McLean, A. M. (1990). A working model for videocamera use in the foreign language class. *The French Review, 63*, 227-233.

Park, W. (1981). Reorientation for English teaching in Korea. *English Teaching, 21*, 45-72.

Parker, W. C. (1984). Developing teacher's decision making. *Journal of Experimental Education, 52*, 220-226.

Parrott, M. (1993). *Tasks for language teachers*. Cambridge: Cambridge University Press.

Paulston, C. B. (1971). The sequencing of structural pattern drills. *TESOL Quarterly, 5*, 197-208.

Paulston, C. B., & Bruder, M. N. (1976). *Teaching English as a second language, techniques and procedures*. Cambridge, MA: Winthrop Publishers, Inc.

Pelletier, R. J. (1990). Prompting spontaneity by means of the video camera in the beginning foreign language class. *Foreign Language Annals, 22*, 227-233.

Pennington, M. C., & Richards, J. C. (1986). Pronunciation revisited. *TESOL Quarterly, 20*, 207-225.

Piaget, J. (1963). *The origin of the intelligence in children*. NY: W. W. Norton and Company, Inc.

Piaget, J. (1972). *The principles of genetic epistemology*. NY: Basic Books.

Povey, J. (1972). Literature in TESL programs: The language and the culture. In Allen, H., & Campbell, R. (Eds.), *Teaching English as a second language*. NY: McGraw-Hill.

Prabhu, N. S. (1987). *Second language pedagogy*. Oxford University Press.

Quirk, R., & Sidney, G. (1975). *A concise grammar of contemporary English*. NY: Harcourt Brace Jovanovich.

Quirk, R., & Widdowson, H. G. (Eds.). (1985). *English in the world*. Cambridge University Press.

Raffaldini, T. (1988). The use of situation tests as measures of communicative ability. *Studies in Second Language Acquisition, 10*(2), 197-216.

Raimes, A. (1991). Out of the woods: Emerging traditions in the teaching of writing. *TESOL Quarterly, 17*(2), 219-239.

Raz, H. (1985). Role-play in foreign language learning. *System, 13*, 225-229.

Read, J. A. S. (Ed.). (1984). *Second Language Grammar: Learning & teaching*. Longman.

Reisman, K. (1971). *Contrapuntal conversations in an antiguan village.* Penn-Texas Working Papers in Sociolinguistics, No. 3.

Reynolds, R. E., Taylor, M. A., Steffensen, M. S., Shirey, L. L., & Anderson, R. C. (1982). Cultural schemata and reading comprehension. *Reading Research Quarterly, 17*, 353-366.

Richards, J. C. (1983). Listening comprehension: Approach, design, procedures. *TESOL*

Quarterly, 17(2), 219-239.

Richards, J. C., & Lockhard, C. (1994). *Reflective teaching in second language classrooms*. Cambridge: Cambridge University Press.

Richards, J. C., & Long, M. (Eds.). (1987). *Methodology in TESOL: a book of readings*. Newbury House.

Richards, J. C., & Rogers, T. S. (2001). *Approaches and methods in language teaching: A description and analysis*. NY: Cambridge University Press.

Rivers, W. M. (1981). *Teaching Foreign-language Skills*(2nd ed.) Chicago, IL: The University of Chicago Press.

Rogers, C. R. (1951). *Client-centered therapy*. Boston: Houghton Mifflin.

Roos-Wygh, I. (1978). Research and development projects in language proficiency interviewing. In Clark, J. (Ed.), *Direct testing of speaking proficiency: Theory and application*. Princeton, NJ: Educational Testing Service.

Rose, M. (1980). Rigid rules , inflexible plans, and the stifling of language: A congnitivist analysis of writer's block. *College Composition and Communication, 31*(4), 389-401.

Rosenblatt, L. (1978). *The reader, the text, the poem*. Carbondale, Ill: Southern Illinois University Press.

Rowe, M. B. (1969). Science, soul, and sanctions. *Science and Children, 6*(6), 11-13.

Sadlier, M., Riggenbach, H., & Samuda, V. (2000). *Grammar dimensions*. Boston, MA: Heinle & Heinle Publishers.

Savignon, S. J. (1991). Communicative language teaching: State of the art. *TESOL Quarterly, 25*, 261-277.

Schoenberg, I. E. (1989). *Talk about values*. NY: Longman.

Scovel, T. (1969). Foreign accents, language acquisition and cerebral dominance. *Language Learning, 19*, 245-254.

Seely, H. N. (1976). *Teaching culture, strategies for foreign language educators*. Skokie, Ill: National Textbook Company.

Selinker, L. (1972). Interlanguage. *International Review of Applied Linguistics, 10*, 201-203.

Shaughnessy, M. P. (1977). *Errors and expectations*. NY: Oxford University Press.

Shih, M. (1999). More than practicing language: communicative reading & writing for Asian settings. *TESOL Journal, 8*(4), 20-25.

Shintani, M. (1979). *The Frequency and usage of the English passive*. Ph. D. dissertation, University of California. LA: Applied Linguistics Program.

Shohamy, E. (1990). Language testing priorities: A different perspective. *Foreign Language Annals, 23,* 385-394.

Skinner, B. F. (1957). *Verbal Behavior*. NY: Appleton- Century- Crafts.

Snow, C. E., & Hoefnagel-Hohle, M. (1977). Age differences in the pronunciation of foreign sounds. *Language and Speech, 20*, 357-365.

Sommers, N. (1980). Revision strategies of student writers and experienced adult writers. *College Composition and Communication, 31*(4), 378-388.

Spaventa, L. J. (1977). *Listening: listening comprehension*. Selected from a continuing monograph series for the overseas teacher of English as a foreign language which were made in a lecture at Indiana University, Bloomington.

Steffensen, M. S., Jong-Dev, C., & Anderson, R. C. (1979). A cross-cultural perspective on reading comprehension. *Reading Research Quarterly, 15*, 10-29.

Stern, H. H. (1983). *Fundamental concepts of language teaching*. Oxford University Press.

Stevick, E. W.(1976). *Memory, meaning and method*. Rowley, MA: Newbury House Publisher.

Stevick, E. W. (1982). *Teaching and learning language*. Cambridge: Cambridge University Press.

Stewart, M. F. (1978). Freshman sentence combining: Canadian project. *Research in the teaching of English, 12*, 257-268.

Strong, W. (1973). *Sentence combining: a composing book*. NY: Random House.

Streverens, P. (1987). The nature of language teaching. In Richards, J. C. (Ed.), *Understanding second and foreign language learning*. (pp. 179-203). Rowley, MA: Newbury House Publishers.

Swain, M. (1984). Teaching and testing communicatively. *TESL Talk, 15*, 7-18.

Tannen, D. (1984). *Conversational style: analyzing talk among friends*. Norwood, NJ: Ablex Publishing Company.

Tarone, E. (1978). The phonology of interlanguage. In Richards, J. C. (Ed.), *Understanding second and foreign language learning*. (pp.5-33). Rowley, MA: Newbury House Publishers.

Taylor, M. G. (1976). Teaching composition to low-level ESL students. *TESOL Quarterly, 10*(3), 309-319.

Taylor, M. G. (1980). Songs as a linguistic and cultural resource in the intermediate Italian class. *Foreign Language Annals, 6*, 465-469.

Terrell, T. D. (1977). A natural approach to second language acquisition and learning. *The Modern Language Journal, 61*, 325-339.

Tiersky, E., & Tiersky, M. (1975). *USA. Customs and institutions*. NY: Regents Publishing Company, Inc.

Thiede-Gonzo, S. (1983). Sentence combining: An approach to teaching writing that works. *English Teaching Forum, 21,* 14-17.

Ur, P. (1981). *Discussions that work*. Cambridge: Cambridge University Press.

Ur, P. (1984). *Teaching of English as a second or foreign language*. Cambridge: Cambridge University Press.

Vai, M. (1998). *The heart of the matter*. Boston, MA: Heinle & Heinle Publishers.

Vallette, R. M. (1977). *Modern language testing*. Harcourt Brace Jovanovich, Inc.

van Ek, J. A. (1975a). *The threshold level in a European unit/credit system for modern language learning by adults*. Strasbourg: Council of Europe.

van Ek, J. A. (1975b). *Threshold Level English*. Oxford: Pergamon Oxford.

Vitale, M. R., King, R. J., Shontz, D. W., & Huntley, G. W. (1971). Effects of sentence-combining exercises on several restricted written composition tasks. *Journal of Education Psychology, 62*, 521-525.

Vygotsky, L. (1962). *Thought and language*, translated by E. Haufman, E., & Vakar, G. Cambridge, MA: MIT Press.

Wallace, M. J. (1991). *Training foreign language teacher: A reflective approach.* Cambridge: Cambridge University Press.

Weaver, C. (1994). Reading process and practice. (2nd ed.). Portsmouth, NH: Heinemann.

Wertheimer, M. (1945). *Productive thinking.* NY: Harper.

Wesche, B. M. (1983). Communicative testing in a second language. *The Modern Language Journal, 67*, 41-55.

Wesche, M. B. (1989). Learning behaviors of successful adult student on intensive language training. Canadian Modern Language Review, 35, 415-430.

West, M. (1960). *Teaching English in difficult circumstance*s. London: Longman, Green, and Co.

Widdowson, H. G. (1978). *Teaching language as a communication.* England: Oxford University Press.

Widdowson, H. G.(1994). The ownership of English. *TESOL Quarterly, 28*, 377-388.

Wilkins, D. (1976). *Notional syllabus*. Oxford University Press.

Willis, J. (1981). *Teaching English through English.* London: Longman.

Willis, J. (1996). *A framework for task-based learning*. Addison Wesley Longman Limited.

Witbeck, M. C. (1976). Peer correction procedures for intermediate and advanced ESL composition lessons. *TESOL Quarterly, 10*, 321-26.

Witte, S. P., & Faigley, L. (1981). Coherence, cohesion and writing quality. *College Composition and Communication, 32*, 189-204.

Wolfe, D., & Jones, G. (1982). Integrating total physical response strategy in a level 1 Spanish class. *Foreign Language Annals, 14*, 273-280.

Wright, A. (1989). *Pictures for language learning*. Cambridge: Cambridge University Press.

Yagang, F. (1993). Listening: problems and solutions. *English Teaching Forum*, *31,* 16-19.

Young, D. (1990). An investigation of student perspectives on anxiety and speaking. *Foreign Language Annals, 23,* 540-553.

Zamel, V. (1976). Teaching composition in the ESL classroom: What we can learn from research in the teaching of English. *TESOL Quarterly, 10*, 67-76.

Zamel, V. (1982). Writing: The process of discovering meaning. *TESOL Quarterly, 16,* 195-209.

그림목차

표목차

영문 찾아보기

인명 찾아보기

국문 찾아보기